职业教育财经商贸大类
五年制贯通新形态教材

出纳与资金管理

主　编：顾　爽　赵　蕾

副主编：姜佰慧　孙　红　陈成林　李　丹

参　编：曹　倩　孙　源　周　迪　薛维秀
　　　　王龙鑫　潘晓丽　吴晓静　郑明鑫

CHUNA YU
ZIJIN GUANLI

北京师范大学出版集团
BEIJING NORMAL UNIVERSITY PUBLISHING GROUP
北京师范大学出版社

图书在版编目（CIP）数据

出纳与资金管理 / 顾爽，赵蕾主编. -- 北京：北京
师范大学出版社，2025. 1. -- ISBN 978-7-303-30627-5

Ⅰ. F830.45

中国国家版本馆 CIP 数据核字第 20250RJ435 号

CHUNA YU ZIJIN GUANLI

出版发行：北京师范大学出版社 https://www.bnupg.com
　　　　　北京市西城区新街口外大街12-3号
　　　　　邮政编码：100088

印　　刷：鸿博睿特（天津）印刷科技有限公司
经　　销：全国新华书店
开　　本：889 mm × 1194 mm　1/16
印　　张：13.25
字　　数：250千字
版　　次：2025年1月第1版
印　　次：2025年1月第1次印刷
定　　价：45.00元

策划编辑：鲁晓双　　　　　　　　责任编辑：薛　萌
美术编辑：焦　丽　　　　　　　　装帧设计：焦　丽
责任校对：陈　民　　　　　　　　责任印制：赵　龙

前 言 ....

出纳作为财务工作的起点，是财务会计核算的重要组成部分。本教材立足新时代职业教育教学改革的导向，紧扣五年一贯制大专与企业出纳岗位的需求，对接行业标准，结合技能大赛要求，有机融入1+X职业技能等级证书考核标准，旨在提升学生的职业能力，为学生从事出纳工作奠定基础。

本教材的主要特点有以下四个方面。

1. 知识技能与价值引领相统一。教材内容融合社会主义核心价值观、民族精神等思政内容，将知识技能和学生价值观的培养相结合，形成协同效应。在任务场景环节，通过对企业具体工作场景的描述，培养学生的职业认知和职业素养；在任务实施环节，通过各岗位的分工协作，培养学生的协作精神和职业精神；在知识拓展环节，通过介绍出纳岗位发展的前沿知识，让学生了解出纳岗位的未来发展趋势；在思政案例环节，将思政教育融入真实企业案例，推动课程思政的改革与创新，实现课程思政"润物细无声"；在配套教学资源的设计方面，知识巩固与企业实务相结合，贴近岗位，培养适合企业发展需要的技能型人才。

2. 实现校企双元、产教深度融合。职业教育的特点决定了职业教育不仅要传授知识，也要教授技能。职业教育培养的是社会所需的技能型人才，这就决定了职业教育的培养内容需要具有职业性，教学过程也应凸显实践性。一方面，为了充分发挥企业与院校的协同作用，由厦门网中网软件有限公司提供软件支持，为教学资源的开发提供真实的企业场景，实现院校、企业双元融通；另一方面，教材的内容注重贴合企业岗位的实际需求，并请企业财务人员深度参与教材编写全过程，使教材在满足教学需要的同时实现对出纳"准员工"的培养，实现产教深度融合。

3. 内容融合标准，实现岗课赛证融通。教材内容面向出纳岗位，适应学生基础，确定职业岗位需求的知识、技术、技能，紧跟企业岗位需求的发展变化，对接国家课程设置标准、专业教学标准、职业标准、1+X职业技能等级标准、技能大赛标准，将各标准融入教材，实现岗课赛证融通。

4. "以学生为中心"，重视学生学习的主体地位。自主学习是学生提高学习效率的内驱力。以真实企业为例，通过创设学生熟悉的任务情境，激发学生学习的主动性，通过启发性教学，让学生成为课堂学习的主体，提高学生的自主学习能力。

　　本教材由山东省潍坊商业学校顾爽、赵蕾担任主编，参与编写人员来自山东省潍坊商业学校、淄博电子工程学校、潍坊市高密中等专业学校、日照市农业学校、潍坊市机械工业学校、北京四维腾景科技有限公司。编写团队具有丰富的教学经验和实践操作能力，使教材充分体现出"以学生为主体"的特色。本书在编写过程中得到了厦门网中网软件有限公司的大力支持。全书的撰写倾注了编写团队的心血和智慧，相信会为您的学习提供帮助，同时也恳请您对书中存在的不足予以包涵并及时指正！

目 录

目 录

企业概述 ••••

　　山东省万泽服装有限公司（以下简称"万泽公司"）是一家融服装生产、销售为一体的制造企业，坐落于济南市春华路328号。

　　该公司拥有完整、科学的质量管理体系，执行企业会计准则。公司设有行政部、销售部、采购部、财务部和生产车间五个部门。经过不断发展，公司的生产规模进一步扩大。现财务部负责人为何晓东，会计为王瑶，出纳为李玲。

一、企业主体概况

　　企业名称：山东省万泽服装有限公司

　　地址：济南市春华路328号

　　邮编：250001

　　企业类型：制造业（增值税一般纳税人）

　　经营范围：服装生产、销售

　　法定代表人：陈江北

　　电话：0531-64972391

　　纳税人登记号：91370190067212105X

　　开户银行：中国工商银行永春路支行

　　账号：4509853810408864389

　　经营规模：年营业额约3 000万元人民币

　　注册资本：1 000万元人民币

二、企业部门及职员档案

（一）山东省万泽服装有限公司的部门档案

部门编码	部门名称	部门编码	部门名称
1	行政部	4	财务部
2	销售部	5	生产车间
3	采购部		

（二）山东省万泽服装有限公司的职员档案（部分）

编号	职员姓名	所属部门	编号	职员姓名	所属部门
001	马明宇	行政部	005	王瑶	财务部
002	陈海通	销售部	006	李玲	财务部
003	李志军	采购部	007	高文华	生产车间
004	何晓东	财务部	008	徐欣欣	生产车间

（三）山东省万泽服装有限公司财务部职员

序号	姓名	职位	电算化工作权限
1	何晓东	会计主管	账套主管
2	王瑶	会计	公用目录权限、总账所有权限
3	李玲	出纳	公用目录权限、出纳管理所有权限

［注］出纳李玲身份证号：370123199510218276。

项目一
出纳岗位认知与专业技能

📎 项目描述

出纳是会计工作的一个重要岗位，关系企业贯彻执行国家政策和规章制度，关系每位员工的切身利益，能展示财务会计人员的精神文明和职业道德水准。

本项目结合出纳岗位实际，以实践为基础，介绍出纳岗位工作职责、出纳岗位专业技能、印章的管理和凭证的管理。通过本项目学习，学生将掌握出纳岗位工作职责和专业技能，了解成为一名合格的出纳工作人员的要求。

任务一 出纳岗位工作职责

📋 学习目标

1. 了解出纳的概念、工作内容。

2. 掌握出纳岗位工作职责。

3. 能够独立完成出纳岗位工作流程。

4. 提高出纳岗位素养，强化岗位意识，养成良好的职业习惯。

🗂 任务场景

2023年4月16日，李玲到万泽公司财务部报到，会计主管何晓东热情地接待了她，并叮嘱即将调离出纳岗位的刘红尽快帮助李玲熟悉出纳工作。李玲虚心地向刘红请教："作为新入职出纳岗位的员工，需要注意什么呢？"

知识储备

一、出纳的职业定位

出纳是按照有关规定和制度，办理本单位的现金收付、银行结算及有关业务，处理相关账务，保管库存现金、有价证券、财务印章及有关票据等工作的总称。

从广义上讲，只要是票据、货币资金和有价证券的收付、保管、核算，都属于出纳工作的范畴。这既包括各单位会计部门专设出纳机构的票据、货币资金、有价证券收付业务处理，票据、货币资金、有价证券的整理和保管，货币资金和有价证券的核算等各项工作，也包括各单位业务部门的货币资金收付、保管等方面的工作。狭义的出纳则仅指各单位会计部门专设出纳岗位或人员的各项工作。

二、出纳的工作内容

（一）货币资金核算

（1）办理现金收付，严格按规定收付款项。

（2）办理银行结算，规范使用支票，严格控制签发空白支票。

（3）登记日记账，保证日清月结。根据已经办理完毕的收付款凭证，逐笔顺序登记现金日记账和银行存款日记账，并结出余额。

（4）保管库存现金，保管有价证券。

（5）保管有关印章，登记注销支票。

（6）复核收入凭证，办理销售结算。

（二）往来结算

（1）办理往来结算，建立清算制度。

（2）核算其他往来款项，防止坏账损失。

（三）工资结算

（1）执行工资计划，监督工资使用。

（2）审核工资单据，发放工资奖金。

（3）负责工资核算，提供工资数据。按照工资总额的组成和工资的领取对象，进行明细核算。根据管理部门的要求，编制有关工资总额报表。

三、出纳岗位具体职责

根据出纳工作任务，出纳岗位的具体职责可概括为以下六项。

（1）按照国家有关现金管理和银行结算制度的规定，办理现金收付和银行结算业务。

（2）根据会计制度的规定，在办理现金和银行存款收付业务时，严格审核有关原始凭证，再据以编制收付款凭证，然后根据编制的收付款凭证逐笔顺序登记现金日记账和银行存款日记账，并结出余额。

（3）按照国家外汇管理和结汇、购汇制度的规定及有关批件，办理外汇出纳业务。

（4）掌握银行存款余额，不签发空头支票，不出租出借银行账户为其他单位办理结算。

（5）保管库存现金和各种有价证券的安全与完整。

（6）保管有关印章、空白收据和空白支票。

四、出纳与会计的关系

出纳与会计的关系如表1-1-1所示。

表1-1-1　出纳与会计的关系

类别	"管钱"的出纳	"核算"的会计
区别	出纳负责公司的票据、货币资金、有价证券等的收付、保管和核算及银行账户的管理工作，同时要登记现金日记账和银行存款日记账。出纳不负责会计档案的管理、会计稽核、收入费用账簿的登记和往来账簿的登记等工作	会计负责编制记账凭证和报表、会计账项调整、会计稽核和会计档案的管理工作。会计不管钱、管物
联系	出纳和会计都是财务上的岗位，出纳为会计提供原始单据，会计登记入账。出纳和会计需要协调一致，共同完成经济业务的记录工作，这两个岗位是相互依赖和相互牵制的	

巩固提升

一、单项选择题

1. 出纳可以负责的工作是（　　）。

A. 保管会计档案

B. 登记债权、债务账目

C. 登记现金日记账和银行存款日记账

D. 登记收入、费用账目

2. 现金日记账应由出纳根据收付款凭证逐日逐笔登记，（   ）结出余额与库存现金核对。

A. 每月   B. 每日   C. 定期   D. 每3～5天

3. 必须逐日逐笔登记的账簿是（   ）。

A. 明细账   B. 总账   C. 日记账   D. 备查账

二、职业训练

训练目标：

提高对出纳岗位工作的认识，熟悉出纳岗位工作职责，增强角色意识和服务意识。

资料一：

小吴刚毕业，应聘到一家公司做出纳。虽然小吴学的是会计学专业，但刚参加工作的他对支付、结算等各项财务工作都不熟悉。小吴认为自己是一名新出纳，应该先给大家留下好印象，所以单位领导让他做什么事情，他都不问任何理由，绝对服从。别人的工作，他也抢着干。他觉得只有这样，才能使自己的业务能力提高得更快。

资料二：

某公司出纳李明在审核采购人员报销发票时，发现是一张假发票。但考虑到采购人员是领导亲戚，李明便未作任何处理，继续给采购人员按正常程序报销。

资料三：

某公司会计离职，出纳李丽暂时担任公司记账人员，登记公司营业收入及往来款项。

训练要求：

1. 根据资料一，回答：出纳小吴应该做好哪些前期准备工作？他应该怎样与其他同事相处？

2. 根据资料二，回答：出纳李明的行为存在哪些问题？

3. 根据资料三，回答：出纳李丽的主要工作有哪些？她是否可以兼管会计工作？请说明原因。

💬 ● 任务评价 ●

本任务考核采用百分制，采取过程考核与结果考核相结合的原则，注重技能考核。

过程考核（40%）				结果考核（60%）	
职业态度	组织纪律	学生互评	实训练习	考核项目	分值
根据学生课堂表现，采取扣分制	考勤与课堂纪律	小组内同学互评，组间互评	教师根据学生提交的实训报告情况进行评价	出纳的职业定位	10
				出纳的工作内容	20
				出纳岗位具体职责	20
				出纳与会计的关系	10

任务二 出纳岗位专业技能

▶ 学习目标

1. 掌握手持捻弹式单指单张点钞法的基本环节和基本方法。

2. 掌握辨别真假人民币的主要方法。

3. 掌握阿拉伯数字及中文大写数字书写的基本要求。

4. 能够熟练填写票据日期和金额。

5. 培养爱岗敬业、严谨认真、勤学苦练的职业道德，提高出纳专业技能。

子任务1 点验钞票

任务场景

2023年4月17日，李玲看到刘红上班后的第一件事情就是打开保险柜，清点当天的库存现金1 500元。这时有职工交来安全罚款10 000元，刘红接过10 000元钞票，反复快速清点后，又用防伪点钞机反复清点，直到款项确认无误后，才给该职工开具了收据。李玲看到刘红处理收取现钞业务的全部流程，决定从基本功开始学习。李玲便向刘红询问："我应该如何规范地进行现钞的收取呢？"

点 钞

● 知识储备 ●

一、点钞

点钞方法主要有手工点钞和机器点钞两种。一般企事业单位使用的主要还是手工点钞方法。常见的手工点钞方法有手持式单指单张点钞法、手持式单指多张点钞法、手持式四指拨动点钞法、手持式五指拨动点钞法、手按式单指点钞法、手按式双指点钞法等。下面以手持捻弹式单指单张点钞法为例，具体介绍点钞的基本工序、技巧、注意事项、常见问题及解决方法。

（一）手持捻弹式单指单张点钞法

手持捻弹式单指单张点钞法是最基本最常用的点钞方法。它的适用范围比较广，可用于收付款的初点、复点及各种新、旧、大、小面额钞券的整点。采用这种方法，逐张捻动，易于识别真假票币，便于挑剔残损钞券。

1. 基本工序

（1）起把。

左手横执钞券，将钞券横立于桌面上，钞券正面朝向身体。将钞券左端夹在左手中指、无名指之间，并且尽量靠近手指根部；左手拇指扶在钞券上部内侧边沿处，食指伸开，其他手指自然弯曲，左手腕向内弯扣。

（2）拆把。

若需清点的钞券已捆扎，需将扎钞条拆掉。起把持钞后，将食指向前伸，向后用力将扎钞条勾断（图1-2-1）。

（3）持钞。

拆把后，左手中指和无名指夹紧钞券左端，拇指按住钞券内侧将钞券向外翻推，推出一个微开的扇面形状，食指伸直托住钞券背面，使钞券自然直立，与桌面基本垂直（图1-2-2）。同时，右手拇指、食指、中指蘸点钞蜡作点钞准备。注意点钞蜡不宜蘸太多，以免弄污钞券，造成粘连。

图 1-2-1 拆把

图 1-2-2 持钞

（4）清点。

左手持钞券推开扇面后，右手食指、中指托住钞券右上角，拇指指尖将钞券自右上角向下方逐张捻动（图1-2-3）。捻动时幅度要小、要轻，无名指同时配合拇指将捻动的钞券向右手手心方向弹拨，拇指捻动一张，无名指弹拨一张。左手拇指随着点钞的进度逐步向后移动，食指向前推移钞券，以便加快钞券下落的速度。

图 1-2-3　清点

清点过程可分为初点和复点，初点时发现残损钞券不宜立即抽出，以免带出其他钞券，最好的办法是随手向外折叠，使钞券伸出外面一截，待点整把钞券后，再抽出残票补上好票。若发现可疑钞券还应进行真伪鉴别。

（5）计数。

计数要与清点同时进行，采用单数分组计数法计数。把10作1计，即1，2，3，4，5，6，7，8，9，1（10）；1，2，3，4，5，6，7，8，9，2（20）……以此类推，数到1，2，3，4，5，6，7，8，9，10（100）时，即整100张为一把。采用这种计数法计数的优点，是将十位数的两个数字变成一个数字，既简单快捷，又省力好计。但在计数时要默记，手、眼、脑密切配合，这样才能既快又准。

（6）扎把。

扎把前，先将整点准确的100张钞券在桌面上蹾齐，使其四条边整齐光滑，然后左手持钞券，右手取扎钞条将钞券捆扎牢固。扎把方法可依据自己的习惯，采用向上缠绕捆扎法或向下缠绕捆扎法（图1-2-4）。

（7）盖章。

钞券扎把后，要在钞券侧面的纸条上盖上点钞人员的名章（图1-2-5），以明确责任。盖章要清晰可见，不能模糊不清。

图 1-2-4　扎把

图 1-2-5　盖章

2. 技巧与注意事项

（1）保持钞券平整：在点钞过程中，要保持钞券的平整，避免出现折皱或卷曲现象。

（2）控制力度：捻动钞券时，要力度适中，过轻可能导致钞券飘移，过重则可能导致钞券破损。

（3）保持节奏稳定：点钞过程中，要保持稳定的节奏和速度，过快可能导致计数不准确，过慢则影响工作效率。

（4）集中注意力：点钞时，要集中注意力，避免注意力分散导致计数错误。

3. 常见问题及解决方法

（1）钞券粘连：在点钞过程中，有时会出现钞券粘连现象。此时，可以用手轻轻拍打钞券，使其分离。

（2）计数不准确：计数不准确是点钞过程中常见的问题。解决这个问题的方法有反复练习、掌握正确的点钞技巧、集中注意力等。

（3）疲劳导致速度下降：长时间点钞会导致手部疲劳，进而影响点钞速度。此时，应适当休息，进行手部放松和按摩，以缓解疲劳。

（二）扎把的方法

第一，左手横执蹾齐的钞券，左手拇指在内，其余四指在外握住钞券左端，五指配合将钞券握成一个弧形（图1-2-6）。

第二，左手食指将钞券上侧分开一条缝，右手拇指、食指和中指捏住扎钞条一端，将其插入钞券上侧缝中，或不将钞券开缝，直接将纸条一端贴在钞券背面，用左手食指、中指将纸条压住（图1-2-7）。

扎把的方法

图 1-2-6 扎把 1

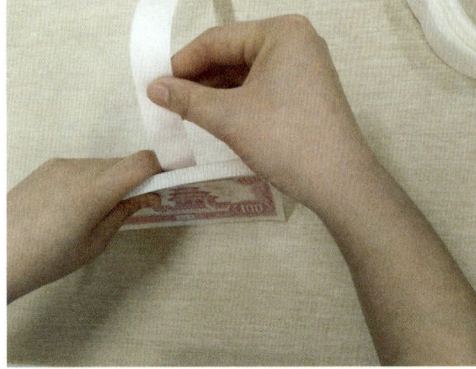

图 1-2-7 扎把 2

第三，右手拇指、食指和中指捏住纸条，缠绕时，前半圈用中指和无名指夹紧纸条进行缠绕，后半圈用中指和食指夹紧纸条，由上往下向里侧缠绕两圈半至钞券上端（图1-2-8、图1-2-9、图1-2-10）。

图 1-2-8 扎把 3

图 1-2-9 扎把 4

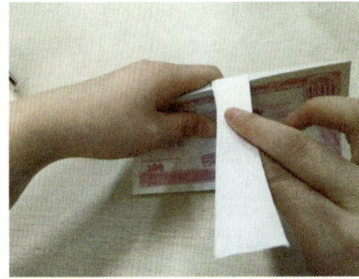

图 1-2-10 扎把 5

第四，将扎钞条折成45°角，用右手食指将扎钞条插入扎钞条圈内，并用右手大拇指将折角压平，以防纸条松脱（图1-2-11、图1-2-12）。

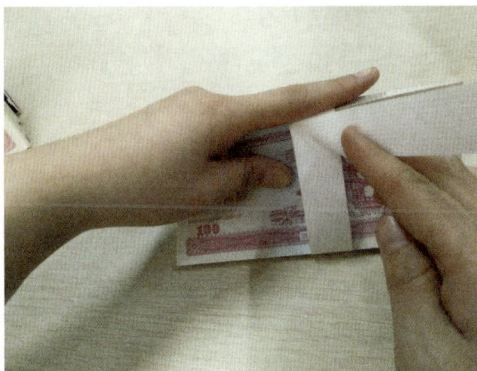

图 1-2-11 扎把 6

图 1-2-12 扎把 7

二、人民币的鉴别方法

人民币的鉴别方法分为人工鉴别和机器鉴别。

（一）人工鉴别

人工鉴别人民币的方法如表1-2-1所示。

验 钞

表1-2-1　人工鉴别人民币的方法

鉴别方法		内　容
看	水印	第五套人民币各券别纸币的固定水印位于券别纸币票面正面左侧的空白处，迎光透视，可以看到立体感很强的水印。100元、50元纸币的固定水印为毛泽东头像图案，20元、10元、5元纸币的固定水印为花卉图案
	安全线	第五套人民币纸币在各券别票面正面中间偏左，均有一条安全线。迎光透视，在100元、50元纸币的安全线上分别可以看到微小的缩微文字"RMB100""RMB50"，仪器检测均有磁性；20元纸币的安全线是一条明暗相间的安全线；10元、5元纸币的安全线为全息磁性开窗式安全线，即安全线局部埋入纸张中，局部裸露在纸面上，开窗部分分别可以看到由微缩字符"¥10""¥5"组成的全息图案，仪器检测有磁性
	光变油墨金额数字	第五套人民币100元券和50元券正面左下方的面额数字采用光变油墨印刷。将垂直观察的票面倾斜到一定角度时，100元券的面额数字会由绿色变为蓝色；50元券的面额数字则会由金色变为绿色
	"孔方"图案对接	真币正面自左1/4和背面自右1/4中心处，分别印有半个"孔方"古币的阴阳互补对印图案。迎光透视，两幅图案能准确对接，组合成一个完整的古钱币图案。而假币几乎无法对接出完整图案或对接出现间隙
摸	凹凸感	真币正面上的毛泽东图案衣领、左上部的国徽、"中国人民银行"行名、右上角面额数字、盲文及背面人民大会堂等均采用雕刻凹凸印刷，用手指触摸有明显的凹凸感
听		抖币识别即要抖动钞票使其发出声响，根据声音来分辨人民币真伪。人民币的纸张具有挺括、耐折、不易撕裂的特点。手持钞票用力抖动、手指轻弹或两手一张一弛轻轻对称拉动，能听到清脆响亮的声音。而假币纸张绵软、韧性差、易断裂，抖动时声音发闷
测		借助一些简单的工具和专用的仪器来分辨人民币的真伪。如借助放大镜可以观察票面线条清晰度、凹印缩微文字等；用紫外线灯照射票面，可以观察钞票纸张和油墨的荧光反应；用磁性检测仪可以检测黑色横号码的磁性

（二）机器鉴别

出纳直接接触现金较为频繁，而目前制造伪钞的技术越来越高，仅靠人工鉴别现金的真伪确实很难。为使出纳的工作风险降到最低，保证现金的安全完整，达到分毫不差的工作质量要求，单位可使用多功能防伪点钞机（图1-2-13）。多功能防伪点钞机的鉴伪灵敏度和快速点钞功能是人工操作所不及的，并且全面兼容新旧版人民币，适用于银行、商场、宾馆等单位对人民币、外币及各种有价证券进行自动鉴伪和点钞。

多功能防伪点钞机使用也较为简便，在清点过程中发现假币时，机器自动停止，并发出"嘀嘀"的报警信号，同时显示器指示该假钞票所在张数位置。取出伪钞，按复位键，报警声音即消除，机器继续正常工作。

图 1-2-13 多功能防伪点钞机

> **🔔 小提示**
>
> **爱护人民币，人人有责**
>
> 1. 单位和个人误收假人民币后应主动上交中国人民银行或办理货币存取款和外币兑换业务的金融机构。发现他人有伪造、变造的货币，应当立即向公安机关报告。
>
> 2. 人民币是我国的法定货币。爱护人民币，保持人民币的整洁，维护人民币的尊严，保障人民币正常的流通秩序，是每个公民的义务。
>
> （1）任何单位和个人都应当爱护人民币。禁止损害人民币和妨碍人民币流通。
>
> （2）任何单位和个人不得印刷、发售代币票券，以代替人民币在市场上流通。
>
> （3）禁止故意损坏人民币。
>
> （4）禁止制作、仿制、买卖人民币。
>
> （5）未经中国人民银行批准，禁止在宣传品、出版物或其他商品上使用人民币图样。
>
> （6）禁止利用人民币制作商业广告或利用人民币进行商品促销。

⊕ 知识拓展

残币兑换规定

根据《中华人民共和国人民币管理条例》第二十二条第一款规定：办理人民币存取款业务的金融机构，应当按照中国人民银行的规定，无偿为公众兑换残缺、污损的人民币，挑剔残缺、污损的人民币，并将其交存当地中国人民银行。

对于残损人民币的兑换标准，中国人民银行规定如下。

1. 全额兑换

残缺、污损的人民币能辨别面额，剩余部分占票面四分之三（含四分之三）以上，并且图案、文字能按原样连接，金融机构应向持有人按原面额全额兑换。

2. 半额兑换

残缺、污损的人民币能辨别面额，剩余部分占票面二分之一（含二分之一）至四分之三以下，并且图案、文字能按原样连接，金融机构应向持有人按原面额的一半兑换。此外，如果纸币呈正十字形缺少四分之一，也按原面额的一半兑换。

3. 不予兑换

残缺、污损的人民币剩余部分占票面小于二分之一，或者票面污损、熏焦、水湿、油浸、变色到无法辨别真假，以及故意挖补、涂改、剪贴拼凑、揭去一面的残缺、污损人民币，不予兑换。此外，兑付额不足一分的，不予兑换；五分按半额兑换的，兑付二分。

凡不予兑换的残缺、污损人民币，应由中国人民银行销毁，不能继续流通使用。

↗ ● 巩固提升 ●

按手持捻弹式单指单张点钞法的基本指法和操作步骤进行点钞练习，熟练掌握起把、拆把、持钞、清点、计数、扎把和盖章的全过程。反复练习，单次练习时间控制在50秒内。

1. 分项练习（时间20分钟，全班集中训练）

要求：将起把、拆把、持钞、清点、计数、扎把和盖章环节分解开来进行单独的训练，直至将每个动作熟练掌握。

2. 综合练习（时间30分钟，全班集中训练）

要求：采用手持捻弹式单指单张点钞法，将各操作步骤连续起来进行整个过程的清点。

（1）整把清点，限时不限量。在5分钟内循环进行起把、拆把、持钞、清点、计数、扎把和盖章连续的操作步骤，并记录成绩。

（2）整把整点，定量计时。定量10把（1 000张）钞券，点完为止，并记录所用的时间。

3. 设错训练（时间20分钟，分小组训练）

小组内成员交换钞券并设错，采用限时不限量（通常限时5分钟）的训练形式进行设错后钞券的清点，清点完后相互检查并记录成绩。

子任务 2　数字书写规范

任务场景

出纳每天都需要填写大量的票据及其他原始凭证，为了让李玲尽快熟练掌握票证的填写及公司业务流程，会计主管何晓东耐心地向李玲讲解了填写票据单证的基本规范，并专门安排一天的时间让李玲到销售部门协助填开销售发票（图1-2-14）。出纳李玲需要完成哪些工作呢？

图 1-2-14　增值税专用发票第一联 记账联

知识储备

依据财政部制定的会计基础工作规范的要求，出纳在填制有关票据、会计凭证及账簿登记时，字迹必须清晰、工整，并符合书写规范。

一、阿拉伯数字的书写

阿拉伯数字的书写必须采用规范的手写体，这样写出的数字才规范、清晰，符合财务工作的要求（图1-2-15）。

数字书写规范

图 1-2-15　阿拉伯数字的书写规范

（1）书写阿拉伯数字要求大小匀称，笔画流畅，每个数字独立有形，一目了然，不能连笔书写。数字之间的间隙要均匀，不宜过大，如果是在印有数位线的凭证、账簿、收据、报表上，每格只能写一个数字。

（2）书写阿拉伯数字时，要排列有序，有一定的斜度，字体要自右上方向左下方倾斜地写，倾斜度一般可掌握在60°左右。

（3）书写阿拉伯数字要有高度标准，一般要求高度占横格高度的1/2（或2/3）为宜。书写时还要注意紧靠横格底线，以便需要更正时能再次书写。

（4）书写阿拉伯数字时，笔画顺序是自上而下，先左后右，勿写倒笔字。

（5）书写阿拉伯数字时，同行的相邻数字之间要空半个阿拉伯数字的间隙，但间隙也不可预留太大（以不能增加数字为宜）。

（6）书写阿拉伯数字时，除"4""5"以外的数字，必须一笔写成，不能人为地增加数字的笔画；"6"要比一般数字向右上方长出1/4，"7"和"9"要向左下方长出1/4。

（7）小写金额数字前面应当书写货币币种符号或货币名称简写，币种符号和阿拉伯数字之间不得留有空白；凡阿拉伯数字前写出币种符号的，数字后面不再写货币单位；以元为单位的阿拉伯数字，除表示单价等情况外，一律写到角分；没有角分的角位和分位，写出"00"或"—"；有角无分的，分位应当写出"0"，不得用"—"代替。

二、中文大写数字的书写

中文大写数字应该用正楷或行书书写，中文大写数字书写规范如图1-2-16所示。

图1-2-16　中文大写数字书写规范

（1）中文大写数字应用正楷或行书书写，不得自造简化字，但可以使用繁体字。

（2）大写金额数字应紧接着前面的"人民币"字样填写，不得留有空白。大写金额数字前未印"人民币"字样的，应加填"人民币"三个字。

（3）大写金额写到"元"或"角"时，在"元"或"角"后写"整"或"正"字，大写金额有"分"的，"分"后面不写"整"字。如：¥12 000.00应写为人民币壹万贰仟元整，¥48 651.80应写为人民币肆万捌仟陆佰伍拾壹元捌角整，而¥486.56应写为人民币肆佰捌拾陆元伍角陆分。

（4）"零"的书写要求如表1-2-2所示。

表1-2-2 零的书写要求

类型	书写要求	举例
中间有"0"时	要写"零"字	¥1 309.00 人民币壹仟叁佰零玖元整
中间连续有几个"0"时	只写一个"零"字	¥2 009.21 人民币贰仟零玖元贰角壹分
万位或元位是"0"	可以只写一个"零"字，也可以不写"零"字	¥208 000.00 人民币贰拾万零捌仟元整 人民币贰拾万捌仟元整
数字中间连续有几个"0"，万位、元位也是"0"，但千位、角位不是"0"时		¥1 003 000.24 人民币壹佰万零叁仟元贰角肆分 人民币壹佰万叁仟元贰角肆分
角位是"0"，分位不是"0"时	大写金额"元"后面应写"零"字	¥16 309.02 人民币壹万陆仟叁佰零玖元零贰分

🔔 小提示

票据日期大写要求

票据的出票日期一般使用中文大写填写。票据的出票日期使用小写填写的，银行不予受理。

日期中文大写规范如表 1-2-3 所示。

票据日期大写要求

表1-2-3 日期中文大写规范

小写日期	大写规则	举例
1月、2月、10月	在大写前加"零"	1月4日，写成零壹月零肆日
1-9日、10日、20日、30日		9月30日，写成玖月零叁拾日
11-19日、11月、12月	在大写前加"壹"	12月19日，写成壹拾贰月壹拾玖日

任务实施

2023年4月29日，万泽公司销售给常林公司A商品1 000件，单价150元，增值税税额19 500元；B商品200件，单价100元，增值税税额2 600元，开出增值税专用发票，货款尚未收到。

出纳李玲正确填开增值税专用发票如图1-2-17所示。

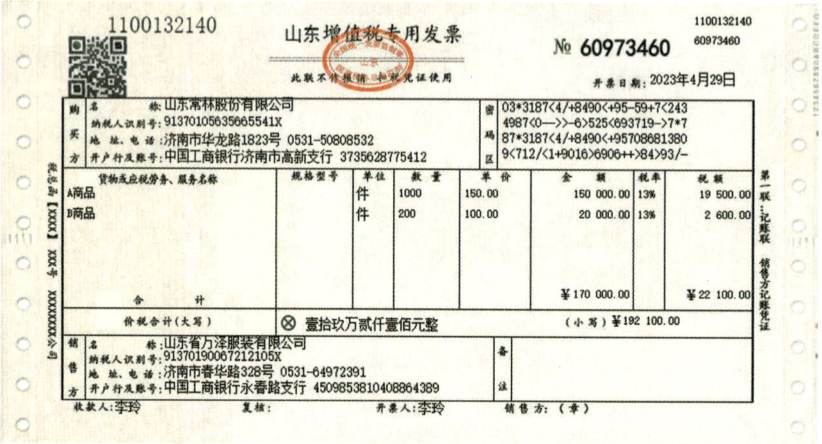

1100132140

山东增值税专用发票

№ 60973460　1100132140　60973460

此联不作报销、扣税凭证使用

开票日期：2023年4月29日

购买方　名称：山东常林股份有限公司
纳税人识别号：91370105635665541X
地址、电话：济南市华龙路1823号 0531-50808532
开户行及账号：中国工商银行济南市高新支行 3735628775412

密码区：03*3187<4/+8490<+95-59+7<243
4987<0—>>-6>525<693719->7*7
87*3187<4/+8490<+95708681380
9<712/<1+9016>6906++>84>93/-

货物或应税劳务、服务名称	规格型号	单位	数量	单价	金额	税率	税额
A商品		件	1000	150.00	150 000.00	13%	19 500.00
B商品		件	200	100.00	20 000.00	13%	2 600.00
合计					¥170 000.00		¥22 100.00

价税合计（大写）⊗壹拾玖万贰仟壹佰元整　（小写）¥192 100.00

销售方　名称：山东省万泽服装有限公司
纳税人识别号：91370190067212105X
地址、电话：济南市春华路328号 0531-64972391
开户行及账号：中国工商银行永春路支行 450985381040886 4389

备注：

收款人：李玲　复核：　开票人：李玲　销售方：（章）

第一联：记账联　销售方记账凭证

税总函【XXXX】XXX号 XXXXXXXX公司

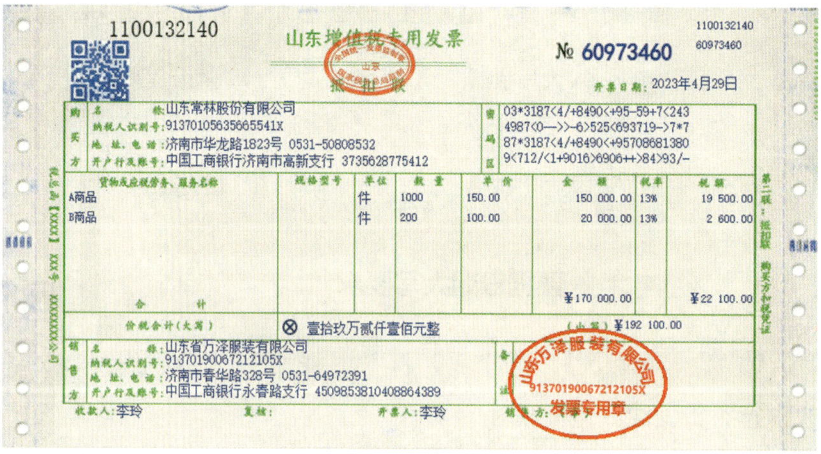

1100132140

山东增值税专用发票

№ 60973460　1100132140　60973460

抵扣联

开票日期：2023年4月29日

购买方　名称：山东常林股份有限公司
纳税人识别号：91370105635665541X
地址、电话：济南市华龙路1823号 0531-50808532
开户行及账号：中国工商银行济南市高新支行 3735628775412

密码区：03*3187<4/+8490<+95-59+7<243
4987<0—>>-6>525<693719->7*7
87*3187<4/+8490<+95708681380
9<712/<1+9016>6906++>84>93/-

货物或应税劳务、服务名称	规格型号	单位	数量	单价	金额	税率	税额
A商品		件	1000	150.00	150 000.00	13%	19 500.00
B商品		件	200	100.00	20 000.00	13%	2 600.00
合计					¥170 000.00		¥22 100.00

价税合计（大写）⊗壹拾玖万贰仟壹佰元整　（小写）¥192 100.00

销售方　名称：山东省万泽服装有限公司
纳税人识别号：91370190067212105X
地址、电话：济南市春华路328号 0531-64972391
开户行及账号：中国工商银行永春路支行 450985381040886 4389

备注：山东万泽服装有限公司 91370190067212105X 发票专用章

收款人：李玲　复核：　开票人：李玲　销售方：（章）

第二联：抵扣联　购买方扣税凭证

税总函【XXXX】XXX号 XXXXXXXX公司

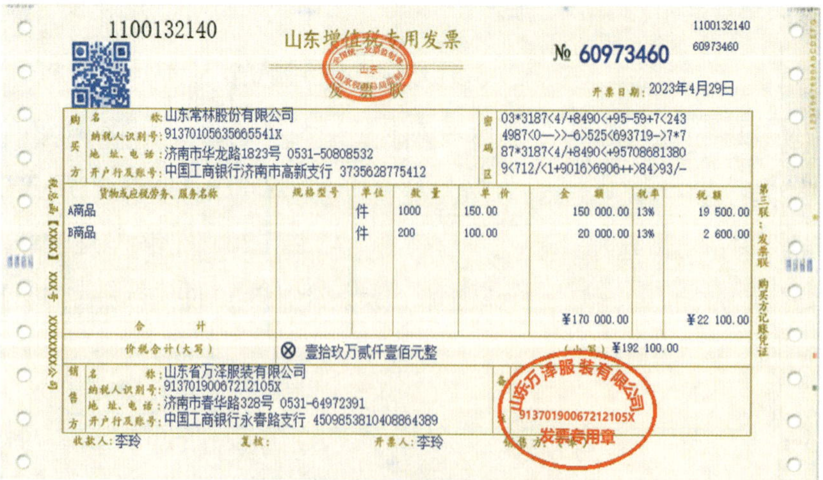

1100132140

山东增值税专用发票

№ 60973460　1100132140　60973460

发票联

开票日期：2023年4月29日

购买方　名称：山东常林股份有限公司
纳税人识别号：91370105635665541X
地址、电话：济南市华龙路1823号 0531-50808532
开户行及账号：中国工商银行济南市高新支行 3735628775412

密码区：03*3187<4/+8490<+95-59+7<243
4987<0—>>-6>525<693719->7*7
87*3187<4/+8490<+95708681380
9<712/<1+9016>6906++>84>93/-

货物或应税劳务、服务名称	规格型号	单位	数量	单价	金额	税率	税额
A商品		件	1000	150.00	150 000.00	13%	19 500.00
B商品		件	200	100.00	20 000.00	13%	2 600.00
合计					¥170 000.00		¥22 100.00

价税合计（大写）⊗壹拾玖万贰仟壹佰元整　（小写）¥192 100.00

销售方　名称：山东省万泽服装有限公司
纳税人识别号：91370190067212105X
地址、电话：济南市春华路328号 0531-64972391
开户行及账号：中国工商银行永春路支行 450985381040886 4389

备注：山东万泽服装有限公司 91370190067212105X 发票专用章

收款人：李玲　复核：　开票人：李玲　销售方：（章）

第三联：发票联　购买方记账凭证

税总函【XXXX】XXX号 XXXXXXXX公司

图 1-2-17　增值税专用发票

直击大赛

在智能财税大赛中，增值税发票的开具是模拟实际销售业务中的发票开具过程。参赛者需要根据业务的内容选择开具增值税专用发票或增值税普通发票，根据业务需要选择开具纸质发票或电子发票。确定好开具的发票类型后，根据业务填写发票内容，包括购买方及货物或应税劳务服务名称、数量、金额、日期、税额等相关信息。在填写时，应确保信息的准确性，特别是购买方名称、纳税人识别号，货物或应税劳务服务的名称、数量、税率、金额及价税合计的大小写。需要注意的是，在大赛实训中，销售方的信息不需要填写，以操作员的身份登录后，系统会自动生成，货物或应税劳务服务的名称根据预设资料选择即可（图1-2-18）。发票开具上传提交审核后进入财税处理环节，参赛者需要根据公司的业务处理流程，对发票进行后续相应的财税处理。

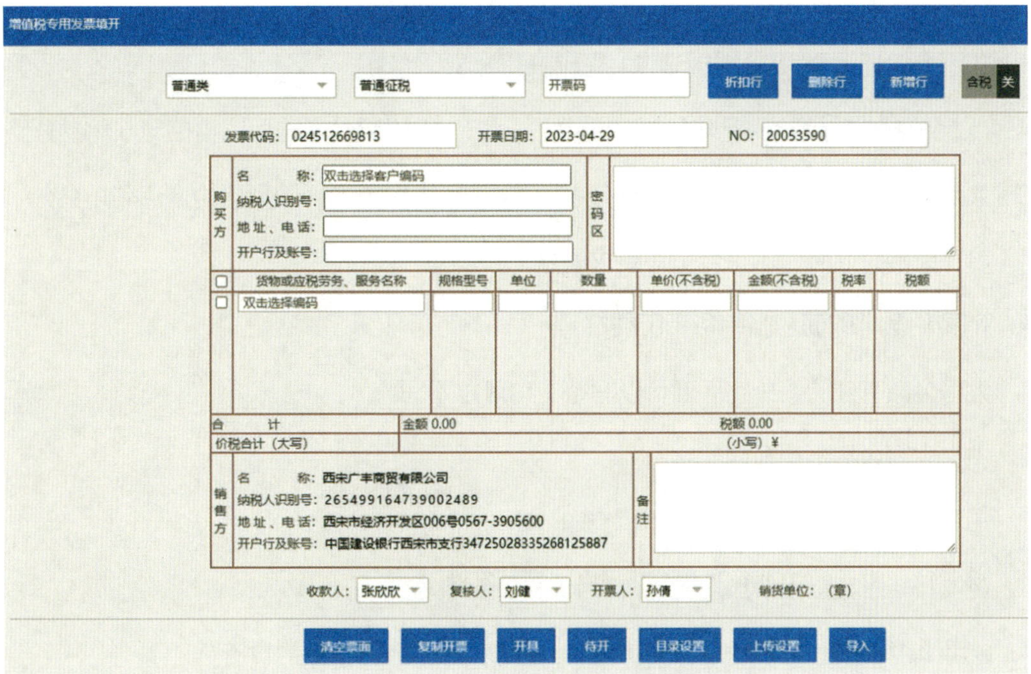

图 1-2-18　智能财税平台增值税专用发票填制

巩固提升

一、单项选择题

1. 第五套人民币各面额纸币上的隐形面额数字在票面的（　　）。

A. 正面左下方　　　　B. 正面右下方　　　　C. 正面右上方　　　　D. 背面左上方

2. 第五套人民币100元、50元、10元纸币上的"阴阳互补对印图案"是（　　）。

A. 花卉　　　　　　B. 古钱币　　　　　　C. 文字　　　　　　D. 人物头像

3. 大部分假币所使用的纸张在紫外线下有较强的（　　）。

A. 透光　　　　　　B. 反光　　　　　　C. 荧光　　　　　　D. 吸光

4. 能辨别面额，票面剩余（　　）以上，其图案、文字能按原样连接的残缺、污损人民币，金融机构应向持有人按原面额全额兑换。

A. 五分之四　　　　B. 四分之三　　　　C. 三分之二　　　　D. 三分之一

5. 手持捻弹式单指单张点钞法中的"捻""弹"分别用（　　）手指。

A. 食指、中指　　　　　　　　　　B. 中指、无名指

C. 拇指、中指　　　　　　　　　　D. 拇指、无名指

6. 在原始凭证上金额¥3 618.63的大写应书写为（　　）。

A. 人民币叁仟陆佰拾捌元陆角叁分　　　　B. 人民币叁仟陆佰壹拾捌元陆角叁分整

C. 人民币叁仟陆佰壹拾捌元陆角叁分　　　　D. 人民币叁仟陆佰壹拾捌点陆角叁分

7. 填写原始凭证时，不符合书写要求的是（　　）。

A. 阿拉伯数字前面应当写货币币种符号

B. 大写金额有分的，分字后面可以写整，也可以不写整

C. 中文大写金额不得写简化字

D. 书写金额与币种符号间不得留有空白

8. 在填写转账支票出票日期时，"10月30日"应填写成（　　）。

A. 拾月叁拾日　　　　　　　　　　B. 零拾月零叁拾日

C. 壹拾月叁拾日　　　　　　　　　　D. 零壹拾月零叁拾日

9. ¥15 409.02写成中文大写为（　　）。

A. 人民币壹万伍仟肆佰零玖元贰分　　　　B. 人民币壹万伍仟肆佰零玖元零贰分

C. 人民币壹万伍仟肆佰零玖元零角贰分　　　　D. 人民币壹万伍仟肆佰零玖元零贰分整

二、大写金额数字练习

要求：将下列小写金额数字写成大写金额数字。

序号	小写金额数字	大写金额数字
1	￥15 409.02	
2	￥625 378.06	
3	￥158 800.60	
4	￥213.00	
5	￥15 080.03	
6	￥170 006.34	
7	￥789 030.02	
8	￥59 045.00	
9	￥100 408.45	
10	￥13 000.74	

三、小写金额数字练习

要求：将下列大写金额数字写成小写金额数字。

序号	大写金额数字	小写金额数字
1	人民币壹佰陆拾叁元整	
2	人民币柒佰万元整	
3	人民币伍仟捌佰壹拾贰元肆角玖分	
4	人民币叁佰零贰万零壹佰零玖元柒角整	
5	人民币壹拾叁万元零伍分	
6	人民币叁万肆仟柒佰伍拾玖元叁角肆分	
7	人民币壹拾万零捌佰玖拾肆元整	
8	人民币捌万玖仟肆佰零叁元零贰分	
9	人民币叁拾万零捌拾柒元零叁分	
10	人民币叁万零捌佰零柒元零肆分	

四、大写日期练习

要求：将下列小写日期写成大写日期。

序号	小写日期	大写日期
1	2020 年 02 月 15 日	
2	2019 年 12 月 10 日	
3	2016 年 11 月 30 日	
4	2017 年 10 月 29 日	
5	2023 年 01 月 09 日	
6	2015 年 8 月 31 日	
7	2017 年 3 月 19 日	
8	2018 年 4 月 01 日	
9	2018 年 6 月 11 日	
10	2016 年 7 月 18 日	

五、大写金额数字常见书写错误分析

小写金额数字	大写金额数字		
	错误写法	正确写法	错误原因
￥4 895 000.67	人民币肆佰捌拾玖万伍仟零元陆角柒分		
￥159 648.23	人民币拾伍万玖仟陆佰肆拾捌元贰角叁分		
￥300 009.05	人民币叁拾万元零玖元零伍分		
￥58 491.80	人民币伍万捌仟肆佰玖拾壹元捌角零分		
￥7 268.05	人民币：柒仟贰佰陆拾捌元零伍分		
￥64 900.05	人民币陆万肆仟玖佰元伍分		
￥28 056 000.00	人民币贰仟捌佰万零伍万陆仟元整		
￥78 005.18	人民币 柒万捌仟零伍元壹角捌分		
￥97 560.20	人民币玖万柒仟伍佰陆拾贰角整		
￥856 000.00	人民币捌拾伍万陆仟元		
￥451 009.08	人民币肆拾伍万壹仟零玖元零捌分整		

任务评价

本任务考核采用百分制，采取过程考核与结果考核相结合的原则，注重技能考核。

过程考核（40%）				结果考核（60%）	
职业态度	组织纪律	学生互评	实训练习	考核项目	分值
根据学生课堂表现，采取扣分制	考勤与课堂纪律	小组内同学互评，组间互评	教师根据学生提交的实训报告情况进行评价	手持捻弹式单指单张点钞法	10
				扎把	5
				人工验钞的方法	10
				点钞机的使用	10
				阿拉伯数字的书写	5
				中文大写数字的书写	10
				票据的填写应用	10

任务三　印章的管理

学习目标

1. 掌握印章的使用方法。

2. 明确各类印章的使用规定，能正确使用印章。

3. 树立出纳岗位责任意识，强化风险防范意识。

印章的管理

任务场景

2023年4月19日，出纳刘红对李玲说："很快你就要正式接管出纳工作了，在工作过程中会有很多地方用到印章，你知道印章的使用规定和具体方法吗？"李玲向刘红请教说："您教我一下具体的操作吧，我一定会认真学习的！"

知识储备

出纳在工作中会经常使用各种印章。印鉴是指各单位在业务办理中为确认核算事项加盖在票据、凭证、报表、函件、证实书、申请书等资料上的印章图形。这些印章图形具有标志、权威、凭证和法律效力，对企业非常重要。因此，出纳要学会正确使用印章。

一、企业常用印章

企业常用印章如表1-3-1所示。

表1-3-1　企业常用印章

印章类型	图示	用途
公章		公司处理内外部事务的印章，公司对外的正式信函、文件、报告使用公章
财务专用章		主要用于财务结算，在开具的收据、发票（有发票专用章的除外）上使用，银行印鉴必须留财务专用章。能够代表公司承担所有财务相关的义务，享受所有财务相关的权利。一般由企业的专门财务人员管理
发票专用章		用发票单位和个人按税务机关规定刻制的印章，印章印模里含有其公司单位名称、发票专用章字样、税务登记号，是在领购或开具发票时加盖的印章
合同专用章		用于与公司发生经济业务往来单位签订的各种书面合同、协议
法定代表人或其授权代理人章		刻有单位法定代表人或其授权代理人姓名的方形印章
会计主管名章		表明业务已经经过会计主管同意或审核，明确个人责任
出纳的名章		表明在会计人员中有明确的分工，坚持"谁经手，谁负责"的原则。如有工作出现变动，应随时更换印章，以分清责任
现金收讫章现金付讫章		发生现金收取业务，需在收款单据上加盖现金收讫章；发生现金支付业务，需在付款单据上加盖现金付讫章
作废章		用于发票、收据、文件等填写错误后盖制

小提示

单位财务专用章及法定代表人章的存放与使用，应签署财务专用章、企业法定代表人章授权使用委托书，以明确责任。

二、预留银行印鉴

预留银行印鉴又称“预留印鉴”，即企业在银行开设账户时需要在银行预留的印鉴，也就是财务专用章和法定代表人章的底样。印鉴需盖在一张卡片纸上（图1-3-1），留存于银行。预留印鉴作为企业在银行办理各种业务的身份证明，很多银行在办理业务时“认章不认人”。当企业需要通过银行对外支付时，先填写对外支付申请，申请必须有印鉴。银行经核对确认对外支付申请上的印鉴与预留印鉴相符后，即可代企业进行支付。

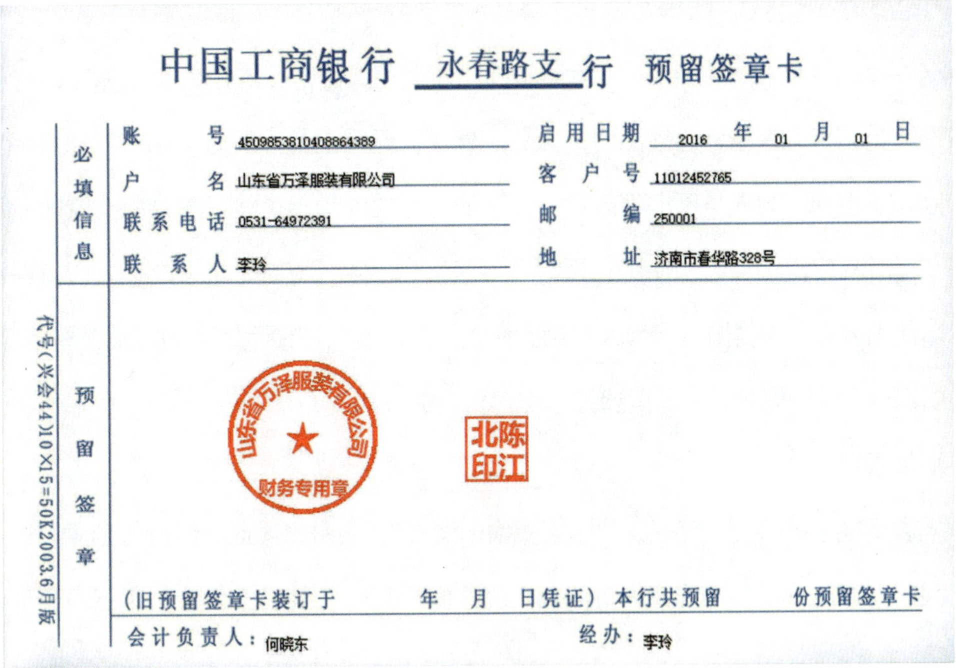
中国工商银行 永春路支 行 预留签章卡

必填信息
账号 4509853810408864389
启用日期 2016 年 01 月 01 日
户名 山东省万泽服装有限公司
客户号 11012452765
联系电话 0531-64972391
邮编 250001
联系人 李玲
地址 济南市春华路328号

预留签章
山东省万泽服装有限公司 财务专用章
北陈印江

（旧预留签章卡装订于　年　月　日凭证）本行共预留　份预留签章卡
会计负责人：何晓东　经办：李玲
代号（米会44）10×15=50K2003.6月版

图 1-3-1　万泽公司预留银行印鉴卡

小提示

一般来讲，预留印鉴由财务专用章和法定代表人章组成，缺一不可。但是也会有特殊情况，如财务专用章和根据公司决议确定的有效签字人的签字。

三、盖章的方法

盖章时需将印章均匀蘸色，然后在其他纸面试盖印章，看印鉴是否清晰。在票据提示盖章的位置盖章，盖章后立即根据企业规定妥善收存印章。

盖章时可以用以下小技巧保证印章的清晰：

（1）印章接触纸面后紧按住印章，防止错位移动；

（2）用印后迅速离开纸面，防止留有模糊印记及重影；

（3）加盖印鉴的票据不要立刻覆盖其他物品。

＋● 知识拓展 ●

印章使用的相关规定

一、保管印章

根据《中华人民共和国会计法》《会计基础工作规范》等财务规定，支票和印鉴一般应由会计主管人员或指定专人保管，必须由两个人分别保管。原则上各种财务专用章的保管与现金的保管要求相同，负责保管的人员不得将印章、印鉴随意存放或带出企业。严禁将支票印章及单位主管人的名章一并交由出纳保管和使用，否则会给违法、违纪行为带来可乘之机。印章保管人员不得随意私自使用公章，不得擅自让他人代管、代盖公章。对非法使用印章者视情节轻重给予记过、记大过、劝退或开除的处分，并保留追究其法律责任的权利。

二、更换预留印鉴

如果需要更换预留印鉴，应填写"印鉴更换申请书"，同时出具证明情况的公函，一并交开户银行，经银行同意后，在银行发给的新印鉴卡的背面加盖原预留银行印鉴，在正面加盖新启用的印鉴。

三、遗失预留印鉴

出纳遗失单位印章后，应由企业会计主管出具证明，并经开户银行同意后，及时办理更换印章的手续。

四、销毁印章、印鉴

由于单位变动、更名或其他原因停止使用印章、印鉴，或其破损无法使用时，应由保管人员报单位领导批准，对其进行封存或销毁，并由行政部门办理新章刻制事宜。

印章使用的相关规定

巩固提升

一、多项选择题

1. 银行预留印鉴指的是（　　）。

A. 财务专用章 　　　　　　　　　　 B. 法定代表人章

C. 现金收讫章 　　　　　　　　　　 D. 发票专用章

2. 使用印章时要（　　）。

A. 将印章均匀蘸色 　　　　　　　　 B. 在其他纸面试盖印章，看印章是否清晰

C. 在票据提示盖章的位置盖章 　　　 D. 盖章后立即根据企业规定妥善收存印章

3. 要保证印鉴清晰，可以（　　）。

A. 印章接触纸面后紧按住印章

B. 按住印章时防止错位移动

C. 用印后迅速离开纸面，防止留有模糊印记及重影

D. 加盖印鉴的票据不要立刻覆盖其他物品

二、判断题

1. 支票和印鉴一般应由会计主管人员或指定专人保管，必须由两个人分别保管。（　　）

2. 负责保管的人员可以将印章、印鉴随意存放或带出企业。（　　）

3. 出纳遗失单位印章后，应由企业会计主管出具证明，并经开户银行同意后，及时办理更换印章的手续。（　　）

4. 印章保管人员可以让他人代管、代盖公章。（　　）

5. 销毁印章、印鉴时，无须报单位领导批准，可以直接销毁。（　　）

任务评价

本任务考核采用百分制，采取过程考核与结果考核相结合的原则，注重技能考核。

过程考核（40%）				结果考核（60%）	
职业态度	组织纪律	学生互评	实训练习	考核项目	分值
根据学生课堂表现，采取扣分制	考勤与课堂纪律	小组内同学互评，组间互评	教师根据学生提交的实训报告情况进行评价	认识常用印章	20
				预留银行印鉴	15
				盖章的方法	20
				印章使用的其他规定	5

任务四 凭证的管理

▶ 📋 学习目标

1. 掌握凭证的购买及保管要求。

2. 能正确、熟练购买凭证，合理保管各类凭证。

3. 培养廉洁自律、遵守准则的职业道德，树立谨慎、信誉至上的职业操守。

🗂 ●任务场景●

2023年4月30日，刚刚上岗的出纳李玲发现支票快用完了，于是找会计主管何晓东请示去银行领一些备用，何晓东告诉李玲，空白支票需要去银行购买。李玲向主管何晓东详细了解了出纳岗位有关凭证的购买与保管知识，获得批准后前往银行购买支票。李玲到达银行后，向工作人员询问："购买现金支票有哪些工作流程？"

📝 ●知识储备●

在实务工作中，出纳不仅要办理日常现金收付、银行结算、月末的对账与结账等业务，还需要购买与出纳工作相关的凭证并进行保管。

凭证的管理

一、凭证购买

出纳从银行领购的凭证分为两种：一是需购买的凭证，如在办理业务时需加盖银行预留印章的现金支票、转账支票、银行承兑汇票等票据；二是可以直接在银行柜台领取的凭证，如进账单、现金解款单等。在平时的工作中，出纳应根据凭证使用情况提前购买备用，也可在购买时多买几本，以减少跑银行的次数。

每个银行对于空白凭证的购买都有各自的规定，有的银行要求购买凭证时需提供经办人的身份证，有的银行要求购买凭证时不仅要提供经办人的身份证，还要输入购买凭证的密码。不同银行对购买程序或数量有不同规定，具体情况需咨询开户银行。

二、凭证保管

由出纳保管的凭证包括各种收付款单据、空白或作废的票据、现金日记账和银行存款日记账、现金盘点表、银行对账单、资金报告、凭证交接表、工作交接表等。出纳在保管这些凭证时，应注意以下事项。

（1）现金收付款单据应在业务办理完毕后及时存放，防止丢失，下班前应将收付款单据及时交接给会计，并编制移交清单，以明确责任。

（2）对于现金支票、转账支票等经常使用的空白凭证，出纳应建立相应的购买使用登记簿，对其购入和使用情况及时登记。

（3）现金日记账和银行存款日记账要设立专门的档案柜进行保管。

（4）银行存款余额调节表、银行对账单、资金报表、凭证交接表等单据是出纳风险转移的重要依据，也是出纳在工作岗位上进行自我保护的重要依据，因此要用专门的文件夹或文件柜进行保管。

（5）出纳工作过程中遇到的其他类型的单据，应遵循保密、安全等相关原则进行保管。

（6）对作废的凭证，出纳应单独设立保存专册。处理作废单据时，要经过公司相关领导的批准才能进行。

（7）出纳凭证在保存期满后，需要办理销毁的，须经领导审查并报经上级主管部门批准后才能进行，在销毁凭证资料时，应由凭证保管部门和财务部门共同派人监销。

> 🔔 小提示
>
> 银行存款余额调节表、银行对账单的保管期限为 5 年。现金日记账和银行存款日记账的保管期限为 25 年。

任务实施

出纳李玲办理现金支票领购业务的流程如下。

步骤一：经会计主管同意后，出纳填写收费凭条，然后加盖预留银行印章（图1-4-1、图1-4-2）。

ICBC 中国工商银行

收费凭条 1861442

年 月 日

付款人名称		付款人账号			
服务项目（凭证种类）	数量	工本费	手续费	小计（百十万千百十元角分）	上述款项请从我账户中支付。 预留印鉴：
合计					
金额 币种（大写）					
以下在购买凭证时填写					
领购人姓名		领购人证件类型			
		领购人证件号码			

210×142.5mm

图 1-4-1 空白的收费凭条

ICBC 中国工商银行

收费凭条 1861442

2023 年 4 月 30日

付款人名称	山东省万泽服装有限公司	付款人账号	4509853810408864389		
服务项目（凭证种类）	数量	工本费	手续费	小计（百十万千百十元角分）	上述款项请从我账户中支付。 预留印鉴：山东省万泽服装有限公司 财务专用章　北陈印江
现金支票	2	20.00	1.00	2100	
合计					
金额 币种（大写）	人民币贰拾壹元整			¥2100	
以下在购买凭证时填写					
领购人姓名	李玲	领购人证件类型	居民身份证		
		领购人证件号码	370123199510218276		

210×142.5mm

图 1-4-2 填制好并加盖预留银行印章的收费凭条

步骤二：申请人向银行提交收费凭条及证明其身份的合法证件。银行审核无误后加盖业务受理专用章，并通过企业账户收取费用（图1-4-3）。

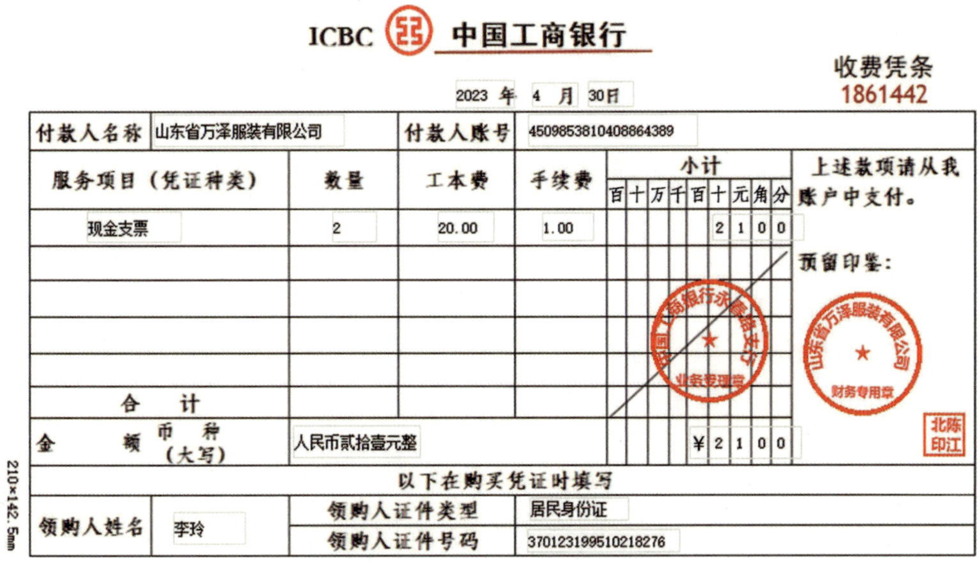
ICBC 中国工商银行

收费凭条 1861442

2023 年 4 月 30日

付款人名称	山东省万泽服装有限公司		付款人账号	4509853810408864389	
服务项目（凭证种类）	数量	工本费	手续费	小计（百 十 万 千 百 十 元 角 分）	上述款项请从我账户中支付。
现金支票	2	20.00	1.00	2 1 0 0	预留印鉴：
合计					
金额 币种（大写）	人民币贰拾壹元整			¥ 2 1 0 0	
以下在购买凭证时填写					
领购人姓名	李玲	领购人证件类型	居民身份证		
		领购人证件号码	370123199510218276		

图 1-4-3 已办理好的收费凭条

步骤三：出纳领取空白现金支票及加盖银行印章的收费凭条。

巩固提升

一、单项选择题

1. 不需要加盖银行预留印章就可以购买的凭证有（ ）。

A. 现金支票　　B. 转账支票　　C. 银行承兑汇票　　D. 现金解款单

2. 需要加盖银行预留印章购买的凭证有（ ）

A. 支票　　B. 进账单　　C. 现金解款单　　D. 增值税发票

3. 现金日记账和银行存款日记账的保管期限是（ ）。

A. 5年　　B. 10年　　C. 25年　　D. 永久

二、判断题

1. 现金收付款单据应在业务办理完毕后及时存放，防止丢失，下班前应将收付款单据及时交接给会计，并编制移交清单，以明确责任。（ ）

2. 现金日记账和银行存款日记账要设立专门的档案柜进行保管。（ ）

3. 银行存款余额调节表、银行对账单、资金报表、凭证交接表等单据是出纳风险转移的重要依据，也是出纳在工作岗位上进行自我保护的重要依据，因此要用专门的文件夹或文件柜进行

保管。（ 　 ）

4. 出纳工作过程中遇到的其他类型的单据，应遵循保密、安全等相关原则进行保管。
（ 　 ）

5. 对作废的凭证，出纳可以直接扔到垃圾桶里，不需要单独设立保存专册。（ 　 ）

三、简答题

出纳保管凭证应注意什么？

任务评价

本任务考核采用百分制，采取过程考核与结果考核相结合的原则，注重技能考核。

过程考核（40%）				结果考核（60%）	
职业态度	组织纪律	学生互评	实训练习	考核项目	分值
根据学生课堂表现，采取扣分制	考勤与课堂纪律	小组内同学互评，组间互评	教师根据学生提交的实训报告情况进行评价	凭证的购买规定	15
				凭证保管的注意事项	15
				凭证领购的业务操作	30

思政案例

货币无小事：伪造货币获刑

2023年6月至12月，李某购买了制造假币所需的材料，在自己的租住房内伪造人民币。其间，李某通过某软件向陶某等人出售自己制造的20元面值的假币85张，面值合计1 700元。案发后，公安机关在其住处查获不同面额的假币共计153张，面值合计6 160元。法院以伪造货币罪判处李某有期徒刑四年二个月，并处罚金6万元，违法所得予以追缴。

启示：货币造假无论是大规模的造假行为，还是小面额货币的伪造企图，都不应被忽视，它警示着我们要时刻有捍卫货币尊严与维持金融秩序稳定的意识。同时，这也促使国家不断提升货币的防伪技术与监管水平，确保货币在经济生活中能够正常地履行其价值尺度、流通手段等重要职能，为人民的生活和贸易往来提供坚实可靠的基础。

项目二
现金业务

项目描述

　　狭义的现金是指企业所拥有的硬币、纸币，即由出纳保管作为零星开支的库存现金。广义的现金则包括库存现金和视同现金的各种银行存款、流通证券等。会计范畴中的现金又称库存现金，是指由出纳保管的存放在企业中用于日常零星开支的现钞，包括库存的人民币和各种外币。本项目中提到的现金仅指库存现金。现金业务是出纳日常工作中非常重要的业务。

　　本项目从出纳日常现金结算业务出发，结合公司的实际业务，介绍现金存取业务、现金收支业务、报销业务、现金借款业务、现金清查业务。

任务一　现金存取业务

学习目标

　　1. 了解现金存取业务的具体内容及结算范围。

　　2. 掌握现金存取业务的工作流程和办理方法。

　　3. 培养爱岗敬业、细心踏实、诚实守信的职业道德。

　　4. 提升日常业务中的沟通协调能力，培养严谨务实的工作态度。

子任务1　现金提取业务

任务场景

　　2023年6月1日，出纳李玲查看保险柜并清点现金时，发现只有500元现金。为满足企业正常现金业务需求及银行核定的库存现金限额，经会计主管批准后，李玲第二天到银行提取了8 500元现金。为了顺利提取到现金，李玲应该完成哪些任务呢？

知识储备

一、库存现金限额

库存现金限额是指为保证单位日常零星支付按规定允许留存现金的最高数额。一般来说，开户银行应当根据实际需要，核定开户单位3天至5天日常零星开支所需的库存现金限额。边远地区和交通不便地区开户单位的库存现金限额，可以多于5天，但不得超过15天的日常零星开支。

库存现金限额的计算方式一般是：

库存现金限额=前一个月平均每天支付的数额（不含每月平均工资数额）×限定天数

二、现金结算范围

企业可以在下列范围内使用现金：

（1）职工工资、津贴；

（2）个人劳务报酬；

（3）根据国家规定颁发给个人的科学技术、文化艺术、体育等各种奖金；

（4）各种劳保、福利费用及国家规定的对个人的其他支出；

（5）向个人收购农副产品和其他物资的价款；

（6）出差人员必须随身携带的差旅费；

（7）结算起点以下的零星支出；

（8）中国人民银行确定需要支付现金的其他支出。

上述款项结算起点为1 000元。除上述（5）（6）两项外，开户单位支付给个人的款项中，超过使用现金限额部分，应当以支票或者银行本票支付；确需全额支付现金的，经开户银行审核后，予以支付现金。

三、现金支票填写规范

现金支票是专门用于支取现金的一种支票。由存款人签发用于到银行为本单位提取现金，也可以签发给其他单位和个人用来办理结算或委托银行代为支付现金给收款人。为了保障企业资金的安全，企业通常使用现金支票到银行柜台提取现金。

现金提取业务-1

现金支票有正反两面：正面（图2-1-1）又分为左右两部分，左边为存根联（也称"支票头"），右边为正联（也称"支票联"）；背面（图2-1-2）有两栏，左栏是附加信息，右栏是收款人签章。

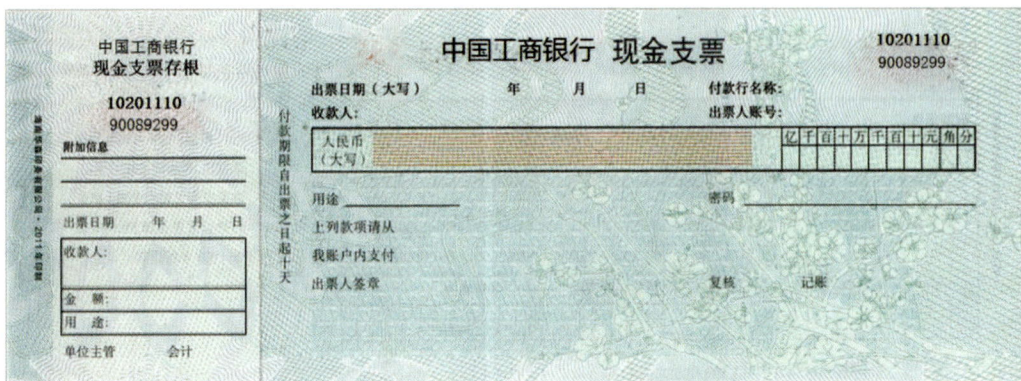

图 2-1-1　现金支票正面

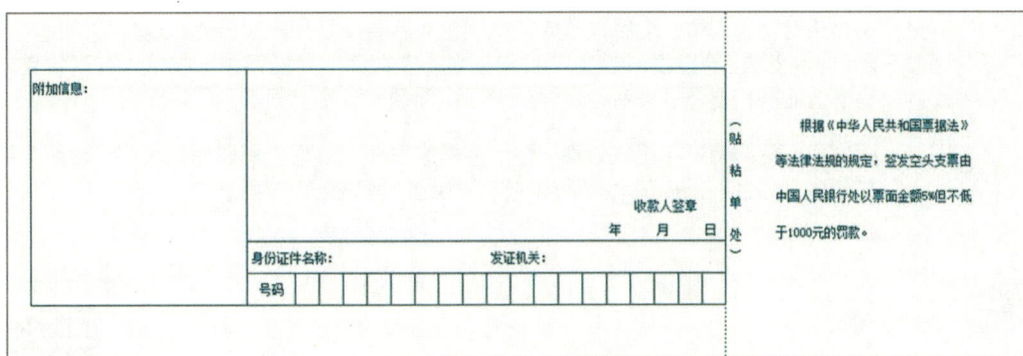

图 2-1-2　现金支票背面

现金支票应按规范填写，填写时应使用黑色或蓝黑色碳素笔，字迹要清晰工整，并且不得涂改。具体各项目填写规范如表2-1-1所示。

表 2-1-1　现金支票填写规范

支票项目	填写规范
出票日期	正联出票日期为提现日期，出票日期必须用中文大写数字:零、壹、贰、叁、肆、伍、陆、柒、捌、玖、拾;在填写月、日时，月为壹、贰和壹拾的，日为壹至玖和壹拾、贰拾和叁拾的，应在其前加"零";月为拾壹月、拾贰月，日为拾壹至拾玖的，应在其前面加"壹"
收款人	1. 正联收款人必须为全称，否则银行不予受理 2. 单位提取现金时，收款人填本单位全称 3. 收款人为个人时，收款人填个人姓名
付款行名称 出票人账号	1. 付款行名称为出票单位开户银行名称 2. 出票人账号为出票单位银行账号

续表

支票项目		填写规范
正联金额		1. 人民币大写金额需要顶格写，大写金额数字到元或角为止的，在"元"或"角"字之后写"整"（或"正"）字，金额到分为止的，分字后不写"整"（或"正"）字 2. 人民币小写金额需要在最高数位的数字前加"¥"符号，金额一律填写到"分"；无角分的，角位或分位填"0" 3. 大小写金额必须严格按照书写规范填写，并且字迹要清晰，大小写金额要相符
用途		现金支票的使用有一定限制，用途一般填写"备用金""差旅费""工资""劳务费"等
密码		1. 企业购买支票时从开户银行随机取得的每张支票的密码，填写支票时将每张支票对应的密码填在密码栏，但不能在支票未使用时提前填写 2. 单位采用密码器自动产生的密码，由出纳在密码器上输入支票编号等信息后自动产生密码，将该密码填在密码栏
盖章	正面	支票正面盖财务专用章和法定代表人章，缺一不可（个别银行要求在正联和存根骑缝处用财务专用章再加盖骑缝章）。印泥为红色，印章必须清晰，印章如有缺角、模糊，需要将本张支票作废，换一张重新填写并盖章
	背面	1. 现金支票收款人为本单位时，现金支票背面"被背书人"栏内加盖本单位的财务专用章和法定代表人章，之后收款人可凭现金支票直接到开户银行提取现金 2. 现金支票收款人为个人时，此时现金支票背面不盖任何章，收款人在现金支票背面填写身份证号和发证机关名称，凭身份证和现金支票签字领款
存根		存根联填写的信息与正联必须一致，存根联日期栏填写小写日期，收款人可用简称，金额栏填写小写金额，并在金额前加"¥"，用途填写与正联内容一致

任务实施

出纳李玲办理现金支票取现业务的步骤如下。

步骤一：查询银行存款余额。

出纳提取现金时，应先通过登录企业网上银行等方式查询企业基本账

现金提取业务-2

户的银行存款余额，确定银行存款余额大于要取现的金额，防止开具空头支票。

小提示

企业开出的现金支票票面金额超过其银行存款余额或透支限额而不能生效的支票，称为"空头支票"。

根据规定，企业禁止签发空头支票。出票人签发一张支票，如果账户余额小于所签发支票的金额或支票签章与预留银行签章不符的支票，都属于空头支票。同时，签发空头支票将依法受到处罚。《票据管理实施办法》第三十一条规定："签发空头支票或者签发与其预留

的签章不符的支票，不以骗取财物为目的的，由中国人民银行处以票面金额 5% 但不低于 1000 元的罚款；持票人有权要求出票人赔偿支票金额 2% 的赔偿金。"

步骤二：提出申请，登记现金支票使用登记簿。

出纳使用现金支票取现前需要告知会计主管或相关领导，同时登记现金支票使用登记簿，登记开具现金支票的号码、使用时间、支取金额等（图2-1-3）。

现金支票使用登记簿

日期	购入支票号码	使用支票号码	领用人	金额	用途	备注
2023年06月01日	20480538	20480538	李玲	8500.00	备用金	

图 2-1-3　现金支票使用登记簿

步骤三：填写现金支票。

出纳根据支票格式规范填写日期、金额、用途等内容（图2-1-4）。支票可以用手写的方式进行填写，也可以用支票打印机打印填写，填写务必规范完整。

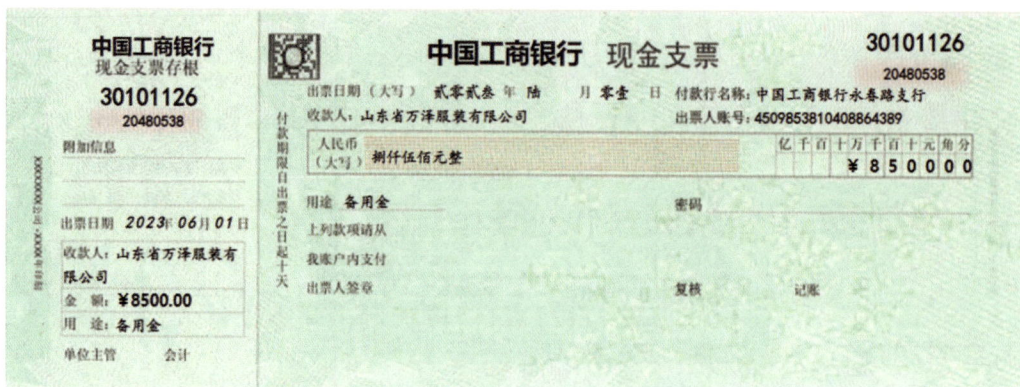

图 2-1-4　填好的现金支票正面

步骤四：审批盖章。

现金支票填好后，在支票的正反两面加盖企业在银行的预留印鉴。预留印鉴通常为公司财务专用章和法定代表人章，两个章缺一不可（图2-1-5、图2-1-6）。

图 2-1-5　盖章后的现金支票正面

图 2-1-6　盖章后的现金支票背面

步骤五：生成支付密码。

出纳到银行办理取现业务时，银行会对支票上的盖章及支付密码进行核对，以此来判断是否将款项交由持票人。出纳在将支票内容填写无误后，用支付密码器生成密码并规范填写在正确位置（图2-1-7）。只有支票上填写的密码与银行的数据一致时，银行才会付款。

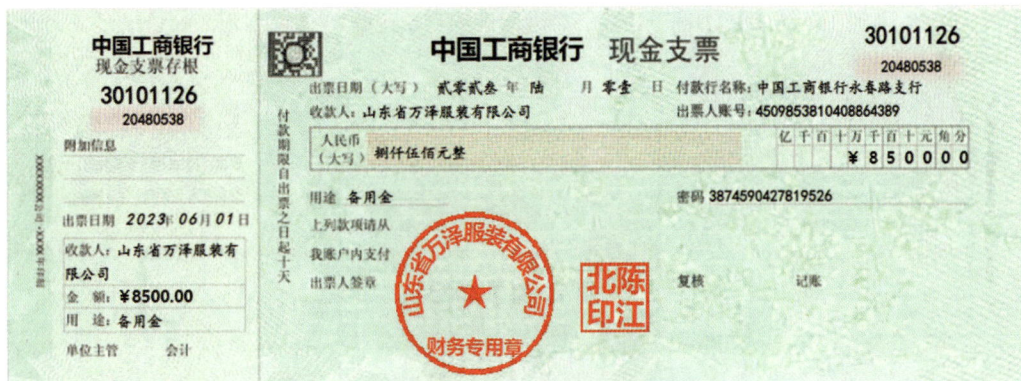

图 2-1-7　填写支付密码后的现金支票正面

支付密码器（图 2-1-8）由企业等存款人向其开户银行购买。密码器操作简单，通常按其使用说明进行操作即可获得支付密码。

步骤六：去银行办理取现业务。

出纳在现金支票内容填写无误并盖章后，将现金支票存根联撕下留在企业，作为后期会计记账的依据，将正联带到银行办理取现业务。到达银行后，将支票正联（图 2-1-9）交给银行柜员办理取现业务，银行经办人员核对无误后按照支票进行付款。出纳收到现金后，应当场清点现金数量并验证现金真伪，确认无误后妥善收存。

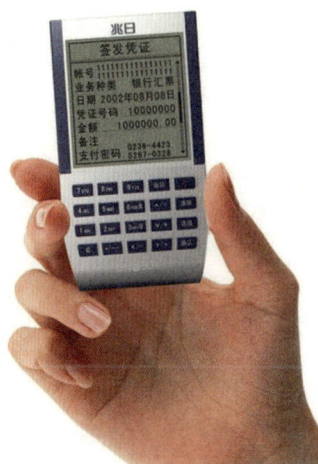

图 2-1-8　支付密码器

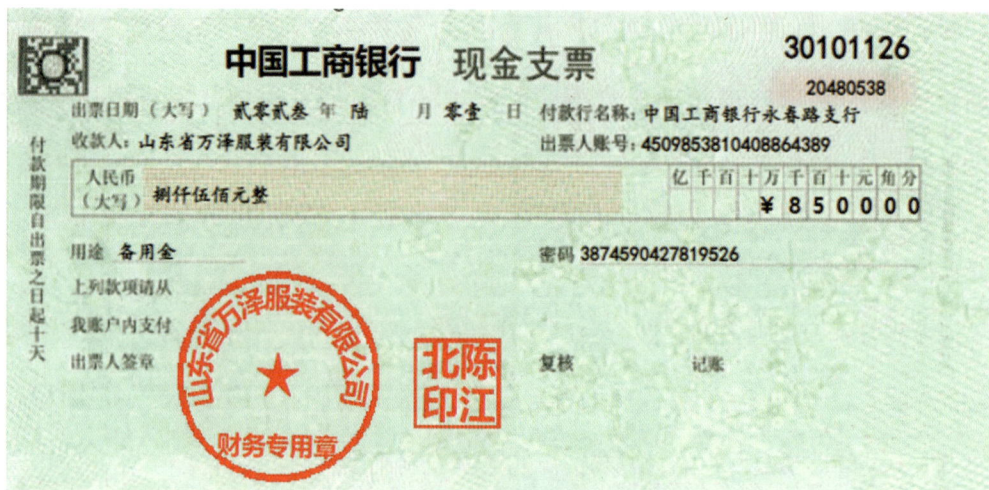

图 2-1-9　办理取现的支票正联

步骤七：会计编制记账凭证。

出纳将现金支票存根联（图2-1-10）交给会计，会计编制记账凭证，会计主管对记账凭证进行审核。

图 2-1-10　记账的支票存根联

步骤八：出纳登记现金日记账。

出纳根据会计主管审核后的记账凭证，登记库存现金日记账。

＋　知识拓展

现金支票填错后的处理办法

现金支票若出现填写或盖章错误等情况，必须作废，然后重新申请开具。出纳应在现金支票的正联和存根联加盖作废章（图2-1-11），同时将作废支票在现金支票使用登记簿进行记录（图2-1-12）。

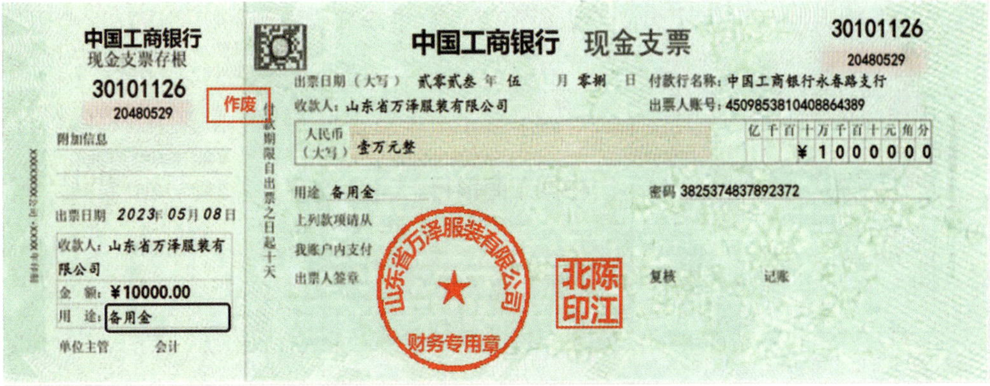

图 2-1-11　现金支票填错作废

现金支票使用登记簿

日期	购入支票号码	使用支票号码	领用人	金额	用途	备注
2023年05月08日	20480529	20480529	李玲	10000.00	备用金	作废

图 2-1-12　现金支票作废登记

巩固提升

山东华丰股份有限公司为一家加工型企业，开户银行：中国工商银行济南市南纬路支行，账号：2735875374156396569，公司法定代表人为孙清才，出纳为杨慧，身份证号：

371012198306051235，会计为王伟，会计主管为李小燕。库存现金日记账期初余额1 409元。2023年6月9日，出纳从银行提取现金7 000元备用。

【要求】根据以上资料填写现金支票（图2-1-13、图2-1-14），并模拟进行现金取款业务的办理。

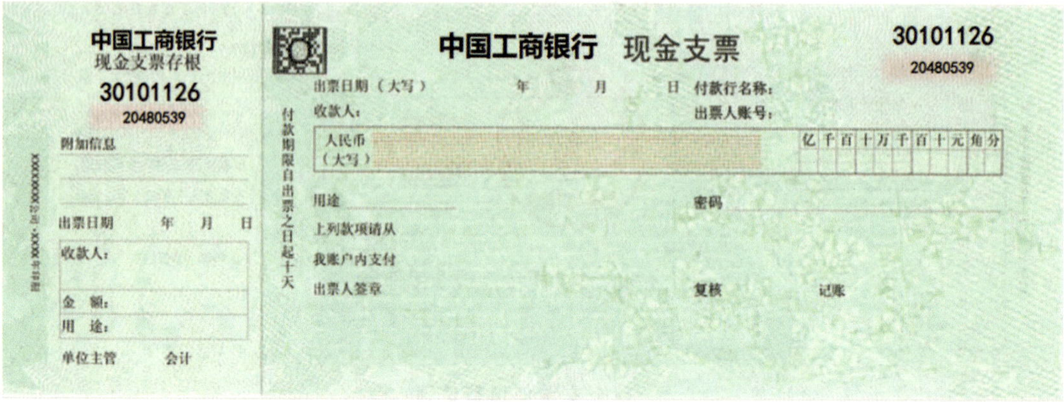

图 2-1-13　现金支票正面

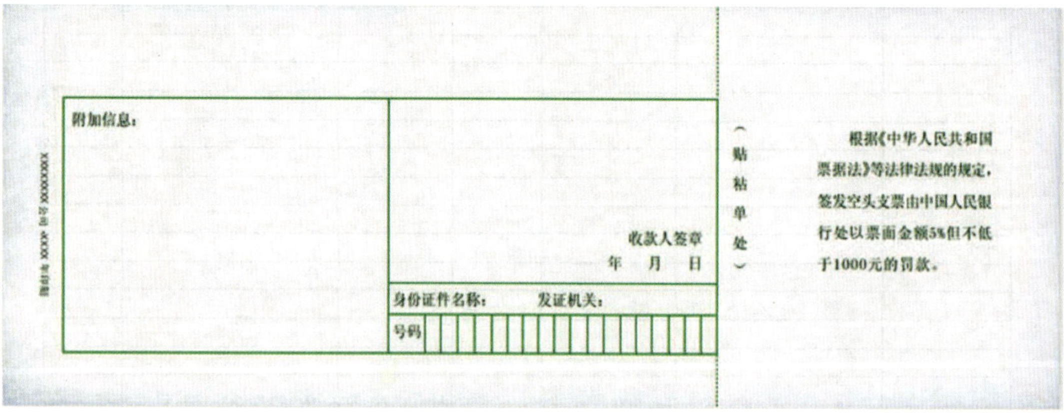

图 2-1-14　现金支票背面

子任务 2　现金存储业务

任务场景

2023年6月26日上午，李玲带着320张100元面额、30张50元面额、6张20元面额、1张10元面额的现金前往银行存钱。进入银行，李玲应该如何完成现金存储业务呢？

知识储备

开户单位现金收入应当于当日送存开户银行。当日送存确有困难的，由开户银行确定送存时间。

开户单位支付现金，可以从本单位库存现金限额中支付或者从开户银行提取，不得从本单位的现金收入中直接支付（即坐支）。因特殊情况需要坐支现金的，应当事先报经开户银行审查批准，由开户银行核定坐支范围和限额。坐支单位应当定期向开户银行报送坐支金额和使用情况。

为避免企业从现金收入中直接支付，出纳应及时将企业的现金收入送存银行，完成现金存储业务。

一、存款凭证概述

存储现金必须填写现金存款凭证才能去银行办理，但不同银行的现金存款凭证的名称有所差异，例如，中国工商银行是"现金存款凭条"，中国农业银行是"现金缴款单"，交通银行是"现金解款单"。这里以中国工商银行"现金存款凭条"（图2-1-15）为例。

现金存款凭证一般一式两联。第一联为收入凭证，此联由银行作现金收入凭证；第二联为回单联，银行受理后，在第二联加盖银行印章后，交存款单位，作为会计记账凭证。

图 2-1-15　中国工商银行"现金存款凭条"

二、存款凭证的填制要求

存款凭证的填制应正确、规范，填制现金存款凭证不需要加盖企业的相关印章，出纳填写完毕后将现金和现金存款凭证交银行柜员办理即可。现金存款凭证需要填写的内容如表2-1-2所示。

表 2-1-2　现金存款凭证填写内容

填写项目	具体内容
存款日期	送存银行的当天日期
单位全称	存款单位全称
存款账号	单位在银行所开立的账号
开户银行	存款单位开户银行的名称
款项来源	所收现金的来源，如销货款、业务收入和收费等
存款人	送存现金人员即出纳的姓名
存款金额	按照实际存款金额填写大写和小写金额，并且要符合金额的书写要求
券　　别	出纳要将币值相同的现金分为一组，进行统计

▶ 💬 小提示

如现金存款凭证填写内容错误，可以直接销毁后重新填写一份，但要注意一定要撕毁后再扔掉。

▣ ●任务实施●

出纳李玲办理现金存款业务的步骤如下。

步骤一：清点并整理现金。

出纳收到现金后到银行送存前，应先对需要送存的现金进行清点，然后将现金按币种、面额大小进行整理。将同面额的纸币平铺整齐摆放在一起，按100张为一把进行扎把，不够整把的，按照面额从大到小的顺序整理。将同额硬币放在一起，每50枚用纸卷成一卷，不足一卷的可以不送存银行，留作找零用。

步骤二：填写现金存款凭证。

现金存款凭证中日期、单位全称、账号、金额大小写和款项来源等内容为必填项，交款人、券别金额为选填项目。填写完的现金存款凭证如图2-1-16所示。

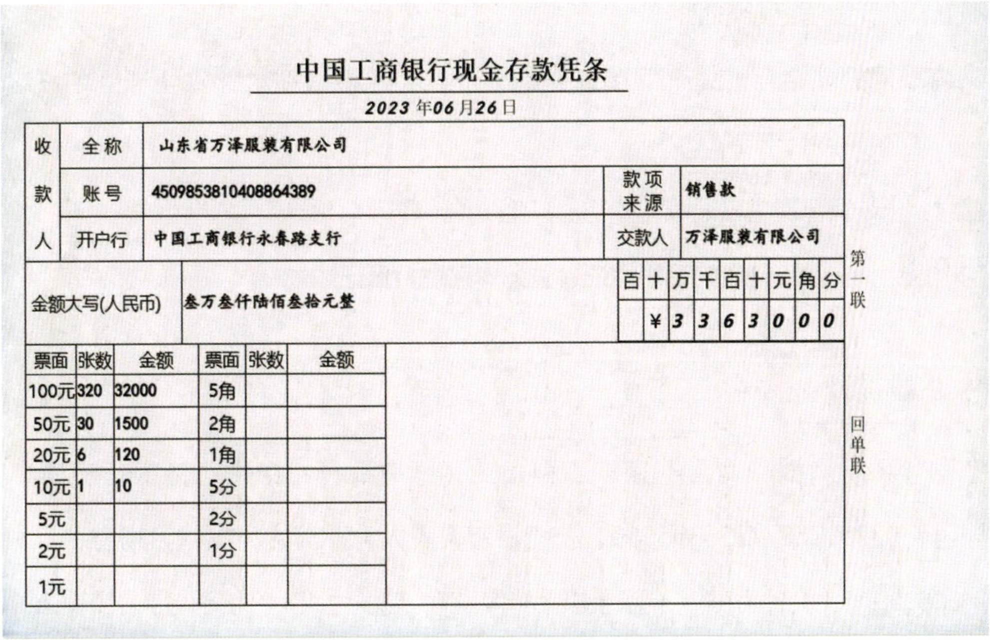

图 2-1-16 填写后的现金存款凭证

步骤三：送存银行。

出纳填写完现金存款凭证后，将现金和现金存款凭证一起送到银行办理存款。

步骤四：银行受理现金存款凭证和现金。

银行业务人员清点现金，确认无误后办理存款手续，将加盖银行章的现金存款凭证回单联（图2-1-17）退还给企业出纳。

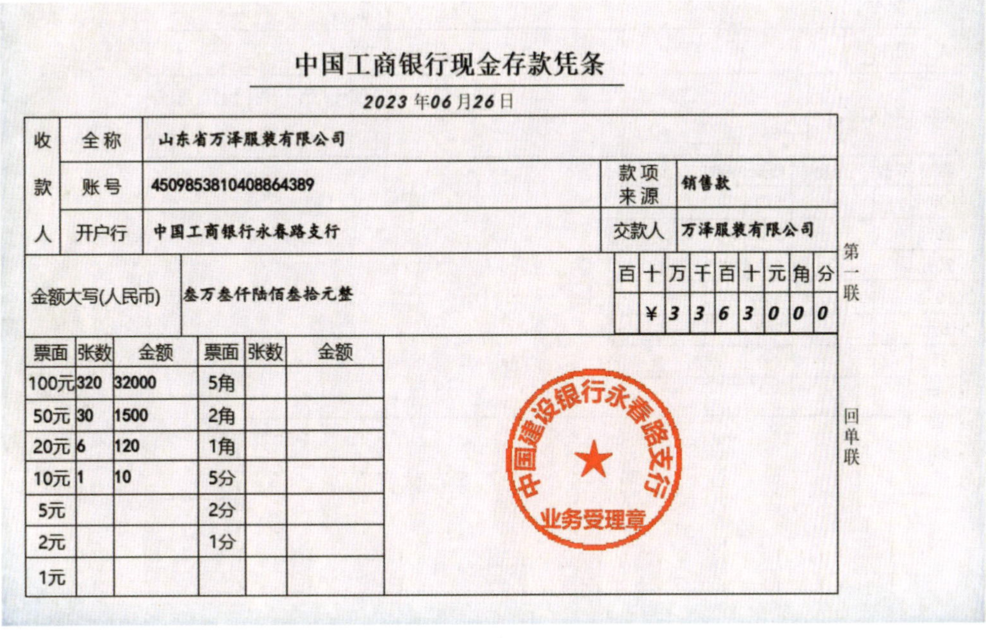

图 2-1-17 加盖银行受理业务章的现金存款凭证（回单联）

步骤五：会计编制记账凭证。

出纳将取回的现金存款凭证回单联交给会计，会计根据现金存款凭证回单联编制记账凭证。

步骤六：出纳登记现金日记账。

出纳根据会计主管审核后的记账凭证，登记库存现金日记账。

巩固提升

山东华丰股份有限公司为一家加工型企业，开户银行：中国工商银行济南市南纬路支行，账号：2735875374156396569，公司法定代表人为孙清才，出纳为杨慧，身份证号：371012198306051235，会计为王伟，会计主管为李小燕。现发生以下经济业务：

2023年6月21日，出纳将超出限额的库存现金22 600元存入银行，其中面额100元的为226张。

【要求】根据资料填写现金存款凭证（图2-1-18），并登记现金日记账。

中国工商银行现金存款凭条

年 月 日

收款人	全称		款项来源									
	账号											
	开户行		交款人									
金额大写（人民币）			百	十	万	千	百	十	元	角	分	

票面	张数	金额	票面	张数	金额
100元			5角		
50元			2角		
20元			1角		
10元			5分		
5元			2分		
2元			1分		
1元					

图 2-1-18　现金存款凭证

任务评价

本任务考核采用百分制，采取过程考核与结果考核相结合的原则，注重技能考核。

过程考核（40%）				结果考核（60%）	
职业态度	组织纪律	学生互评	实训练习	考核项目	分值
根据学生课堂表现，采取扣分制	考勤与课堂纪律	小组内同学互评，组间互评	教师根据学生提交的实训报告情况进行评价	现金支票的填写及盖章	15
				现金支取的流程	15
				现金支票领用登记簿的登记	5
				现金支票的作废	5
				现金缴款凭证的填写	10
				现金缴款的流程	10

任务二 现金收支业务

▶ 📋 学习目标

1. 学会准确清点现金及识别假币。

2. 正确开具收款收据。

3. 掌握现金收入和支出的工作流程。

4. 学会办理现金收款和付款业务。

5. 培养扎实、严谨、细心的工作作风。

🔲 ● 任务场景 ●

2023年7月3日，万泽公司收到采购部李志军因违反企业有关制度规定缴纳的罚款1 600元。出纳李玲收取罚款后，对现金进行清点，并填写收款收据。出纳填写收款收据的规范和流程是什么呢?

📝 ● 知识储备 ●

一、现金收款

单位所开展的生产经营和非生产经营性业务中收取的现金包括：

（1）企业、事业单位由于销售商品、提供劳务取得的现金收入，机关、团体、部队、企事业单位提供经营性服务而取得的现金收入；

（2）单位内部的现金收入，如职工借用备用金，报销后退回的余款；

（3）向单位职工收取的违反制度罚款、执法单位取得的罚没收入；

（4）其他应收取的利用现金结算的款项。

有些企业在收取小额的零星销售收入时，如有销售发票，出纳根据发票金额收取现金后，可在本单位留存的发票记账联上加盖现金付讫章来代替收款收据。

出纳在处理现金收款业务时容易出现收到假币、金额出错、收据开错等问题，因此出纳在收取现金款项过程中要特别谨慎、细心。

二、现金收款业务的一般操作流程

出纳办理现金收款业务一般会经历受理收款业务、当面点清现金、开具收据、编制记账凭证、登记库存现金日记账五个环节。

现金收款业务 - 1

（1）受理收款业务：该环节主要审核凭证所记录的业务内容是否完整、真实、准确，相关的手续是否齐全，以及有关责任人是否盖章等。

（2）当面点清现金：当确认所受理的凭证准确无误时，出纳应当面点清所收到的现金，并与付款人核对，保证收款依据和收款金额一致。

（3）开具收据：与付款人核对所收现金无误后，向付款人开具收款收据，并在收据上加盖现金收讫章。开具的收据一般一式三联，一联交与付款人，一联作为存根，一联作为编制记账凭证的依据。

（4）编制记账凭证：根据所开具收据的记账联和相关凭证编制记账凭证。

（5）登记库存现金日记账：根据审核无误的记账凭证登记库存现金日记账。

三、收据填写

收据是一种收付款凭证，多用于单位内部的收付款业务，如材料内部调拨、预支员工差旅费、收取员工押金、员工退回预支款等。出纳在收到内部人员的现金时，通常应为对方开具收据。

收款收据分为内部收款收据和外部收款收据。内部收款收据一般适用于单位内部职能部门之间、单位与职工之间的现金往来，单位与外部单位或个人之间的非经营性现金往来。外部收款收据根据监制单位的不同，可以分为财政部门监制、部队监制和税务部门监制三种。

收据一般为两联或三联，三联收据的使用更为普遍一些。三联收据的联次为：第一联为存根联（图2-2-1），由出纳自己留存；第二联为收据联（或付款方记账联），加盖财务专用章后交给对方作为收款证明；第三联为记账联，出纳开具后加盖现金收讫章交给会计做账。

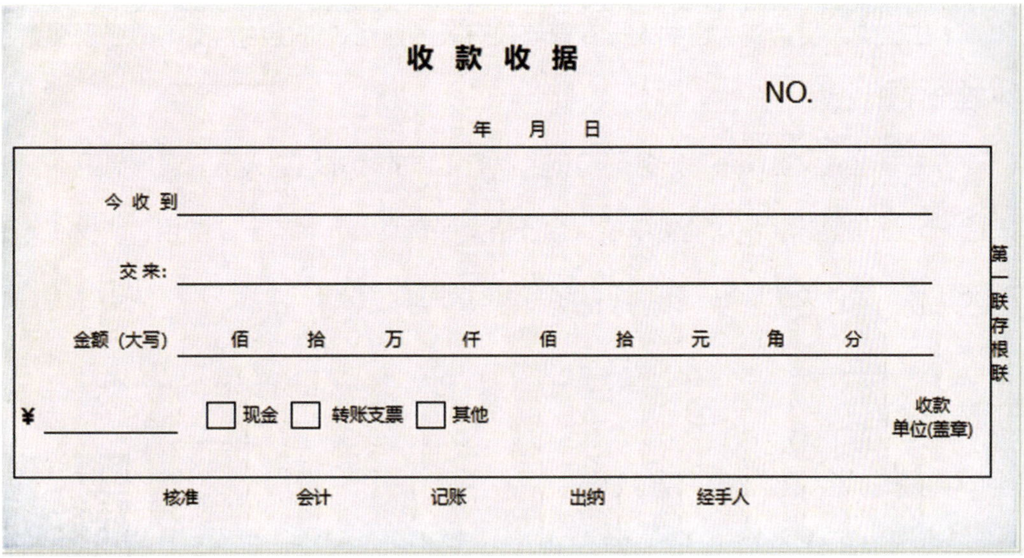

收 款 收 据

NO.

年 月 日

今 收 到

交 来：

金额（大写） 佰 拾 万 仟 佰 拾 元 角 分

¥ □现金 □转账支票 □其他 收款单位(盖章)

第一联存根联

核准 会计 记账 出纳 经手人

图 2-2-1 收款收据

收款收据需要填写的内容如表2-2-1所示。

表 2-2-1 收款收据填写内容

填写项目	具体内容
日期	收款当天的日期，使用小写日期
付款方	在“今收到”后的横线上填写付款人或付款单位名称
项目	在付款方后填写收取款项的原因或事由
金额	收款的实际金额，使用大小写填写
结算方式	根据实际情况选择结算方式，一般为勾选或填写现金方式，如果是其他方式，则勾选或填写其他选项

小提示

钱账分管制度

钱账分管，即管钱的不管账，管账的不管钱。《中华人民共和国会计法》有严格的规定，会计和出纳不得由一人担任，规定钱账分离，使出纳与会计相互牵制，相互监督。

具体规定如下：

（1）由出纳人员管钱。出纳人员专管与钱有关的业务，非出纳人员不得经管现金收付业务和现金保管业务。

（2）由非出纳人员管账。财务部门负责账务工作的为非出纳人员。通常情况下，出纳负责现金日记账的登记，不得监管稽核、会计档案保管及收入、支出、费用、债权债务等账目的登记工作，会计负责现金总账，可以起到互相制约作用。

任务实施

出纳李玲办理现金收款业务的流程如下。

步骤一：出纳根据业务确认收款金额。

出纳办理现金收款业务时，必须先根据发生的经济业务或相关交款单据核实该业务的真实性、合法性，并确认应收取的金额。

现金收款业务 -2

步骤二：收取并清点款项。

收取现金，当面清点和检查现金真伪。在点钞时要注意识别假币。点钞无误后应唱收"收您××元"，然后将钱放入由出纳保管的钱柜，并对该笔款项的安全负全责。

步骤三：开具收款收据。

收取款项后，出纳根据业务内容开具收款收据（图2-2-2），并在应交给客户的第二联收据联上加盖"财务专用章"（图2-2-3），在第三联记账联上加盖"现金收讫"章（图2-2-4）。

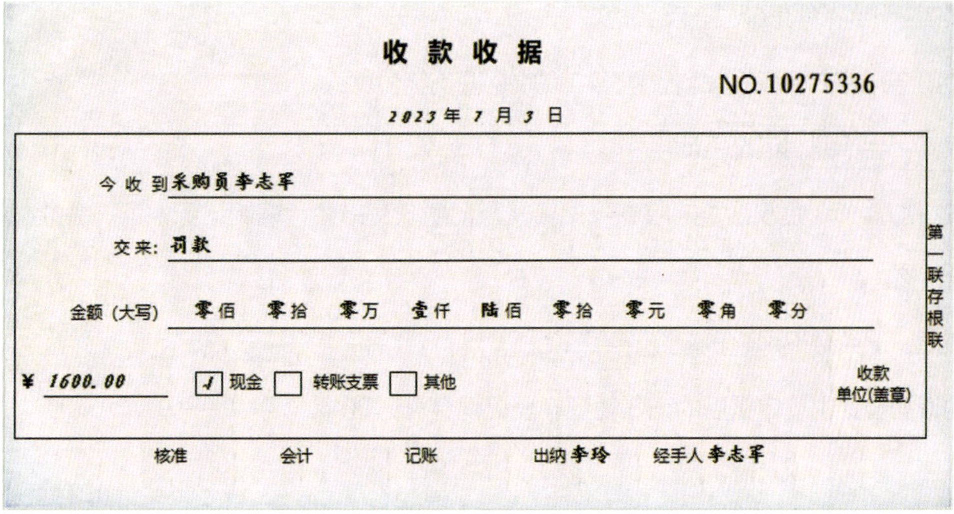

收款收据

NO.10275336

2023 年 7 月 3 日

今收到 采购员李志军

交来：罚款

金额（大写） 零佰 零拾 零万 壹仟 陆佰 零拾 零元 零角 零分

¥ 1600.00　☑现金　☐转账支票　☐其他　收款单位(盖章)

核准　会计　记账　出纳 李玲　经手人 李志军

第一联存根联

图 2-2-2　填写好的收款收据第一联 存根联

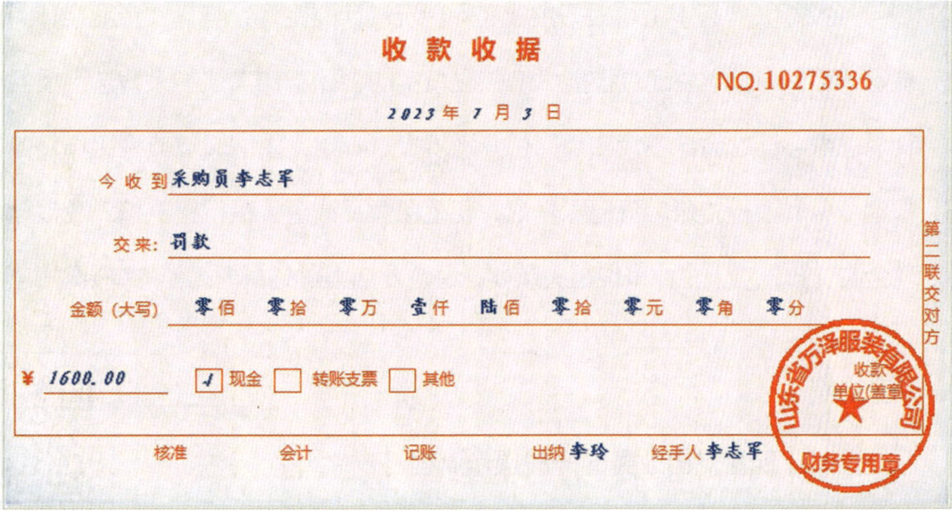

收款收据

NO.10275336

2023 年 7 月 3 日

今收到 采购员李志军

交来：罚款

金额（大写） 零佰 零拾 零万 壹仟 陆佰 零拾 零元 零角 零分

¥ 1600.00　☑现金　☐转账支票　☐其他　收款单位(盖章)

核准　会计　记账　出纳 李玲　经手人 李志军

第二联交对方

图 2-2-3　加盖财务专用章后的收款收据第二联 收据联

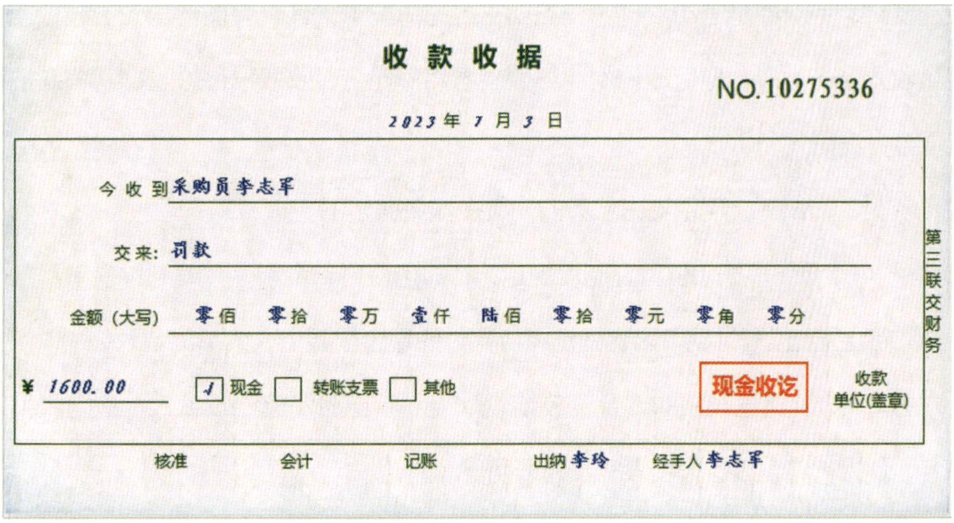

收款收据

NO.10275336

2023 年 7 月 3 日

今收到 采购员李志军

交来：罚款

金额（大写） 零佰 零拾 零万 壹仟 陆佰 零拾 零元 零角 零分

¥ 1600.00　☑现金　☐转账支票　☐其他　现金收讫　收款单位(盖章)

核准　会计　记账　出纳 李玲　经手人 李志军

第三联交财务

图 2-2-4　加盖现金收讫章后的收款收据第三联 记账联

步骤四：出纳将收款收据交给付款人。

将加盖了财务专用章的收款收据第二联收据联交给付款人。

步骤五：会计编制记账凭证。

出纳将加盖了现金收讫章的收款收据第三联记账联交由会计编制记账凭证，会计主管对记账凭证进行审核。

步骤六：出纳登记现金日记账。

出纳根据会计主管审核后的记账凭证，登记现金日记账。

直击大赛

智能财税会计技能大赛基本上是根据企业实际情况设计的比赛，与真实企业会计岗位的工作紧密相连，能够让会计专业学生通过技能大赛接触真实的会计工作。技能大赛选手报名时应按出纳、成本会计、总账会计、会计主管四个岗位分别填报。其中，出纳岗位典型工作任务包括现金收支业务、报销业务、银行转账、日记账登记、现金保管及清查、银行存款核对及银行账户管理等业务。而现金收支业务对于企业来说至关重要，是企业加强财务管理工作的基础。

知识拓展

现金支出业务的一般操作流程

现金支出业务是相对于现金收入业务而言的，其可以分为两种情形：一种是被动支付；另一种是主动支付。在被动支付的情况下，其一般操作流程与现金收入业务类似，即受理付款业务、当面点清现金、收取已付款收据、编制记账凭证、登记库存现金日记账五个环节。

在主动支付的情况下，现金支出业务的一般操作流程如下。

（1）编制付款单：根据单位管理制度规定，计算出应付款金额，并编制付款单。

（2）现金装袋：根据付款单内容分别将应支付的现金按照个人或单位装入袋中。

（3）发放现金：将已装袋的现金发放给收款人。若当面发放给收款人，应与收款人当面点清现金；若为他人代收，应有代收人签收的证明。

（4）编制记账凭证：根据付款单等资料编制记账凭证。

（5）登记库存现金日记账：根据审核无误的记账凭证登记库存现金日记账。

巩固提升

山东六顺股份有限公司为一家加工型企业，开户银行：中国工商银行临沂市光明支行，账号：3738006283000777999，公司法定代表人为安保华，出纳为刘珍珍，身份证号：370124199805276183，会计为葛伟，会计主管为马国明。现发生以下经济业务：2023年7月16日，出纳刘珍珍收到公司内部超市刘冰交来零售款800元现金。

【要求】根据业务资料填写收款收据（图2-2-5），并模拟进行现金收款业务的办理。

图 2-2-5　收款收据第一联 存根联

任务评价

本任务考核采用百分制，采取过程考核与结果考核相结合的原则，注重技能考核。

过程考核（40%）				结果考核（60%）	
职业态度	组织纪律	学生互评	实训练习	考核项目	分值
根据学生课堂表现，采取扣分制	考勤与课堂纪律	小组内同学互评，组间互评	教师根据学生提交的实训报告情况进行评价	现金的清点及假币的识别	15
				现金收款的范围	15
				现金收款业务的流程	15
				收款据的填写	15

任务三　报销业务

📋 学习目标

1. 了解报销业务的具体内容，熟悉有关报销凭证的种类。

2. 熟悉费用报销的类型，掌握办理报销业务的流程。

3. 能够正确填写报销单并对有关报销单据的合法性、真实性、合理性进行审核。

4. 遵守财务法规，坚持诚实守信、不弄虚作假的职业道德。

🗂 任务场景

2023年7月1日，为了解当季衣服销量情况，销售部陈海通前往北京市进行调研，其间发生住宿费286元。返回公司后，陈海通携带住宿费发票到财务部报销。住宿费发票如图2-3-1所示。出纳李玲收到发票后，应该如何完成报销业务呢？

图2-3-1　住宿费发票

✍ 知识储备

报销业务是指企业在日常经营活动中发生的以报销形式结算的各种业务，如报销办公费、业务招待费和差旅费等。报销业务是出纳日常工作中最常见的业务之一，处理报销业务是出纳应掌握的重要技能。

报销业务

一、费用报销的基本内容

（一）单位日常费用

单位所从事的业务内容不同，其在经营活动中发生的费用也有差异，但经常发生的费用主要包括以下五类。

（1）差旅费：单位内部人员因出差而产生的交通费、住宿费、餐饮费，以及其他合理支出形成的费用。

（2）办公费：单位比较常见的一类费用，所涵盖的内容较多，并且多为单位经营支出，如购买办公用品支出、购买书报杂志支出、电话费支出、水电费支出等。

（3）业务招待费：单位为生产、经营业务的合理需要而支付的应酬费用，如因生产经营而发生的宴请或餐费支出、纪念品或礼品支出、旅游支出等。

（4）培训费：单位为职工学习先进技术和提高业务水平而支付的费用。

（5）补贴费用：单位为员工提供的各类补贴，如交通补贴、通信补贴、出差补贴、就餐补贴、房租补贴等。

（二）费用报销的类型

根据公司管理制度或业务规定的不同，报销业务主要涉及两种情况：一种是先预支业务经办人员一定资金，然后再根据支出情况进行费用报销处理；另一种是不预支业务经办人员资金，由经办人垫支或赊购，最后再根据垫支或赊购情况进行报销处理。

上述两种情况中，第一种情况会有一个预支的环节，即先申请借款，填借款单（图2-3-2），再进行费用报销，填报销申请单（图2-3-3），这就需要出纳分别在预支和报销环节把好关，做好报销与审核工作。

借 款 单

年　月　日　　　　第　　号

借款部门		姓名		事由	
借款金额（大写）	万　仟　佰　拾　元　角　分　¥				
部门负责人签署		借款人签章		注意事项	一、凡借用公款必须使用本单 二、出差返回后三天内结算
单位领导批示		财务经理审核意见			

图2-3-2　借款单

报销申请单

填报日期：　年　月　日

姓名		所属部门		
报 销 项 目	摘　　要	金　额	备注：	
合　　　　计				
金额大写：　　　拾　　万　　仟　　佰　　拾　　元　　角　　分				
报销人：　　　部门审核：　　　财务审核：　　　审批：				

图 2-3-3　报销申请单

二、费用报销的基本要求

费用报销业务不仅关系单位的财产收支，还关系员工个人的经济利益，所以为了避免在报销业务中出现问题，出纳在办理费用报销时，应严格遵守单位的财务制度规定，确保业务真实、数字准确、责任明确。通常情况下，办理费用报销业务应满足以下基本要求。

（1）按照审核权限批准：单位发生的任何赊购或支出行为，都应该按照管理制度的规定获得审批，即必须在事前获得相关责任人的书面批准。

（2）及时处理：在实务中，当月发生的费用尽量在当月完成报销，最晚不得超过发生月份的次月，如果逾期，须经相关的负责人批准之后才能予以报销。

（3）金额无误：出纳办理报销业务不得出现金额错误，即不能出现填写错误或计算错误等情况。

（4）明确责任：任何一笔费用报销都需要明确到具体的责任人，单位员工报销费用，需要在相关凭证单上签字，表示对相关单据所记载的事项及金额完全认可。

（5）明确报销方式：对于单位员工报销费用，可以视具体的情况采取现金或转账的形式发放。一般情况下，应尽可能采用转账的方式付款。

三、费用报销的流程

根据单位费用报销管理制度的规定，办理费用报销业务主要涉及两个流程：一个是办理费用报销的流程；另一个是借款的流程。将费用报销业务分为以上两个流程是以"业务经办人员是否先预支一定资金，然后再根据支出情况进行费用报销处理"为依据的，这也是实务中大多数单位所采取的方式。单位员工办理报销业务的流程（图2-3-4）主要分为填写报销单—审核—审批—报销四步。

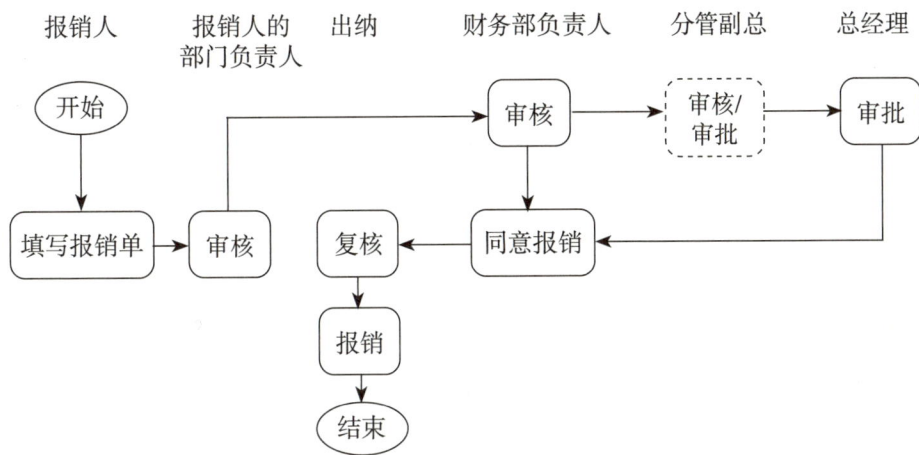

图 2-3-4 办理报销业务的流程

四、费用报销票据的填写与粘贴

报销单是员工报销与工作相关的支出款项时使用的单据，是企业内部自制单据，形式多样，但报销单上所填写的项目都是类似的。报销单填写的具体内容主要包括以下六个方面。

（1）填报日期：填写报销单当天的日期，用阿拉伯数字填写即可，如2023年8月07日。

（2）姓名：报销人的姓名。

（3）所属部门：填写报销人所在的部门。

（4）报销项目及摘要：据实填写报销费用的具体事由，如业务招待费、差旅费等。

（5）金额：规范填写大小写金额，包括明细金额和合计金额。

（6）附件：填写报销时所附发票张数。

各类费用报销单据应该整齐、牢固、美观地粘贴到"报销单据粘贴单"（图2-3-5）中。

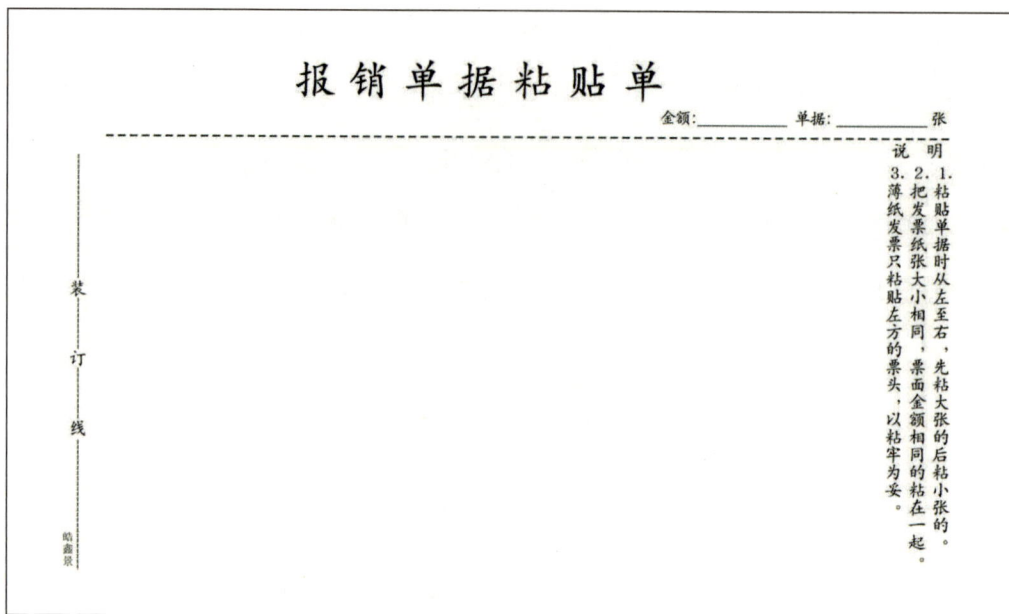

图 2-3-5　报销单据粘贴单

五、报销凭证的审核

出纳办理费用报销业务，可以分为两大环节：第一个环节是对经办人员填写的报销凭证进行审核；第二个环节是根据报销凭证完成收付款。第二个环节是建立在第一个环节基础上的。因此，出纳能否正确审核报销凭证是保证整个报销业务顺利进行的关键。

出纳收到报销单时，必须审核报销单上的要素是否完整、手续是否完备、附件是否合法、金额是否合理等，具体包括以下七个方面。

（1）报销日期：是否正确填写，各日期之间的逻辑关系是否正确。

（2）报销人：是否据实填写报销人姓名。

（3）所属部门：是否填写报销人所在部门的名称。

（4）报销项目、摘要：是否写清报销事由，是否能够反映真实的业务活动。

（5）金额：是否写清要报销的金额，报销的金额不得超过附件的汇总金额，不得超过公司规定的报销标准。

（6）附件：附件张数与填写的是否一致，附件是否真实合法，附件日期是否合理，合计金额是否不小于报销单上的报销金额。

（7）审批签字：报销业务是否经过相关领导的批准，一般至少要有部门经理和财务经理的签字。

> **小提示**
>
> 出纳收到没有按要求完成审批手续的报销单，应不予受理。但对于有预算的报销项目，如费用没有超出部门报销预算标准的，可以不经过分管领导审批直接由会计主管审批后报销。具体情况按各单位制度执行。

任务实施

出纳李玲办理报销业务的流程如下。

步骤一：报销人员填写报销单。

报销人员根据实际发生经济业务的原始凭证填写报销单，填写完毕的报销单如图2-3-6所示。

报销申请单

填报日期：**2023**年　**7**月　**10**日

姓名	陈海通		所属部门	销售部	
报 销 项 目	摘　要			金　额	备注:
住宿费	到邻市考察当季衣服销量差旅费			￥286.00	
合　　　计				￥286.00	
金额大写	零 拾 零 万 零 仟 贰 佰 捌 拾 陆 元 零 角 零 分				
报销人: 陈海通	部门审核:		财务审核:	审批:	

图2-3-6　费用报销单（报销人员填写）

步骤二：报销人员粘贴票据。

报销人填写完报销单后，需要将本业务的相关发票粘贴在报销单后面。整理并粘贴原始凭证时需要注意以下三点。

（1）粘贴前：先将所有票据分类整理好，并准备好相关用具，如胶水、粘贴纸等。

（2）粘贴时：将胶水涂抹在票据左侧背面，沿着粘贴纸装订线内侧和粘贴纸的上、下、右三个边依次均匀排开横向粘贴，粘贴时应避免单据互相重叠。将票据粘贴至粘贴单时，应从右到左，由下到上均匀排列粘贴，确保上、下、右三面对齐，不出边。

（3）粘贴后：要确保所有单据贴紧，避免将票据贴出粘贴纸外。

► 🔔 小提示

同类原始凭证数量较多、大小不一时，按照规格大小将同类型发票粘贴在一起，票据比较多时可使用多张粘贴纸。

另外，对于比粘贴纸大的票据或其他附件，粘贴位置也应在票据左侧背面，沿装订线粘贴，超出部分可以按照粘贴纸大小折叠在粘贴纸范围之内。如果单据过小，可根据粘贴纸的尺寸多排粘贴。

步骤三：报销人员找相关领导审批签字。

报销人填写好报销单并粘贴完发票后，需要根据本单位制度规定，分别找相关领导在报销单上签字审批。通常是先由所在部门经理签字确认，经财务部审核，公司领导审批签字（图2-3-7）后，最后到出纳处办理有关报销手续。

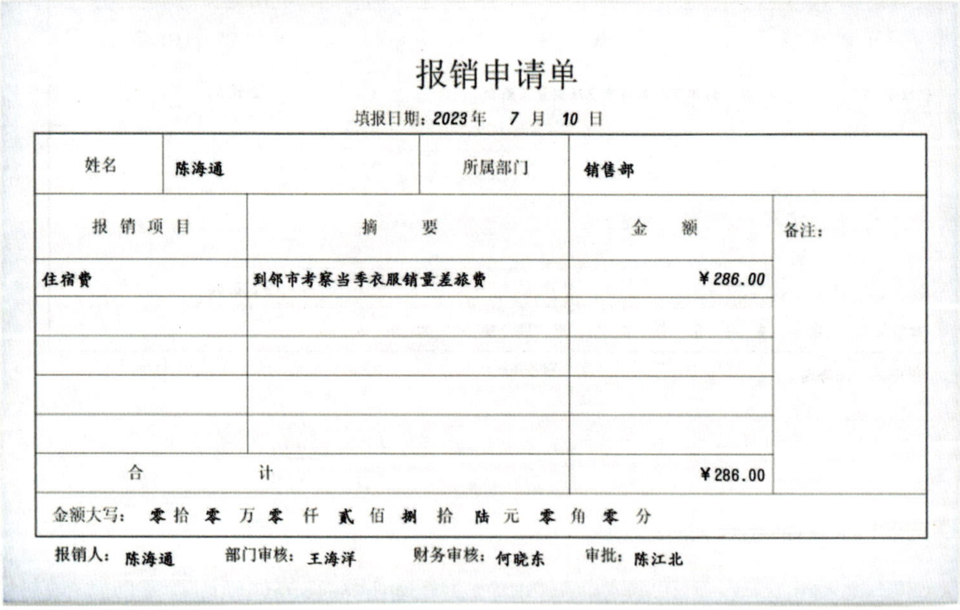

报销申请单

填报日期：**2023** 年　**7** 月　**10** 日

姓名	陈海通		所属部门	销售部	
报　销　项　目	摘　　要		金　　额		备注：
住宿费	**到邻市考察当季衣服销量差旅费**		**￥286.00**		
合　　　　计			**￥286.00**		

金额大写：**零　拾　零　万　零　仟　贰　佰　捌　拾　陆　元　零　角　零　分**

报销人：陈海通　　部门审核：王海洋　　财务审核：何晓东　　审批：陈江北

图 2-3-7　费用报销单（领导审批签字）

► 🔔 小提示

不同公司的报销审批制度是不一样的，报销人员需根据所在公司的相关报销审批制度办理报销手续。

步骤四：出纳审核报销单。

出纳根据会计人员审核后的原始凭证，再次严格核对报销单，必须核实报销单上的要素是否完整、手续是否完备、附件是否合法、金额是否合理等。

步骤五：出纳付款盖章。

审核无误后，出纳把报销款付给报销人，付款时要唱付，最后在付完款的报销单上加盖现金付讫章（图2-3-8），证明报销款项支付完毕，防止重复支付。

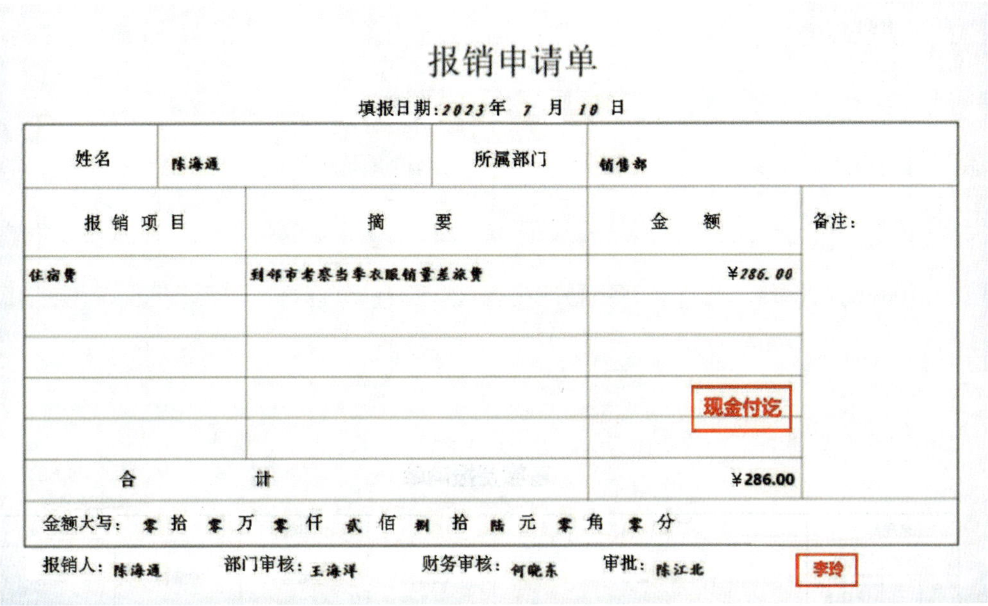

图2-3-8 费用报销单（付款盖章）

步骤六：会计编制记账凭证。

出纳将报销单及所附票据交由会计编制记账凭证。会计主管对记账凭证进行审核。

步骤七：出纳登记现金日记账。

出纳根据会计主管审核后的记账凭证，登记库存现金日记账。

直击大赛

在智能财税会计大赛中，强调业务流程的重要性，选手需按照比赛规程要求完成规定的业务流程。报销业务作为业务流程之一，要求选手在规定时间内依据出差申请单，下推生成付款单，修改、保存并审核。然后，依据付款单生成出差借款业务相关凭证，完成报销业务。

差旅费报销业务办理

差旅费是指出差期间因办理公务而产生的交通费、住宿费和公杂费等各项费用。差旅费是行政事业单位和企业的一项重要的经常性支出项目。

差旅费核算的内容是指用于出差旅途中的各项费用支出，包括购买汽车、船、火车、飞机的票费，住宿费，伙食补助费，以及其他方面的支出。一般情况下，单位会根据财务制度要求，结合本单位实际情况制定差旅费报销制度，严格规定员工出差乘坐交通工具、住宿、补助等费用的基本标准。

差旅费报销单（图2-3-9）是员工报销差旅费时使用的单据，是企业内部自制单据，形式比较多样，但报销单上所应填写的项目都是类似的。员工报销时根据实际发生的差旅费原始凭证，结合本单位的报销标准填写报销单，并将相关发票粘贴在报销单后面，然后按照本单位的审批报销流程进行报销业务办理。

差旅费报销业务

差旅费报销单

年 月 日　　　　　　单据及附件共 张

所属部门				姓名		出差事由			
出发		到达		起止地点	交通费	住宿费	伙食费	其他	
月	日	月	日						
合计 大写金额：				￥		预支旅费		退回金额	
								补付金额	

总经理：　　　财务经理：　　　会计：　　　出纳：　　　部门经理：　　　报销人：

图 2-3-9　差旅费报销单

▶ 🔔 小提示

网上报销流程

网上报销流程是基于网络的在线报销业务流程，越来越多的企业采用网上报销流程办理报销业务。和传统报销流程不同，在网上报销流程中，员工可以在任何时间、任何地点提交财务报销申请，领导可以通过软件进行业务审批，财务部门对原始凭证审核无误后，自动生成记账凭证，并可以通过网上银行进行支付。

网上报销实现了无接触式报销及全过程的网上审批，费用预算、报销标准、报销限额通过网上报销系统实时控制，报销原始单据在传递过程中通过条码管理，报销规章制度及填报说明随时可查，可以大幅度提高单位报销效率。

巩固提升

山东六顺股份有限公司为一家加工型企业，开户银行：中国工商银行临沂市光明支行，账号：3738006283000777999，公司法定代表人为安保华，出纳为刘珍珍，身份证号：370124199805276183，会计为葛伟，会计主管为马国明。库存现金日记账2023年8月期初余额为8 600元，现发生以下经济业务：2023年8月5日，销售员王朋前来报销培训费1 200元，发票如图2-3-10所示，款项用现金支付。

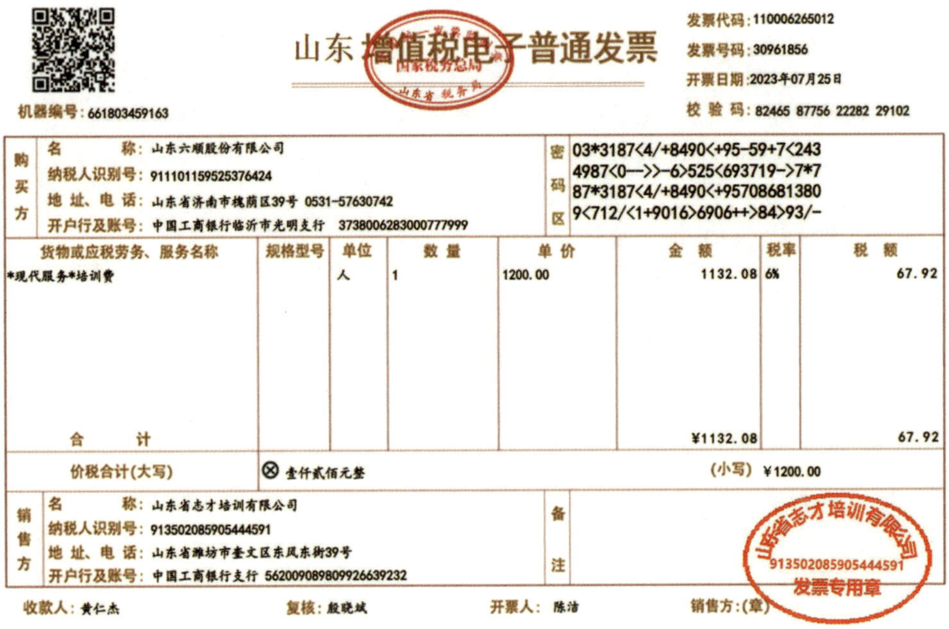

山东增值税电子普通发票

发票代码：110006265012
发票号码：30961856
开票日期：2023年07月25日
校 验 码：82465 87756 22282 29102
机器编号：661803459163

购买方
名 称：山东六顺股份有限公司
纳税人识别号：911101159525376424
地 址、电 话：山东省济南市槐荫区39号 0531-57630742
开户行及账号：中国工商银行临沂市光明支行 3738006283000777999

密码区
03*3187<4/+8490<+95-59+7<243
4987<0—>>-6>525<693719->7*7
87*3187<4/+8490<+95708681380
9<712/<1+9016>6906++>84>93/-

货物或应税劳务、服务名称	规格型号	单位	数 量	单 价	金 额	税率	税 额
*现代服务*培训费		人	1	1200.00	1132.08	6%	67.92
合 计					¥1132.08		67.92
价税合计(大写)	⊗壹仟贰佰元整				(小写) ¥1200.00		

销售方
名 称：山东省志才培训有限公司
纳税人识别号：913502085905444591
地 址、电 话：山东省潍坊市奎文区东风东街39号
开户行及账号：中国工商银行支行 5620090898099266392 32

备注

收款人：黄仁杰 复核：殷晓斌 开票人：陈洁 销售方：(章)

图 2-3-10 发票

【要求】根据上述资料填写报销申请单（图2-3-11），并模拟进行报销业务的办理。

报销申请单

填报日期：　年　月　日

姓名		所属部门		
报销项目	摘　要		金　额	备注
合　　计				

金额大写：　拾　万　仟　佰　拾　元　角　分

报销人：　　　部门审核：　　　财务审核：　　　审批：

图2-3-11　报销申请单

任务评价

本任务考核采用百分制，采取过程考核与结果考核相结合的原则，注重技能考核。

过程考核（40%）				结果考核（60%）	
职业态度	组织纪律	学生互评	实训练习	考核项目	分值
根据学生课堂表现，采取扣分制	考勤与课堂纪律	小组内同学互评，组间互评	教师根据学生提交的实训报告情况进行评价	费用报销的基本要求	15
				费用报销的流程	15
				费用报销单据的填写与粘贴	15
				报销凭证的审核	15

任务四　现金借款业务

学习目标

1. 掌握借款单的填写内容及业务流程。

2. 能够正确审核借款单。

3. 掌握现金借款业务的流程及操作。

4. 提高企业财产安全意识，确保资金的合理使用和安全。

任务场景

2023年8月2日，行政部马明宇采购物品用于招待客户，预借经费1 000元，并将借款单交与出纳李玲，借款已经相关领导批准。出纳李玲应如何完成现金借款业务呢？

知识储备

单位涉及的现金支出，除了存现、员工报销之外，现金借款业务经常发生，出纳必须掌握办理借款业务的流程。

借款业务会导致单位的资金外流，所以出纳在处理相关业务时要特别谨慎，注意审核借款单的填写，借款业务的真实性、合法性和合理性，以及审批程序的完整性。

现金借款业务－1

员工借款时，先填写借款单，然后按企业借款制度规定经相关领导审批后，交由出纳审核付款。办理借款业务的主要流程如图2-4-l所示。

填写借款单 → 领导审批签字 → 出纳审核付款

图 2-4-1　员工借款流程

一、借款单的填写

员工借款一般要填写借款单（图2-4-2）。借款单是企业内部自制单据，一般为一式一联，可以在办公用品店购买，也可以由企业根据实际情况自行设计并打印使用。

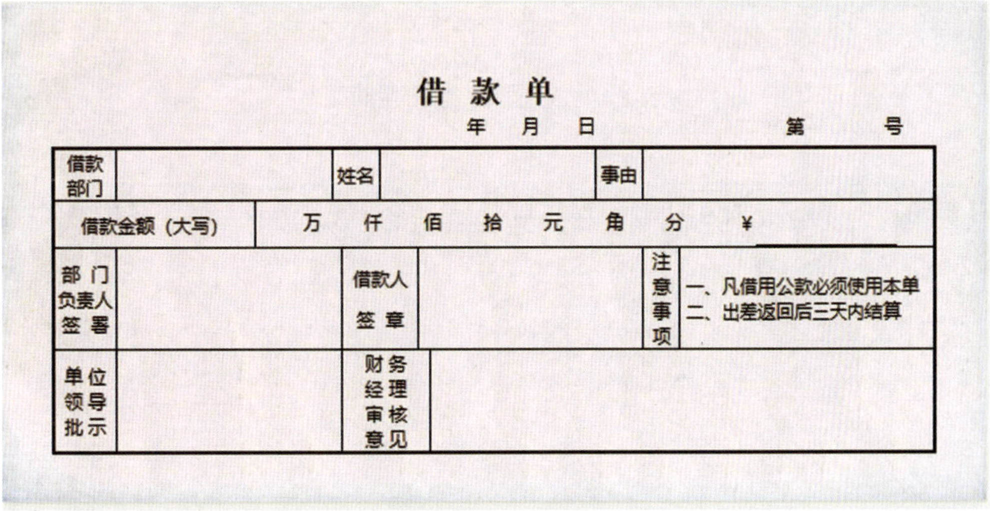

图 2-4-2　借款单

出纳收到借款人交来的借款单，首先应根据公司的借款制度，审核借款单是否填写完整及审批手续是否完整。

借款单的审核主要包括以下六个方面。

（1）借款日期：是否写明借款当天的日期。

（2）借款部门：是否写明借款人所在的部门名称。

（3）姓名：是否填写借款人的姓名。

（4）事由：是否填写清楚借款的原因。

（5）借款金额：是否填写清楚借款的金额，金额大小写是否一致。

（6）审批签字：借款单是否经过相关领导的批准，符合审批流程。

借款人填写借款单后的审核手续：先由部门经理审核，然后交财务部门审核，最后经分管领导审核。对于部门有预算的借款项目，如果费用没有超过部门借款标准，可以不经过分管领导审批，具体标准参照公司制度执行。

审核无误后，借款人在借款单下的"借款人"处签字，出纳将相应金额的现金付给借款人；同时出纳要在"出纳付款"处签字；最后在付完款的借款单上加盖现金付讫章，证明该款项已办理完毕，防止重复支付。

二、还款

员工借款，有借必有还。出纳收到员工的还款时，首先要根据台账核实，确认无误后再按公司规定办理相关的还款手续。办理完还款手续后，同时在借款台账明细表（表2-4-1）中核销该笔借款信息。

表 2-4-1　借款台账明细表

所属时间：

编号	姓名	部门	摘要	借款金额	借款日期	还款金额	归还日期	余额

任务实施

出纳李玲办理员工借款业务的流程如下。

步骤一：填写借款单。

借款时，由借款人根据实际情况填写借款单，并按企业规定办理相关的审核审批手续（图2-4-3）。

现金借款业务-2

图 2-4-3　审批完成的借款单

步骤二：出纳审核付款。

借款人将完成审批手续的借款单交给出纳，出纳收到借款单后应逐项审核借款单的内容，特别是要核对借款原因是否准确、清楚填写，大小写金额是否正确、是否一致，借款是否经过相关领导的批准，审批人员的字迹是否正确，以及是否符合企业报销审批流程等。

审核无误后，出纳将相应金额的现金付给借款人，付款时要唱付。付款后出纳应在付完款的借款单上加盖现金付讫章（图2-4-4），证明该款项已办理完毕，以防止重复支付。

图 2-4-4　付款盖章后的借款单

步骤三：登记借款台账。

出纳登记借款台账（表2-4-2）。借款台账是借款的明细账，记录借款人的姓名、借款人的部门、借款事由、金额、借款时间、还款时间等信息。通过借款台账，可以清楚地知道员工借款的详细信息，更好地跟踪和管理员工的借款。

表2-4-2　借款台账明细表

所属时间：2023年08月

编号	姓名	部门	摘要	借款金额	借款日期	还款金额	归还日期	余额
1	马明宇	行政部	业务招待费	￥1000.00	2023.08.02			

步骤四：会计编制记账凭证。

出纳将借款单交由会计编制记账凭证。会计主管对记账凭证进行审核。

步骤五：出纳登记现金日记账。

出纳根据会计主管审核后的记账凭证，登记库存现金日记账。

➕ 知识拓展

还　款

在借款人归还借款时，出纳首先根据借款台账核实，确认无误后开具相关的收款证明给借款人，办理完毕后登记借款台账，核销该笔借款信息。

例如，本任务中行政部马明宇在采购后，于2023年12月1日向出纳李玲递交报销单，报销单后附增值税普通发票1张，报销总金额1 615元，应补付金额615元，以现金付清。具体流程如下。

第一步，出纳李玲对马明宇递交的报销单上的金额、应补付金额、审批手续等信息进行审核，并与借款台账上的信息进行核对。审核无误后，在报销单上加盖出纳印章，并交会计审核，然后在审核无误的报销单上加盖现金付讫章。

第二步，支付现金。出纳李玲按照报销单上的应补款金额，支付现金并进行复点，同时要求报销人马明宇当面点清。

第三步，编制记账凭证。出纳李玲根据审核无误的报销单，编制现金付款凭证，并交会计审核；同时，在会计编制的转账凭证的"复核"处签章。

第四步，登记日记账和借款台账。出纳李玲根据审核无误的付款凭证，序时登记现金日记账。同时，在付款凭证中画上记账符号"√"，并在付款凭证下方的"记账"处签章。此外，出纳还需登记借款台账（表2-4-3）。

表 2-4-3　借款台账明细表

所属时间：2023年08月

编号	姓名	部门	摘要	借款金额	借款日期	还款金额	归还日期	余额
1	马明宇	行政部	业务招待费	¥1000.00	2023.08.02	¥1000.00	2023.12.01	0

⌂ 直击大赛

在智能财税会计大赛中，按照企业费用管理制度的要求，员工出差借款、差旅费报销一律使用现金支付，其他费用报销业务可依据其需求选择结算方式。因此，大赛系统中关于出纳业务的操作与实务一致。在现金借款业务中，差旅费借款及报销业务流程为提出借款申请—审批—支付借款（付款单、凭证）—费用报销（报销单）—退补差价（凭证），及时登记各类账簿。对现金的收付管理清晰有条理是出纳最基本的工作要求。

↗ 巩固提升

山东六顺股份有限公司为一家加工型企业，开户银行：中国工商银行临沂市光明支行，账号：3738006283000777999，公司法定代表人为安保华，出纳为刘珍珍，身份证号：370124199805276183，会计为葛伟，会计主管为马国明。库存现金日记账2023年8月期初余额为8 600元，现发生以下经济业务：

（1）2023年8月13日，业务员李青预借差旅费5 000元。

（2）2023年8月29日，管理部门王甜预借招待费1 000元。

【要求】根据以上资料填写借款单（图2-4-5），并模拟办理现金借款手续，登记现金日记账和借款台账（表2-4-4）。

借 款 单

年 月 日 第 号

借款部门		姓名		事由	
借款金额（大写）	万 仟 佰 拾 元 角 分 ¥				
部门负责人签署		借款人签章		注意事项	一、凡借用公款必须使用本单 二、出差返回后三天内结算
单位领导批示		财务经理审核意见			

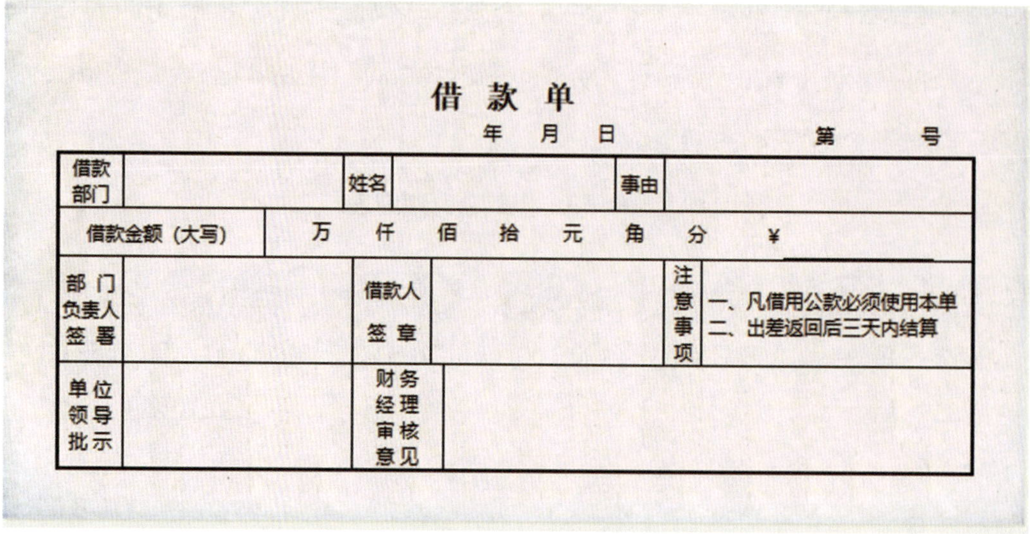

图 2-4-5 借款单

表 2-4-4 借款台账明细表

编号	姓名	部门	摘要	借款金额	借款日期	还款金额	归还日期	余额

任务评价

本任务考核采用百分制，采取过程考核与结果考核相结合的原则，注重技能考核。

过程考核（40%）				结果考核（60%）	
职业态度	组织纪律	学生互评	实训练习	考核项目	分值
根据学生课堂表现，采取扣分制	考勤与课堂纪律	小组内同学互评，组间互评	教师根据学生提交的实训报告情况进行评价	借款单的填写	15
				借款单的审核	15
				借款台账的登记	15
				借款单的核销	15

任务五 现金清查业务

学习目标

1. 了解现金清查的基本规定。

2. 能够准确盘点现金并正确填写现金盘点报告表。

3. 掌握现金盘点长短款的会计处理。

4. 能够正确登记现金日记账。

5. 培养严谨细致的工作态度，确保现金清查工作的准确性和完整性。

任务场景

2023年8月20日下午，出纳李玲将剩余的现金放入保险柜，整理好当天使用的财务印章等重要物品，一一归档后准备下班。这时，会计主管何晓东过来说："小李，不要忘记进行现金盘点。出纳最主要的任务就是管钱，一定要日清日结，哪怕是1分钱对不上都要马上找出原因，千万不能马虎大意。"李玲连连点头，准备开始进行现金盘点。出纳李玲应如何进行现金盘点呢？

知识储备

现金是单位流动性最强的一项资产。为了确保单位财产物资的安全完整，保证会计核算资料的客观真实，各单位应该对现金进行日常盘点和清查审核。

现金清查业务

一、现金清查的基本规定

现金清查是为了确保现金的安全。除遵守钱账分管制度外，出纳还应在每日和每月终了时根据日记账的合计数，结出库存现金余额，并与库存现金实存数核对，做到账实相符。会计主管应随机抽查、盘点出纳的库存现金，加强监督。现金清查的内容主要包括是否有"白条抵库"、是否超限额留存现金、是否"坐支现金"。

（一）现金清查的方法

现金清查的主要方法是实地盘点法。实地盘点法首先实地盘点库存现金的实存数，然后与现金日记账核对，确定账存与实存是否相等。实地盘点法就是运用度、量、衡等工具，通过点数，逐一确定被清查实物实有数的一种方法。这种方法适用范围广,大多数财产物资都可采取这种方法,并且这种方法数字准确可靠,但工作量较大。实地盘点法的局限性是只适用于能直接查清数量的财产,对于应收账款等项目则不适用。

(二)现金清查的步骤

第一步,在盘点前,出纳应先将现金收付凭证全部登记入账,并结出余额。

第二步,在盘点时,出纳必须在场,现金由出纳经手盘点,清查人员从旁监督。盘点时,除查明账实是否相符外,还要查明有无违反现金管理规定,如有无以白条冲抵现金、现金库存是否超过核定的限额、有无坐支现金等。

第三步,盘点结束时,应根据盘点结果编制库存现金盘点表(图2-5-1),并由检查人员和出纳签名盖章,作为重要的原始凭证,它具有对比实存账存的作用。

库存现金盘点表

年　　月　　日　　　　　　　　单位:元

票面额	张数	金额	票面额	张数	金额
壹佰元			伍　角		
伍拾元			贰　角		
贰拾元			壹　角		
拾　元			伍　分		
伍　元			贰　分		
贰　元			壹　分		
壹　元			合　计		
库存现金日记账账面余额:					
差额					
处理意见:					
审批人(签章): 　　　　监盘人(签章): 　　　　盘点人(签章):					

图2-5-1　库存现金盘点表

（三）现金清查的特殊情况处理

如果出纳在现金的盘点过程中发现有现金长短款，应查明原因并及时纠正；如果无法查明原因，则应按照单位管理制度报经相关领导审批，然后作为营业外收入或管理费用处理。通常情况下，造成库存现金账实不符的原因包括收付款出错、错记现金日记账、漏（错）填记账凭证等。

1. 现金长款的处理

现金盘点中发现有待查明原因的现金溢余称长款。长款是指现金实存数大于账存数。如果经查明长款属于记账错误、丢失单据等原因，应及时更正错账或补办手续；如果属于少付他人款项则应查明原因退还原主，如果确实无法退还，经过一定的审批手续可以作为单位的收益。

2. 现金短款的处理

现金盘点中发现有待查明原因的现金短缺称短款。短款是指现金实存数小于账面余额。如查明属于记账错误应及时更正错账；如果属于出纳工作疏忽或业务水平问题，一般应按规定由过失人赔偿。

二、登记库存现金日记账

出纳每天都会完成现金收付业务，当日业务终了时，出纳需将当日的现金业务进行核对，并根据会计人员编制的记账凭证将当天的现金业务全部登记库存现金日记账。

库存现金日记账，简称现金日记账，通常为三栏式的订本式账簿，一般可以在会计用品商店买到。不同的现金日记账的格式会有所不同，但是主要事项如日期、摘要、借方、贷方及余额，是必须具备的内容（图2-5-2）。为了及时掌握现金收、付和结余情况，现金日记账必须按照经济业务发生的顺序逐日逐笔连续登记，当日账务当日记录，并于当日结出余额。

（一）现金日记账的登记依据

现金日记账由出纳根据复核无误的收、付款凭证或相关的通用记账凭证，按经济业务发生时间的先后顺序，使用蓝、黑色钢笔或签字笔逐笔、序时、连续地进行登记，不得跳行、跳页。

（二）现金日记账的账页格式

现金日记账的账页格式一般采用"借方金额""贷方金额""余额"三栏式。一般而言，现金日记账上的"日期""摘要""借方金额（增加金额）""贷方金额（减少金额）""余额"为必填栏。

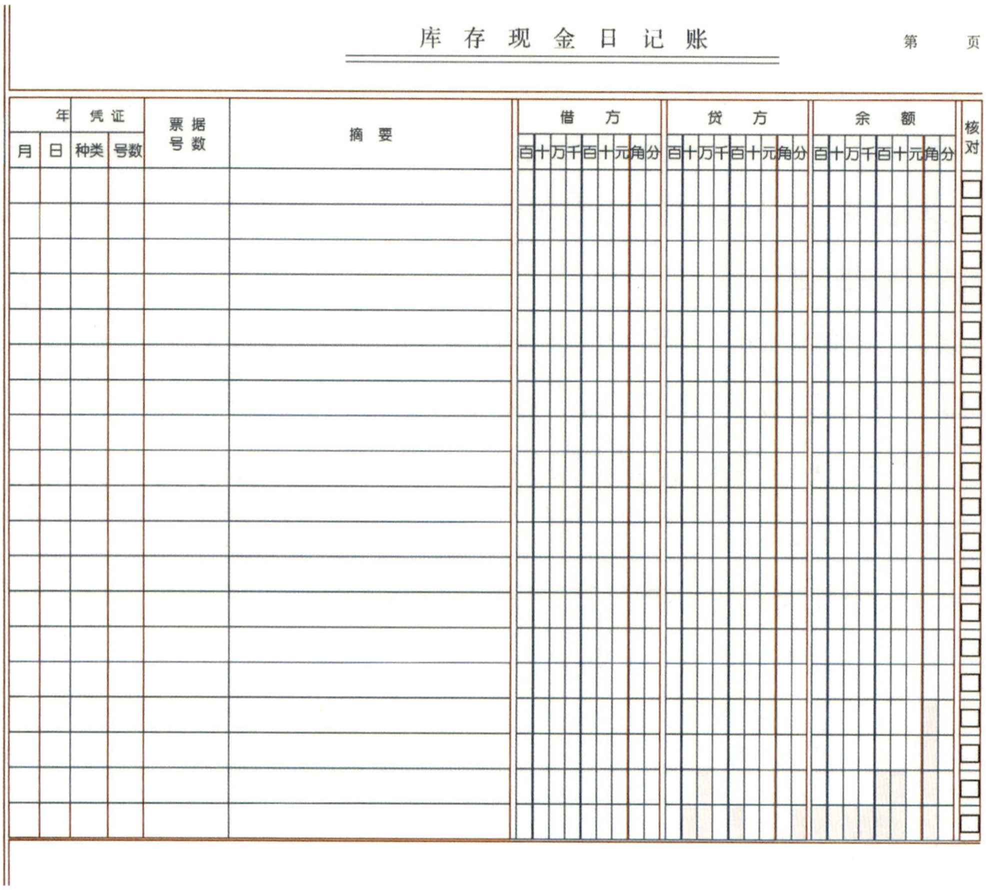

年		凭证		票据号数	摘要	借方	贷方	余额	核对
月	日	种类	号数			百十万千百十元角分	百十万千百十元角分	百十万千百十元角分	

库 存 现 金 日 记 账   第 页

图 2-5-2 库存现金日记账

（三）现金日记账的登记要求

库存现金日记账各栏次的填写内容见表2-5-1。

表 2-5-1 现金日记账的填写内容

栏次	具体内容
"日期"栏	记账凭证的日期，通常与现金实际收付日期一致
"凭证号"栏	登记记账凭证的编号，以便于查账和核对
"摘要"栏	简要说明登记入账的经济业务的内容
"借方金额"栏	登记现金实际收入（增加）的金额，即记账凭证上"库存现金"的借方金额
"贷方金额"栏	登记现金实际支付（减少）的金额，即记账凭证上"库存现金"的贷方金额
"余额"栏	根据"本行余额＝上行余额＋本行借方－本行贷方"的公式计算填入

任务实施

出纳李玲进行库存现金盘点业务，会计主管监盘，流程如图2-5-3所示。

步骤一：现金盘点。

盘点时，出纳必须在场，现金应逐张点清，如发现长、短款，必须会同会计核实清楚。现金盘点一般是根据面额大小依次清点，逐张点清，记录金额，汇总合计金额。2023年8月20日出纳李玲的盘点结果为：壹佰元面额的131张，¥13 100.00；伍拾元面额的30张，¥1 500.00；贰拾元面额的15张，¥300.00；壹拾元面额的134张，¥1 340.00；伍元面额的40张，¥200.00；壹元面额的150张，¥150.00；伍角面额的37张，¥18.50；壹角面额的110张，¥11.00。合计金额16 619.50元。与库存现金日记账余额相符。

步骤二：填写库存现金盘点表。

根据库存现金日记账及当日库存现金盘点结果，填写库存现金盘点表（图2-5-4）。

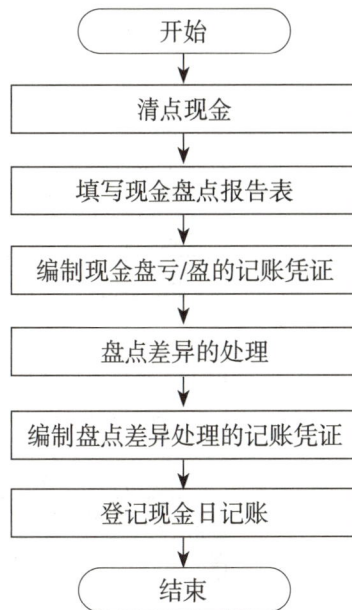

```
开始
  ↓
清点现金
  ↓
填写现金盘点报告表
  ↓
编制现金盘亏/盈的记账凭证
  ↓
盘点差异的处理
  ↓
编制盘点差异处理的记账凭证
  ↓
登记现金日记账
  ↓
结束
```

图 2-5-3 库存现金盘点业务流程

库存现金盘点表

2023 年 08 月 20 日　　　　单位：元

票面额	张数	金额	票面额	张数	金额
壹佰元	131	13100.00	伍 角	37	18.50
伍拾元	30	1500.00	贰 角		
贰拾元	15	300.00	壹 角	110	11.00
拾 元	134	1340.00	伍 分		
伍 元	40	200.00	贰 分		
贰 元			壹 分		
壹 元	150	150.00	合 计	647	16619.50
库存现金日记账账面余额：					16619.50
差额：					0

处理意见：

审批人（签章）：　　　　　　监盘人（签章）：　　　　　　盘点人（签章）：

图 2-5-4 库存现金盘点表（签字前）

步骤三：签字或签章。

现金盘点人员与监盘人员签字或签章确认盘点结果（如图2-5-5）。

库 存 现 金 盘 点 表

2023 年 08 月 20 日　　　　　　　　单位：元

票面额	张数	金额	票面额	张数	金额
壹佰元	131	13100.00	伍 角	37	18.50
伍拾元	30	1500.00	贰 角		
贰拾元	15	300.00	壹 角	110	11.00
拾 元	134	1340.00	伍 分		
伍 元	40	200.00	贰 分		
贰 元			壹 分		
壹 元	150	150.00	合 计	647	16619.50
库存现金日记账账面余额：					16619.50
差额：					0

处理意见：**无**

审批人（签章）：　　　　　监盘人（签章）：**何晓东**　　　盘点人（签章）：**李玲**

图 2-5-5　库存现金盘点表（签字后）

步骤四：登记库存现金日记账（图2-5-6）。

库 存 现 金 日 记 账　　　　　第 **12** 页

2023年		凭证		票据	摘 要	借 方	贷 方	余 额	核对
月	日	种类	号数	号数		百十万千百十元角分	百十万千百十元角分	百十万千百十元角分	
08	20				承前页			1 9 6 7 9 5 0	☐
08	20				收到包装物押金	2 0 0 0 0 0		2 1 6 7 9 5 0	☐
08	20				销售部陈海通预借差旅费		3 5 6 0 0 0	1 8 1 1 9 5 0	☐
08	20				购买打印机硒鼓		1 5 0 0 0 0	1 6 6 1 9 5 0	☐
									☐
									☐
									☐
									☐
									☐
									☐

图 2-5-6　库存现金日记账（登记后）

➕ **知识拓展**

库存现金盘盈、盘亏的账务处理见表2-5-2。

表 2-5-2 库存现金盘盈、盘亏的账务处理

情况	审批前	审批后	
短缺（盘亏）	借：待处理财产损溢 贷：库存现金	借：其他应收款	应由责任人赔偿或保险公司赔偿
		借：管理费用	无法查明原因
		贷：待处理财产损溢	
溢余（盘盈）	借：库存现金 贷：待处理财产损溢	借：待处理财产损溢	
		贷：其他应付款	应支付给有关人员或单位
		贷：营业外收入	无法查明原因

2023 年 8 月 31 日，出纳李玲现金盘点结果为：库存现金日记账余额 6 450.30 元，库存现金实存数 6 550.30 元，现金长款 100 元。填写库存现金盘点表（图 2-5-7）。

库存现金盘点表

2023 年 08 月 31 日　　　　　单位：元

票面额	张数	金额	票面额	张数	金额
壹佰元	25	2500.00	伍　角	8	4.00
伍拾元	40	2000.00	贰　角		
贰拾元	62	1240.00	壹　角	13	1.30
拾　元	56	560.00	伍　分		
伍　元	33	165.00	贰　分		
贰　元			壹　分		
壹　元	80	80.00	合　计		6550.30
库存现金日记账账面余额：					6450.30
差额：					100.00
处理意见：					

审批人（签章）：　　　　　　　监盘人（签章）：　　　　　　　盘点人（签章）：

图 2-5-7 库存现金盘点表

由于无法查明现金长款原因，经领导审批后现金长款转作营业外收入处理（图2-5-8）。

库存现金盘点表

2023 年 08 月 31 日　　　　　　　　　　　　　　　　单位：元

票面额	张数	金额	票面额	张数	金额
壹佰元	25	2500.00	伍　角	8	4.00
伍拾元	40	2000.00	贰　角		
贰拾元	62	1240.00	壹　角	13	1.30
拾　元	56	560.00	伍　分		
伍　元	33	165.00	贰　分		
贰　元			壹　分		
壹　元	80	80.00	合　计		6550.30
库存现金日记账账面余额：					6450.30
差额：					100.00
处理意见：现金盘盈，长款100元作为营业外收入处理					

审批人（签章）：　　　　　　　监盘人（签章）：何晓东　　　　　盘点人（签章）：李玲

图 2-5-8　库存现金盘点表（审批后）

直击大赛

在智能财税会计大赛中，出纳岗位应根据与现金收支有关的凭证，按时间顺序逐日逐笔登记现金日记账，可以清晰地反映现金收、付款的来龙去脉，从而及时掌握企业的现金流动情况，为企业的经营决策提供重要的依据。

巩固提升

山东六顺股份有限公司为一家加工型企业，开户银行：中国工商银行临沂市光明支行，账号：3738006283000777999，公司法定代表人为安保华，出纳为刘珍珍，身份证号：370124199805276183，会计为葛伟，会计主管为马国明。

请按照表2-5-3准备各种面额的点钞纸，进行盘点。2023年8月26日，出纳刘珍珍现金盘点结果为：现金日记账余额7 686元，实存现金7 789元。

【要求】请根据表2-5-3，填写库存现金盘点表（图2-5-9）。

表 2-5-3 库存现金实存明细

票面金额	100元	50元	20元	10元	5元	1元	5角
张数	35	25	74	145	16	28	2

库存现金盘点表

年 月 日 单位：元

票面额	张数	金额	票面额	张数	金额
壹佰元			伍 角		
伍拾元			贰 角		
贰拾元			壹 角		
拾 元			伍 分		
伍 元			贰 分		
贰 元			壹 分		
壹 元			合 计		
库存现金日记账账面余额：					
差额：					
处理意见：					

审批人（签章）： 监盘人（签章）： 盘点人（签章）：

图 2-5-9 库存现金盘点表

💬 ●任务评价●

本任务考核采用百分制，采取过程考核与结果考核相结合的原则，注重技能考核。

过程考核（40%）				结果考核（60%）	
职业态度	组织纪律	学生互评	实训练习	考核项目	分值
根据学生课堂表现，采取扣分制	考勤与课堂纪律	小组内同学互评，组间互评	教师根据学生提交的实训报告情况进行评价	现金清查	15
				库存现金盘点表的填写	15
				现金长短款的处理	15
				库存现金日记账的登记	15

► 💡 思政案例

从出纳到囚犯：职业道德的崩塌与救赎

某大型企业出纳刘某，因沉迷网络游戏和网络直播，逐渐产生了巨大的经济需求。为了在游戏中购买装备、打赏主播，他利用职务之便，通过伪造报销单据、私自转款等方式，多次挪用公司公款累计达48万余元。最终，因银行核实大额支出，公司发现异常，刘某的犯罪行为败露，被判处有期徒刑12年。

启示：《中华人民共和国刑法》第三百八十四条规定，挪用公款罪的处罚包括五年以下有期徒刑或者拘役；情节严重的，处五年以上有期徒刑。这警示出纳必须树立正确的人生观和价值观，坚守职业道德底线，增强法律意识，杜绝侥幸心理。企业也须完善内部控制制度，严格执行钱账分管、定期审计和资金核对等制度，加强对出纳岗位的监督和管理。只有将思政教育与职业素养培养相结合，才能从根本上预防类似事件的发生。

项目三　银行结算账户

项目描述

出纳的日常工作离不开银行，企业发生的大部分超过结算起点的物资购销、税费支付、工资发放等经济业务，按照规定都需要通过银行结算账户进行收付。银行结算账户的正确使用和管理，对确保企业生产经营活动的正常进行具有重要的意义。

任务一　银行结算账户概述

学习目标

1. 了解银行结算账户及银行结算的概念。
2. 能够熟练运用常用的银行结算方式。
3. 培养强烈的工作责任心和正确的职业道德观。

任务场景

2023年8月20日，万泽公司向万彩公司销售畅销服装一批，开具增值税专用发票，注明价款为20 000元，增值税款为2 600元。合同约定的付款条件为"2/10，1/20，n/30"。出纳李玲对于如何收款犯了难，该采用何种银行结算方式呢？

知识储备

一、银行结算账户和银行结算的概念

（一）银行结算账户

银行结算账户是指存款人在经办银行开立的办理资金收付结算的人民币活期存款账户。

存款人是指在中国境内开立银行结算账户的机关、团体、企事业单位、部队、其他组织、个体工商户和自然人。

银行结算账户概述

银行是指在中国境内经中国人民银行批准经营支付结算业务的银行业金融机构，如政策性银行、商业银行、信用合作社。

（二）银行结算

银行结算是指通过银行结算账户进行资金收取、支付、结转的行为，即银行接受客户的委托进行代收代付活动，从付款单位银行结算账户中划出款项，转入收款单位的银行结算账户，从而完成债权债务的清算或资金的调拨。银行在整个过程中承担着资金中转的角色。银行、付款单位和收款单位之间的关系如图3-1-1所示。

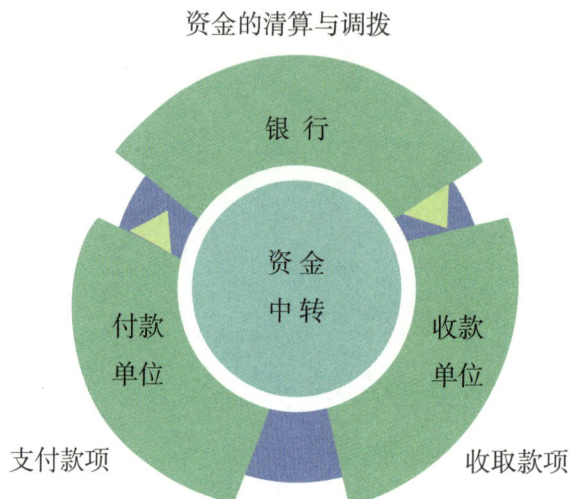

资金的清算与调拨

银 行

资 金
中 转

付款
单位

收款
单位

支付款项

收取款项

图 3-1-1　银行、付款单位和收款单位之间的关系

二、银行结算方式

目前，我国常用的银行结算方式主要有八种，分别是银行汇票、商业汇票、银行本票、支票、委托收款、汇兑、托收承付、信用证（图3-1-2）。

> ► 🔔 **小提示**
>
> 随着科技的进步，支付结算方式的选择也越来越多，除了传统的现金、银行存款、票据等支付结算方式，也可以根据业务特点，选择支付宝、微信等支付方式。
>
> 微信支付　　支付宝钱包 Alipay Wallet

银行汇票具有使用灵活、票随人到、兑现性强等特点，适用于先收款后发货或钱货两清的商品交易

商业汇票按照承兑人不同，分为商业承兑汇票和银行承兑汇票，适用于企业法人及其他组织之间债权债务款项结算

银行本票见票即付、不予挂失，分为定额本票和不定额本票。提示付款期限自出票日起最长不超过2个月

支票见票即付，使用方便，提示付款期限自出票日起10天。禁止签发空头支票

银行汇票　　　　商业汇票　　　　银行本票　　　　支票

汇兑分为信汇和电汇。单位和个人的各种款项结算都可以使用汇兑结算方式

结算单位必须是国有企业、供销合作社及符合条件的城乡集体所有制工业企业。办理结算的款项必须是商品交易

委托收款结算款项的划回方式分为邮递和电报两种。委托收款在同城和异地均可使用

我国信用证为不可撤销、不可转让的跟单信用证，仅适用于国内企业之间商品交易产生的货款结算，不能支取现金

汇兑　　　　托收承付　　　　委托收款　　　　信用证

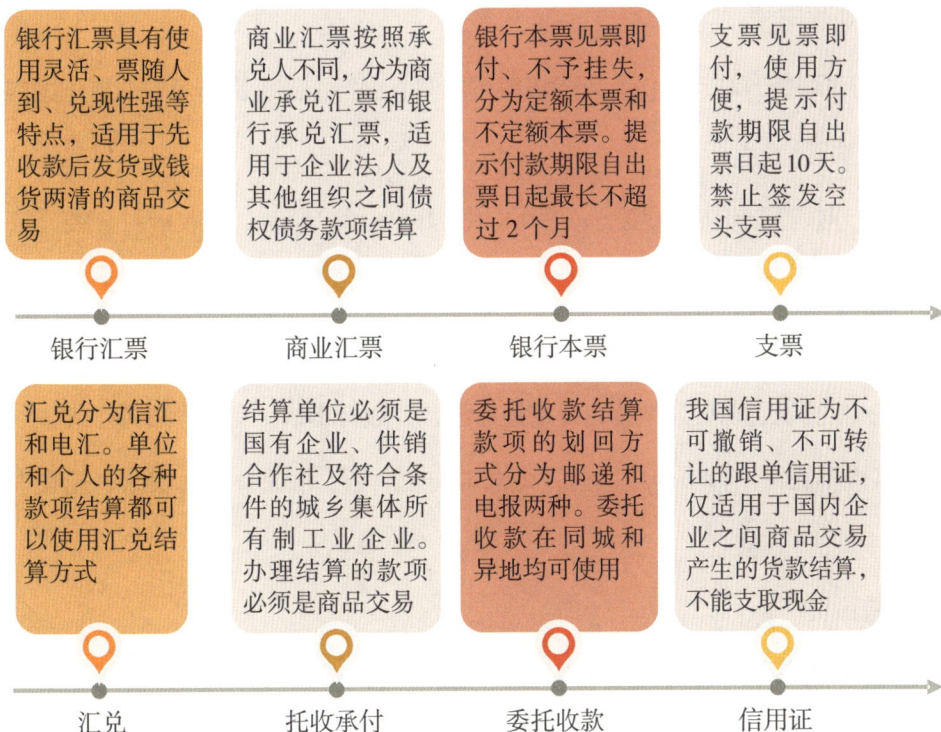

图 3-1-2　银行结算方式

·任务实施·

出纳李玲选择结算方式需要考虑的限制条件如图3-1-3所示。

结算方式选择的限制条件

出纳在选择银行结算方式时需要根据企业的需求并考虑不同结算方式的特点，进行有针对性的选择

⚙ 付款期限

💡 企业信用度

📊 票据转让形式

⭐ 是否贷款

👤 商品的购销情况

图 3-1-3　结算方式选择的限制条件

因素一：付款期限。

（1）即期收款可选支票、银行本票、银行汇票等方式。

（2）约期收款可选银行承兑汇票、商业承兑汇票、国内信用证等。

因素二：企业信用度。

（1）销货方对购货方缺乏信任，可选择银行本票、银行汇票、银行承兑汇票和国内信用证等结算方式。

（2）销货方对购货方的信任度高，则可以考虑商业承兑汇票、托收承付、委托收款等结算方式。

因素三：票据转让形式。

（1）收款人能再次背书转让票据，可选银行汇票、银行本票、支票等结算方式。

（2）收款人不能再次背书转让票据，可选国内信用证、汇兑、委托收款、托收承付等结算方式。

因素四：是否贷款。

（1）持票人需要凭票从商业银行取得贷款，可选银行承兑汇票、商业承兑汇票、国内信用证等结算方式。

（2）持票人不需要凭票从商业银行取得贷款，则选其他结算方式。

因素五：商品的购销情况。

（1）处于供不应求状态，可选汇兑、支票款到账后发货、银行本票、银行汇票等结算方式。

（2）处于供求平衡状态，除上述结算方式外，可选银行承兑汇票、国内信用证、支票等结算方式。

（3）处于供大于求状态，可选商业承兑汇票、托收承付、委托收款等结算方式。

巩固提升

在购进原材料业务当中，出纳李玲选择何种结算方式能够最大限度地提升企业资金利用效率？

任务评价

本任务考核采用百分制，采取过程考核与结果考核相结合的原则，注重技能考核。

过程考核（40%）				结果考核（60%）	
职业态度	组织纪律	学生互评	实训练习	考核项目	分值
根据学生课堂表现，采取扣分制	考勤与课堂纪律	小组内同学互评，组间互评	教师根据学生提交的实训报告情况进行评价	付款期限分析	10分
				企业信用度分析	10分
				票据转让形式分析	10分
				是否贷款分析	10分
				商品购销情况分析	20分

任务二　银行结算账户管理

📧 学习目标

1. 理解银行结算账户的开立、变更及撤销。

2. 掌握银行结算账户的种类及使用范围。

3. 能够正确应用银行结算账户。

4. 严格遵守法律法规，保持诚信，增强维护企业利益的职业意识。

📇 任务场景

2023年8月，公司需要从某银行借入资金100万元，由出纳李玲负责前往银行开设银行结算账户。李玲应开设哪种结算账户呢？需要准备哪些材料？开设账户的程序有哪些？

📝 知识储备

一、银行结算账户管理的基本原则及特点

（一）银行结算账户管理的基本原则

根据《人民币银行结算账户管理办法》的有关规定，银行结算账户管理应当遵守以下基本原则：

（1）一个基本账户原则。

（2）自主选择银行开立银行结算账户原则。

（3）存款保密原则。

（4）守法原则。

（二）银行结算账户管理的特点

（1）办理人民币业务。

（2）办理资金收付结算业务。

（3）活期存款账户。

二、银行结算账户的开立

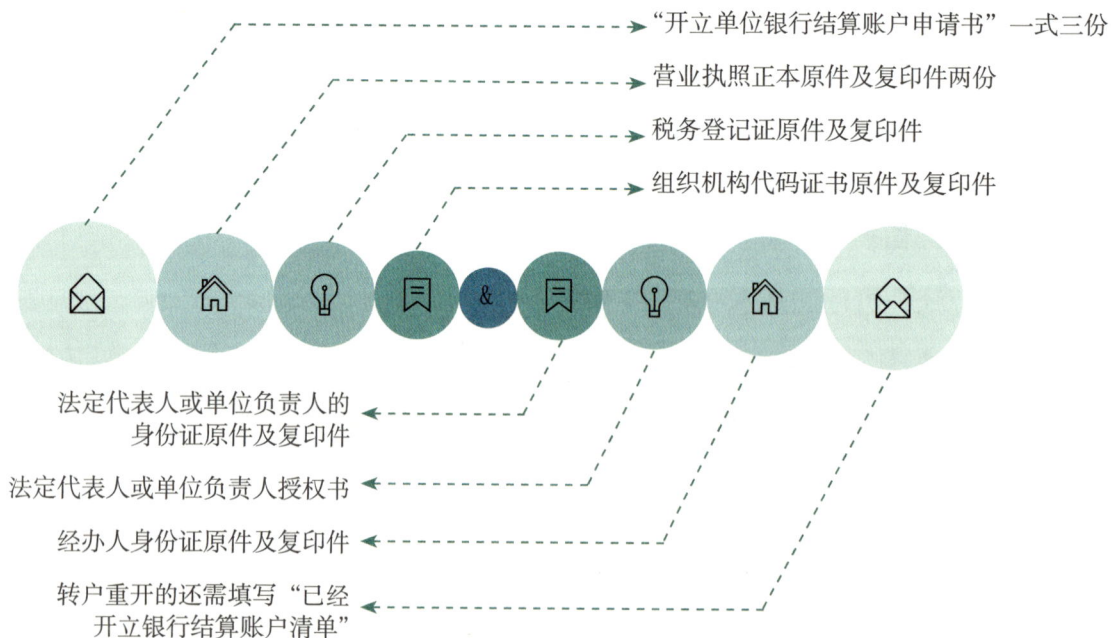

银行结算账户按照用途不同，一般可以分为基本存款账户、一般存款账户、临时存款账户、专用存款账户。

（一）基本存款账户

基本存款账户是指存款人为办理日常转账结算和现金收付而开立的银行结算账户，是存款人的主要存款账户。存款人只能在银行开立一个基本存款账户，不能多头开立。

基本存款账户使用范围包括存款人日常经营活动的资金收付及存款人的工资、奖金和现金的支取。

开立基本存款账户申请资料如图3-2-1所示。

"开立单位银行结算账户申请书"一式三份

营业执照正本原件及复印件两份

税务登记证原件及复印件

组织机构代码证书原件及复印件

法定代表人或单位负责人的身份证原件及复印件

法定代表人或单位负责人授权书

经办人身份证原件及复印件

转户重开的还需填写"已经开立银行结算账户清单"

图 3-2-1 开立基本存款账户申请资料

> **🔔 小提示**
>
> 存款人开立单位银行结算账户，自正式开立之日起 3 个工作日后，方可使用该账户办理付款业务。但是，注册验资的临时存款账户转为基本存款账户和因借款转存开立的一般存款账户除外。

企业申请开立基本存款账户的流程如图3-2-2所示。

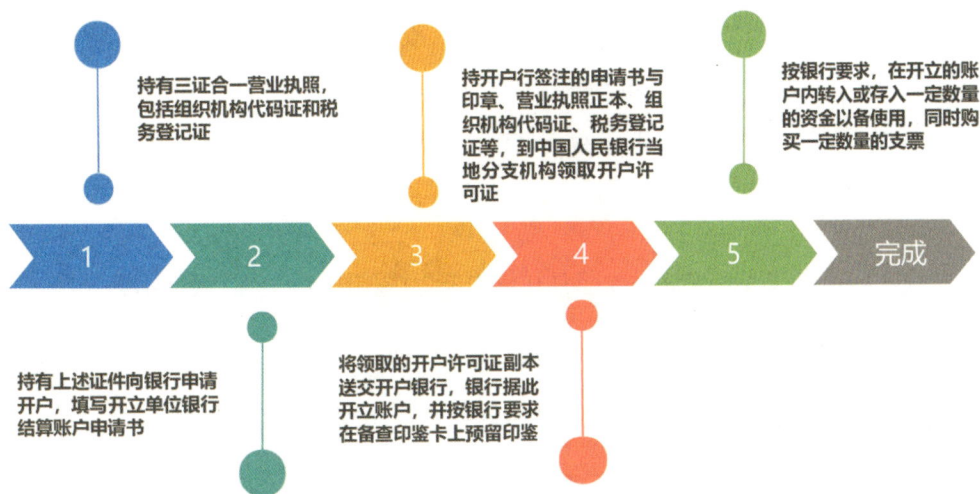

图 3-2-2 申请开立基本存款账户的流程

（二）一般存款账户

一般存款账户是指存款人因借款或其他结算需要，在基本存款账户开户银行以外的银行营业机构开立的银行结算账户。存款人开立一般存款账户没有数量限制，但一般存款账户不能在存款人基本存款账户的开户银行开立。

一般存款账户主要用于办理存款人借款转存、借款归还和其他结算的资金收付。一般存款账户可以办理现金缴存，但不得办理现金支取。

企业申请开立一般存款账户的申请资料如图3-2-3所示。

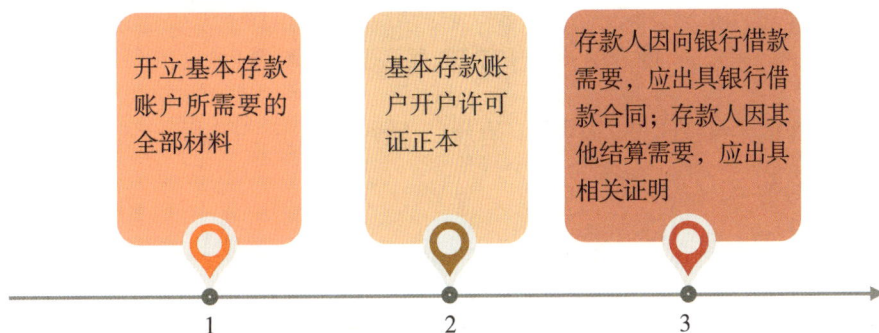

图 3-2-3 开立一般存款账户申请资料

企业申请开立一般存款账户的流程如图3-2-4所示。

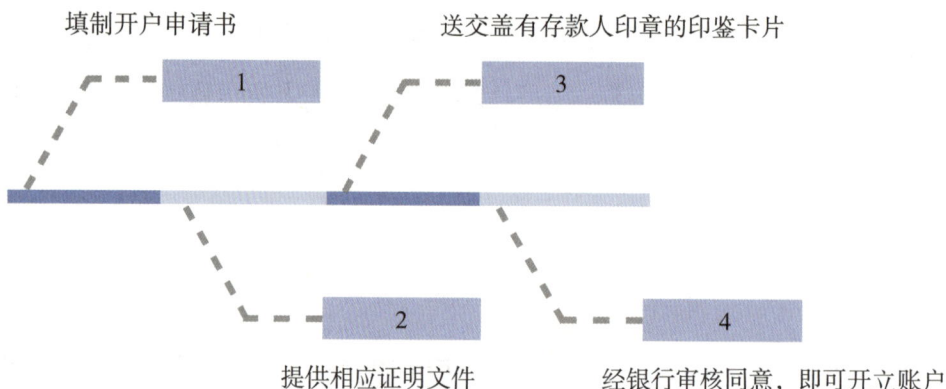

图 3-2-4　开立一般存款账户流程

（三）临时存款账户

临时存款账户是指存款人因临时需要并在规定期限内使用而开立的银行结算账户。临时存款账户有效期最长不得超过2年。

临时存款账户用于办理临时机构及存款人临时经营活动发生的资金收付。

临时存款账户既可以办理转账结算，也可以办理现金收付。临时存款账户在验资期间只收不付，注册验资资金的汇缴人应与出资人的名称一致。

企业申请开立临时存款账户的申请资料如图3-2-5所示。

图 3-2-5　开立临时存款账户申请资料

企业申请开立临时存款账户的流程同申请开立一般存款账户的流程一致。

（四）专用存款账户

专用存款账户是指存款人按照法律、行政法规和规章，对有特定用途的资金进行专项管理和使用而开立的银行结算账户。专用存款账户部分使用范围如图3-2-6所示。

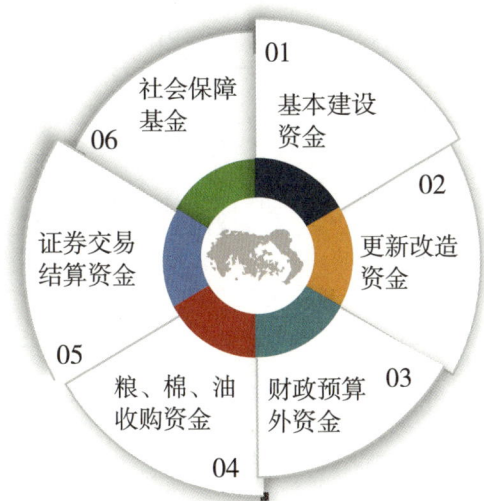

图 3-2-6 专用存款账户部分使用范围

企业申请开立专用存款账户申请资料如图3-2-7所示。

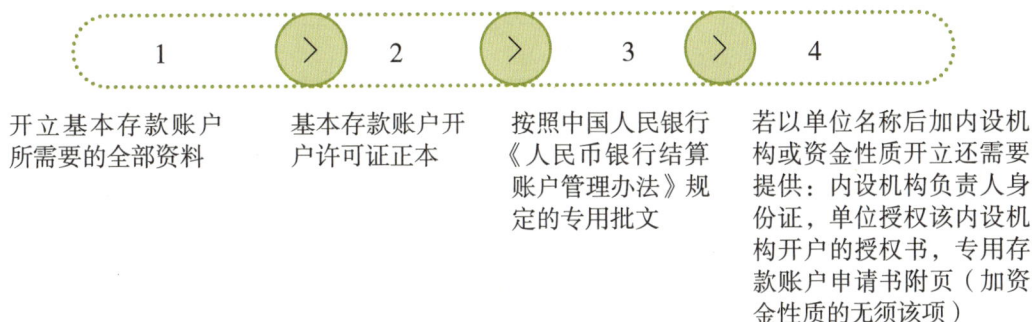

1	2	3	4
开立基本存款账户所需要的全部资料	基本存款账户开户许可证正本	按照中国人民银行《人民币银行结算账户管理办法》规定的专用批文	若以单位名称后加内设机构或资金性质开立还需要提供：内设机构负责人身份证，单位授权该内设机构开户的授权书，专用存款账户申请书附页（加资金性质的无须该项）

图 3-2-7 开立专用存款账户申请资料

企业申请开立专用存款账户的流程同申请开立一般存款账户的流程一致。

三、银行结算账户的变更

银行结算账户的变更是指存款人名称、单位法定代表人或主要负责人、住址及其他开户资料发生的变更。

银行结算账户的存款人名称发生变更，但不改变开户银行及账号的，应于5个工作日内向开户银行提出银行结算账户变更申请，并出具有关部门的证明文件。

单位的法定代表人或主要负责人、住址及其他开户资料发生变更时，应于5个工作日内书面通知开户银行并提供有关证明。

变更银行结算账户申请书如图3-2-8所示。

变更银行结算账户申请书

账户名称					
开户银行代码			账　号		
账户性质	基本（　　）专用（　　）一般（　　）临时（　　）个人（　　）				
开户许可证核准号					
变更事项及变更后内容如下：					
账户名称					
地　　址					
邮政编码					
电　　话					
注册资金金额					
证明文件种类					
证明文件编号					
经营范围					
法定代表人或单位负责人	姓　　名				
	证件种类				
	证件号码				
关　联　企　业	变更后的关联企业信息填列在"关联企业登记表"中				
上级法人或主管单位的基本存款账户核准号					
上级法人或主管单位的名称					
上级法人或主管单位法定代表人或单位负责人	姓　　名				
	证件种类				
	证件号码				
本存款人申请变更上述银行账户内容，并承诺所提供的资料真实、有效。 存款人（签章）	开户银行审核意见： 经办人（签章） 开户银行（签章）		开户银行审核意见： 经办人（签章） 人民银行（签章）		

图 3-2-8　变更银行结算账户申请书

一、账户合并

账户合并一般是由企业申请将相同资金来源和相同资金性质的账户进行合并，或者两个单位合并后随之合并银行结算账户。

二、账户迁移

企业经营地址发生变化要将其银行存款结算账户进行迁户，迁户的情况分为同城迁户和异地迁户。

四、银行结算账户的撤销

银行结算账户的撤销是指存款人因开户资格或其他原因终止使用银行结算账户的行为。

银行结算账户的撤销

（一）银行结算账户撤销的事由

存款人有以下情形之一的，应向开户银行提出撤销银行结算账户的申请：

（1）被撤并、解散、宣告破产或关闭；

（2）注销、被吊销营业执照；

（3）因迁址需要变更开户银行；

（4）其他原因需要撤销银行结算账户。

存款人尚未清偿其开户银行债务的，不得申请撤销银行结算账户。

（二）银行结算账户撤销手续的办理

办理银行结算账户撤销手续如图3-2-9所示。

撤并、解散、宣告破产或关闭
注销、被吊销营业执照
应于 5 个工作日内向开户银行提出撤销银行结算账户的申请

地址变更或其他原因
银行在收到存款人撤销银行结算账户申请后，对于符合条件的，应当在 2 个工作日内办理撤销手续

银行结算账户撤销

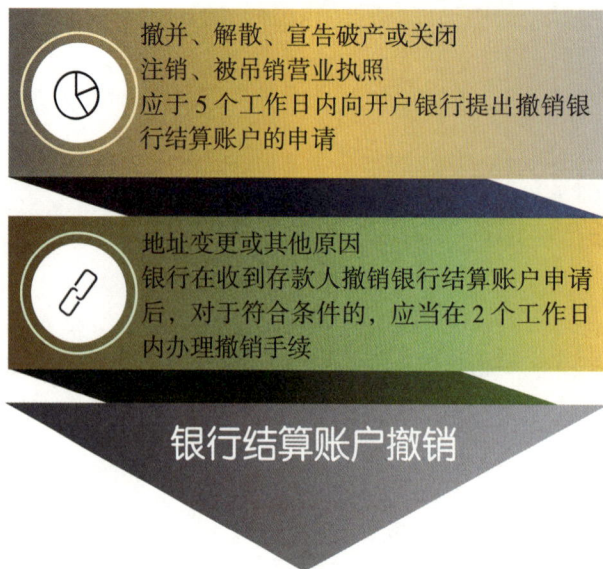

图 3-2-9　银行结算账户撤销手续

撤销银行结算账户申请书如图3-2-l0所示。

账 户 名 称	
开户银行名称	
开户银行代码	账　号
账 户 性 质	基本（　）专用（　）一般（　）临时（　）个人（　）
开户许可证核准号	
销 户 原 因	

本存款人申请撤销上述银行账户，承诺所提供的证明文件真实、有效。 　　　　　存款人（签章） 　　　　　　　　　　年　月　日	开户银行审核意见： 经办人（签章） 开户银行（签章） 　　　　　　　　　　年　月　日

填表说明：
1. 带括号选项填"√"。
2. 本申请书一式三联，一联存款人留存，一联开户银行留存，一联中国人民银行当地分支行留存。

图 3-2-10　撤销银行结算账户申请书

> **小提示**
>
> 存款人撤销银行结算账户，必须与开户银行核对存款余额，交回各种重要空白票据及结算凭证和开户登记证。
>
> 银行撤销单位银行结算账户时应在其基本存款账户开户登记证上注明销户日期并盖章，同时于撤销之日起 2 个工作日内向中国人民银行报告。
>
> 存款人应撤销而未办理销户手续的单位银行结算账户，或者对 1 年未发生收付活动且未欠开户银行债务的单位银行结算账户，银行应通知单位。单位应自发出通知之日起 30 日内办理销户手续，逾期视同自愿销户，未划转款项列入久悬未取专户管理。

直击大赛

任务要求：维护银行存款期初数据。

操作过程：进入财务会计—出纳管理—初始化—银行存款期初（图3-2-11），依据银行存款期初信息填写银行存款期初并审核。

维护单据头信息：业务日期、收款组织。

维护明细信息：银行、银行账号、账户名称、币别、企业方本年收入累计、企业方本年支出累计、企业方期初余额、银行方期初余额、企业未达金额合计、银行未达金额合计。

图 3-2-11　维护银行存款期初

任务实施

出纳李玲选择开立一般存款账户，任务实施过程如下。

步骤一：填制开户申请书。

步骤二：提供相应证明文件。

（1）营业执照、税务登记证、组织机构代码证书等。

（2）基本存款账户开户许可证、银行借款合同。

步骤三：送交盖有存款人印章的印鉴卡片。

巩固提升

由于开发了新的服装样式，万泽公司2023年销售额大幅增长，经公司研究决定在湖北省武汉市建立新的研发中心，财务部门派遣出纳李玲前往武汉开立临时存款账户。

【要求】整理出纳李玲需要准备的材料。

任务评价

本任务考核采用百分制，采取过程考核与结果考核相结合的原则，注重技能考核。

过程考核（40%）				结果考核（60%）	
职业态度	组织纪律	学生互评	实训练习	考核项目	分值
根据学生课堂表现，采取扣分制	考勤与课堂纪律	小组内同学互评，组间互评	教师根据学生提交的实训报告情况进行评价	填制开户申请书	20分
				提供相应证明文件	20分
				送交盖章的印鉴卡片	20分

任务三　银行对账业务

学习目标

1. 了解银行对账业务。

2. 掌握银行对账的方法及操作流程。

3. 能够熟练进行银行对账。

4. 培养严谨规范的职业素养，增强责任意识，确保财务数据的真实性。

任务场景

2023年8月18日，万泽公司"银行存款"账户余额为498 240元，当月发生银行存款收支业务如下。

（1）19日，销售服装一批，增值税专用发票上注明的金额为58 000元，税额为7 540元。收到银行汇票一张送交银行。

（2）20日，从小规模纳税人处购进印花布料一批，取得的发票上注明的金额为86 112元，款项已经通过银行存款支付。

（3）21日，收到客户万华公司开具的转账支票一张，金额为104 832元。

（4）22日，通过信汇方式支付前欠货款93 600元。

（5）23日，收到万疆公司以托收承付方式支付的货款70 200元。

（6）24日，购入裁剪布料设备一台，价税合计为158 200元，取得对方开具的增值税专用发票，款项通过转账支票支付。

（7）25日，销售高档服装一批，开具的增值税专用发票注明的金额为104 000元，税额为13 520元，款项已收存银行。

（8）26日，通过委托收款方式支付广告费用9 860元。

（9）27日，购入其他原材料一批，取得的增值税专用发票注明的金额为98 000元，税额为12 740元，开出转账支票支付。

【要求】（1）根据上述资料编制记账凭证。

（2）根据记账凭证登记银行存款日记账。

（3）进行银行对账。

（4）编制银行存款余额调节表。

知识储备

一、银行对账

银行对账即银行存款的清查。银行存款清查与库存现金清查方法不同，库存现金清查通常采用实地盘点法，而银行存款的清查采用的是对账单法。具体操作方法是将开户银行定期送来的对账单与本单位的银行存款日记账逐笔进行核对，以查明银行存款收付款及余额是否相符。

银行对账单又称对账单，是银行向开户单位提供的该单位账户在一定时间范围内资金进出的明细，分为纸质对账单和电子对账单两种形式。对账单由银行出具，至少每月向开户单位提供一份。由开户单位核对无误后按要求进行确认。

在实际工作中，导致银行存款日记账余额与银行对账单余额不一致主要有以下两个原因。

（1）记账错误，即企业与开户银行双方或一方记账有错误，如错账、漏账等。

（2）存在未达账项，由于企业与银行记账时间不一致，一方已取得凭证登记入账，另一方未取得凭证登记入账，这种由于时间差导致的不一致称为未达账项。未达账项内容如图3-3-1所示。

① 企业已收款入账 银行未收款入账

② 银行已收款入账 企业未收款入账

③ 银行已付款入账 企业未付款入账

④ 企业已付款入账 银行未付款入账

图 3-3-1　未达账项内容

> **小提示**
>
> 发生图3-3-1中的任何一种情况，都会导致企业银行存款日记账与银行对账单数据不一致。出现①③这两种情况，会导致企业银行存款日记账账面余额＞银行对账单余额；出现②④这两种情况，会使企业银行存款日记账账面余额＜银行对账单余额。

二、银行存款余额调节表

在银行对账过程中，如果企业银行存款日记账账面余额与银行对账单余额不一致，需要先确定账面余额不符的原因，是记账有错误还是存在未达账项。如果是存在未达账项，就需要编制银行存款余额调节表对其进行

银行存款余额调节表

调整，从而确定企业银行存款的实有数。

银行存款余额调节表的公式（图3-3-2）如下：

企业银行存款日记账余额＋银行已收而企业未收的款项－银行已付而企业未付的款项＝银行对账单余额＋企业已收而银行未收的款项－企业已付而银行未付的款项

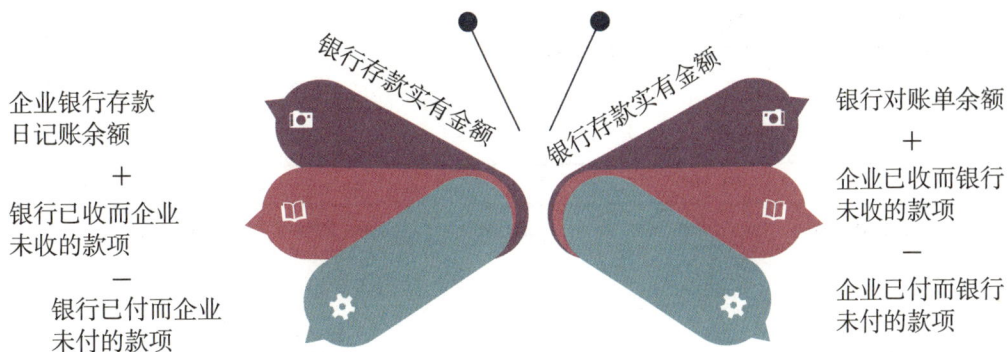

图 3-3-2　银行存款余额调节表计算公式

🔔 小提示

　　企业银行存款日记账和银行对账单的记账方向相反，企业银行存款日记账的借方为收入，贷方为支出；银行对账单的贷方为收入，借方为支出。

🔔 小提示

　　银行存款余额调节表只能起到核对账目的作用，不得用于调整银行存款账面余额，不属于原始凭证。未达账项只能在收到相关凭证后才能进行账务处理。

📋 任务实施

步骤一：根据"任务场景"中的资料编制记账凭证（图3-3-3至图3-3-11）。

银行对账实操

山东省万泽服装有限公司
记 账 凭 证

2023年8月19日

总第***号
字第***号

摘 要	总账科目	明细账科目	借方金额										贷方金额										记账
			亿	千	百	十	万	千	百	十	元	角	分	亿	千	百	十	万	千	百	十	元	角	分	
销售服装	银行存款				6	5	5	4	0	0	0													
销售服装	主营业务收入	服装														5	8	0	0	0	0	0		
销售服装	应交税费	应交增值税（销项税额）															7	5	4	0	0	0		
合 计			¥	6	5	5	4	0	0	0			¥	6	5	5	4	0	0	0				

附件 ** 张

会计主管 何晓东　　记账 王瑶　　出纳 李玲　　审核 何晓东　　制单 王瑶

图 3-3-3　万泽公司销售业务记账凭证

山东省万泽服装有限公司
记 账 凭 证

2023年8月20日

总第***号
字第***号

摘 要	总账科目	明细账科目	借方金额											贷方金额										记账
			亿	千	百	十	万	千	百	十	元	角	分	亿	千	百	十	万	千	百	十	元	角	分	
购进印花布料	原材料	印花布料			8	6	1	1	2	0	0													
购进印花布料	银行存款															8	6	1	1	2	0	0		
合 计			¥	8	6	1	1	2	0	0			¥	8	6	1	1	2	0	0				

附件 ** 张

会计主管 何晓东　　记账 王瑶　　出纳 李玲　　审核 何晓东　　制单 王瑶

图 3-3-4　万泽公司采购业务记账凭证

山东省万泽服装有限公司
记 账 凭 证

2023年8月21日

总第***号
字第***号

摘 要	总账科目	明细账科目	借方金额											贷方金额										记账
			亿	千	百	十	万	千	百	十	元	角	分	亿	千	百	十	万	千	百	十	元	角	分	
收回货款	银行存款			1	0	4	8	3	2	0	0													
收回货款	应收账款	万华公司													1	0	4	8	3	2	0	0		
合 计			¥	1	0	4	8	3	2	0	0		¥	1	0	4	8	3	2	0	0			

附件 ** 张

会计主管 何晓东　　记账 王瑶　　出纳 李玲　　审核 何晓东　　制单 王瑶

图 3-3-5　万泽公司收款业务记账凭证

山东省万泽服装有限公司 记账凭证

2023年8月22日　　　　　　　　总第***号　字第***号

摘要	总账科目	明细账科目	借方金额 亿千百十万千百十元角分	贷方金额 亿千百十万千百十元角分	记账
支付材料款	应付账款		9 3 6 0 0 0 0		
支付材料款	银行存款			9 3 6 0 0 0 0	
合　计			¥9 3 6 0 0 0 0	¥9 3 6 0 0 0 0	

会计主管　何晓东　　记账　王瑶　　出纳　李玲　　审核　何晓东　　制单　王瑶

附件 ** 张

图 3-3-6　万泽公司支付前欠货款业务记账凭证

山东省万泽服装有限公司 记账凭证

2023年8月23日　　　　　　　　总第***号　字第***号

摘要	总账科目	明细账科目	借方金额 亿千百十万千百十元角分	贷方金额 亿千百十万千百十元角分	记账
收回货款	银行存款		7 0 2 0 0 0 0		
收回货款	应收账款	万疆公司		7 0 2 0 0 0 0	
合　计			¥7 0 2 0 0 0 0	¥7 0 2 0 0 0 0	

会计主管　何晓东　　记账　王瑶　　出纳　李玲　　审核　何晓东　　制单　王瑶

附件 ** 张

图 3-3-7　万泽公司收款业务记账凭证

山东省万泽服装有限公司 记账凭证

2023年8月24日　　　　　　　　总第***号　字第***号

摘要	总账科目	明细账科目	借方金额 亿千百十万千百十元角分	贷方金额 亿千百十万千百十元角分	记账
购置固定资产	固定资产	裁剪设备	1 4 0 0 0 0 0 0		
购置固定资产	应交税费	应交增值税（进项税额）	1 8 2 0 0 0 0		
购置固定资产	银行存款			1 5 8 2 0 0 0 0	
合　计			¥1 5 8 2 0 0 0 0	¥1 5 8 2 0 0 0 0	

会计主管　何晓东　　记账　王瑶　　出纳　李玲　　审核　何晓东　　制单　王瑶

附件 ** 张

图 3-3-8　万泽公司购置固定资产业务记账凭证

山 东 省 万 泽 服 装 有 限 公 司
记 账 凭 证

2023年8月25日　　　　　　　　　　　　总第***号
　　　　　　　　　　　　　　　　　　　字第***号

摘要	总账科目	明细账科目	借方金额	贷方金额	记账
销售服装	银行存款		1175200 00		
销售服装	主营业务收入	高档服装		1040000 00	
销售服装	应交税费	应交增值税（销项税额）		135200 00	
	合　计		¥1175200 00	¥1175200 00	

会计主管　何晓东　　记账　王瑶　　出纳　李玲　　审核　何晓东　　制单　王瑶　　附件**张

图 3-3-9　万泽公司销售业务记账凭证

山 东 省 万 泽 服 装 有 限 公 司
记 账 凭 证

2023年8月26日　　　　　　　　　　　　总第***号
　　　　　　　　　　　　　　　　　　　字第***号

摘要	总账科目	明细账科目	借方金额	贷方金额	记账
支付广告费	销售费用	广告费	9860 00		
支付广告费	银行存款			9860 00	
	合　计		¥9860 00	¥9860 00	

会计主管　何晓东　　记账　王瑶　　出纳　李玲　　审核　何晓东　　制单　王瑶　　附件**张

图 3-3-10　万泽公司支付业务记账凭证

山 东 省 万 泽 服 装 有 限 公 司
记 账 凭 证

2023年8月27日　　　　　　　　　　　　总第***号
　　　　　　　　　　　　　　　　　　　字第***号

摘要	总账科目	明细账科目	借方金额	贷方金额	记账
购进其他材料	原材料	其他材料	98000 00		
购进其他材料	应交税费	应交增值税（进项税额）	12740 00		
购进其他材料	银行存款			110740 00	
	合　计		¥110740 00	¥110740 00	

会计主管　何晓东　　记账　王瑶　　出纳　李玲　　审核　何晓东　　制单　王瑶　　附件**张

图 3-3-11　万泽公司采购业务记账凭证

步骤二：根据记账凭证登记银行存款日记账（图3-3-12）。

银行存款日记账

2023年 月 日	凭证号	结算方式	摘　要	借方金额	核对号	贷方金额	余　额
8 18							498240 00
19	**	**	销售服装	65540 00			563780 00
20	**	**	购进印花布料			86112 00	477668 00
21	**	**	收到货款	104832 00			582500 00
22	**	**	支付材料款			93600 00	488900 00
23	**	**	收回货款	70200 00			559100 00
24	**	**	购置固定资产			158200 00	400900 00
25	**	**	销售服装	117520 00			518420 00
26	**	**	支付广告费			9860 00	508560 00
27	**	**	购进其他材料			110740 00	397820 00

图 3-3-12　万泽公司银行存款日记账

步骤三：进行银行对账（图3-3-13）。

银行对账单

2023年 月 日	摘　要	结算方式	借方	贷方	借或贷	余额	备注
8 1	承前页				贷	498240.00	
8 19	收到销货款	银行汇票		65540.00	贷	563780.00	
8 23	收到销货款	托收承付		70200.00	贷	633980.00	
8 23	汇出购货款	信汇	93600.00		贷	540380.00	
8 23	收到销货款	转账支票		104832.00	贷	645212.00	
8 26	支付广告费	委托收款	9860.00		贷	635352.00	
8 30	收到销货款	托收承付		55760.00	贷	691112.00	
8 30	支付设备款	转账支票	158200.00		贷	532912.00	
8 30	支付材料款	转账支票	86112.00		贷	446800.00	
8 30	支付房租	委托收款	9920.00		贷	436880.00	
8 30	计息			980.00	贷	437860.00	

图 3-3-13　万泽公司银行对账单

步骤四：编制银行存款余额调节表（图3-3-14）。

银行存款余额调节表

公司名称：山东省万泽服装有限公司　　　　制表时间：2023.08.31

开户行：******

账号：******

项目	金额	项目	金额
企业银行存款日记账余额	397820	银行对账单余额	437860
加：银行已收、企业未收款		加：企业已收、银行未收款	
1. 收到销货款	55760	1. 销售服装	117520
2. 计息	980	2.	
3.		3.	
4.		4.	
减：银行已付、企业未付款		减：企业已付、银行未付款	
1. 支付房租	9920	1. 购进其他材料	110740
2.		2.	
3.		3.	
4.		4.	
调节后的存款余额	444640	调节后的存款余额	444640
主管：何晓东	会计：王瑶		出纳：李玲

图 3-3-14　银行存款余额调节表

巩固提升

2023年8月31日，山东立信科技有限公司银行存款日记账余额1 840 000元，银行对账单余额1 827 900元，经核对，发现以下未达账项。

（1）银行代企业支付本月电费7 500元，银行已记账，但企业因未收到银行付款通知而未记账。

（2）企业委托银行代收货款35 000元，银行已收到并登记入账，但企业因未收到银行收账通知而未记账。

（3）企业开出转账支票支付修理费5 400元，并已记账，但持票人尚未到银行办理转账手续，银行未记账。

（4）企业收到转账支票一张，货款45 000元，并已记账，但银行尚未入账。

【要求】根据上述资料编制银行存款余额调节表。编制的银行存款余额调节表如图3-3-15所示。

银行存款余额调节表

公司名称：　　　　　　　　　　制表时间：2023.08.31

开户行：

账号：

项目	金额	项目	金额
企业银行存款日记账余额		银行对账单余额	
加：银行已收、企业未收款		加：企业已收、银行未收款	
1.　企业委托银行代收货款		1.　收到转账支票	
2.		2.	
3.		3.	
4.		4.	
减：银行已付、企业未付款		减：企业已付、银行未付款	
1.　银行代企业支付本月电费		1.　支付修理费	
2.		2.	
3.		3.	
4.		4.	
调节后的存款余额		调节后的存款余额	

主管：　　　　　　会计：　　　　　　出纳：

图 3-3-15　银行存款余额调节表

任务评价

本任务考核采用百分制，采取过程考核与结果考核相结合的原则，注重技能考核。

过程考核（40%）				结果考核（60%）	
职业态度	组织纪律	学生互评	实训练习	考核项目	分值
根据学生课堂表现，采取扣分制	考勤与课堂纪律	小组内同学互评，组间互评	教师根据学生提交的实训报告情况进行评价	编制记账凭证	20 分
				登记银行存款日记账	10 分
				进行银行对账	10 分
				填制银行存款余额调节表	20 分

► 思政案例

合规开户：从银行账户开立流程中得到的启示

客户王某前往银行办理个人账户开立业务，在填写资料环节，为图方便，他在职业一栏随意填写了与实际不符的信息，并且在工作人员询问资金用途时含糊其词。银行依照规定对资料进行审核，发现问题后要求王某更正信息。王某却认为银行是故意刁难，还对银行产生了不满情绪。经工作人员耐心解释相关法规和风险，王某才认识到自己行为的不妥。

启示：《人民币银行结算账户管理办法》明确规定，存款人应如实向银行提供开户资料，确保信息真实、完整、有效。随意填写虚假信息或隐瞒资金用途，不仅违反规定，还可能使资金被不法分子利用，从事洗钱、诈骗等违法活动。银行严格审核开户信息，是维护金融秩序、保障客户资金安全的必要举措。在开立银行账户时，客户应秉持诚实守信原则，严格遵守法规要求，共同营造安全、合规的金融环境。

项目四 银行结算业务

项目描述

银行结算是指企业通过银行账户的资金转移实现收付款项的行为，即银行接受企业委托代收代付，从付款单位存款账户划出款项，转入收款单位存款账户，以此完成企业之间债权债务的清算或资金的调拨。

根据银行结算形式不同选择现金结算或转账结算；根据地区差异选择同城结算、异地结算或国际结算。企业发生货币资金收付业务时，根据自身资金性质选择结算方式，常用的结算方式有支票、电汇、银行本票、银行汇票及银行承兑汇票等。

任务一 转账支票结算业务

学习目标

1. 掌握转账支票的填制步骤，准确进行收款和付款业务操作。

2. 能够正确完成转账支票的填制，熟练掌握转账支票在实例中的运用。

3. 培养对出纳工作的热爱，增强专业学习信心。

知识储备

转账支票是出票人签发的，委托办理支票存款业务的银行在见票时无条件支付确定的金额给收款人或持票人的票据。在银行开立存款账户的单位和个人，用于交易的各种款项，均可签发转账支票，委托开户银行办理付款手续。转账支票提示付款期限为自出票日起10日。超过提示付款期限提示付款的，持票人开户银行不予受理，付款人不予付款。

转账支票结算业务

一、转账支票的特点

转账支票的特点与现金支票的特点对比如表4-1-1所示。

表 4-1-1　现金支票与转账支票的特点对比

项目	支票种类及特点	
	现金支票	转账支票
取现转账	只能支取现金，不能转账	只能转账，不能支取现金
背书转让	不可以背书转让	可以背书转让
收款人名称	个人或单位名称	对方单位名称
支票用途	有一定限制	没有具体规定
授权补记	收款人名称、金额可以由出票人授权补记	收款人名称、金额可以由出票人授权补记，未补记的不得背书转让和提示付款

二、转账支票的填写规范

转账支票有正反两面：正面（图4-1-1）又分为左右两部分，左边为存根联（也称"支票头"），右边为正联（也称"支票联"）；背面（图4-1-2）有三栏，左栏是附加信息栏，中间栏和右栏是背书人签章栏。

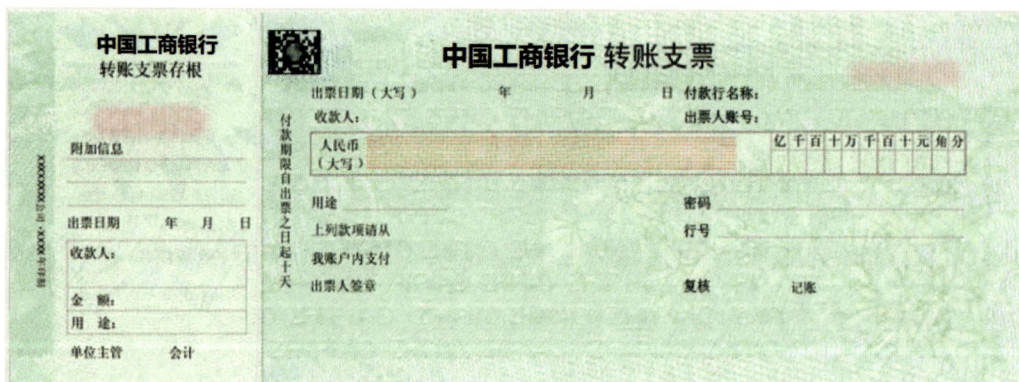

图 4-1-1　转账支票（正面）

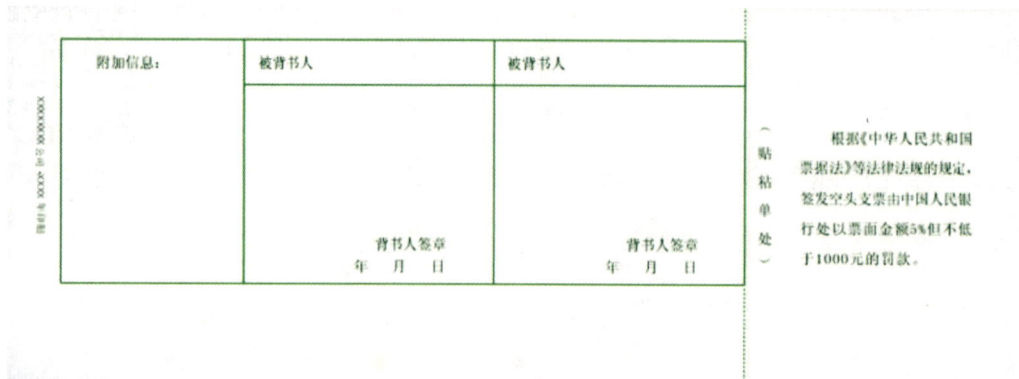

图 4-1-2　转账支票（背面）

转账支票应按规范填写，填写时应使用黑色或蓝黑色碳素笔，字迹要清晰工整，并且不得涂改。填写规范如表4-1-2所示。

表 4-1-2　转账支票填写规范

支票项目	填写规范
出票日期	1. 必须使用中文大写：零、壹、贰、叁、肆、伍、陆、柒、捌、玖、拾 2. 为防止变造票据日期，在填写月、日时，月为壹、贰和壹拾的，日为壹至玖和壹拾、贰拾和叁拾的，应在其前加"零" 3. 月为拾壹月、拾贰月，日为拾壹至拾玖的，应在其前加"壹"
收款人	1. 收款人填写全称，否则银行不予受理 2. 收款人为单位时，填写单位全称 3. 收款人为个人时，填写个人姓名
付款行名称 出票人账号	1. 填写出票单位开户银行名称及银行账号 2. 填写要完全准确，错、漏字都会导致银行拒收支票
出票金额	1. 金额分为大写和小写，二者必须一致 2. 大写金额数字前应标明"人民币"字样，小写金额数字前要加"￥"符号
票据用途	没有具体规定，用途比较广泛，可填写如"货款""工程款"等，可根据实际发生的项目填写
盖章	1. 正面加盖银行预留印鉴，一般为财务专用章和法定代表人章，缺一不可 2. 出票人签章处加盖的印鉴应与银行预留印鉴相符 3. 印章必须清晰，模糊作废
存根联	与正联一致，存根联日期栏填写小写日期，收款人可用简称，金额栏直接填写小写金额，并在前面加"￥"符号

> ▶ 🔔 小提示
>
> 《票据管理实施办法》第三十一条规定：签发空头支票或者签发与其预留的签章不符的支票，不以骗取财物为目的的，由中国人民银行处以票面金额5%但不低于1000元的罚款；持票人有权要求出票人赔偿支票金额2%的赔偿金。

子任务1　转账支票收款业务

📇 ● 任务场景 ●

2023年9月5日，万泽公司销售员陈海通向北京市阳光贸易公司销售牛仔上衣，货款100 000元，增值税销项税额13 000元。同日，万泽公司财务部收到阳光贸易公司签发的转账支票一张，金额为113 000元，相关业务单据见图4-1-3、图4-1-4和图4-1-5。出纳李玲应该如何完成转账支票的收款呢？

购销合同

购方：北京市阳光贸易公司		合同编号：3201470		
销方：山东省万泽服装有限公司		签订时间：2023.09.05		

供需双方本着互利互惠、长期合作的原则，根据《中华人民共和国合同法》及双方的实际情况，就需方向供方采购事宜，订立本合同，以便双方在合同履行中共同遵守。

一、产品名称、数量、单价、金额：

产品名称	规格型号	计量单位	数量	单价	金额	备注
服装	牛仔上衣	件	1000.00	100.00	113000.00	含税价(13%)
合计					￥113000.00	

合计人民币（大写）：壹拾壹万叁仟元整

二、质量要求技术标准：供方对质量负责的条件和期限：按合同企业标准。

三、交（提）货地点、方式：销货方送货至购货方仓库

四、付款时间与付款方式：
1. 付款方式为支票。2. 产品交货时间为2023年9月5日。

五、运输方式及到站、港和费用负担：

六、合理损耗及计算方法：以实际数量验收。

七、包装标准、包装物的供应与回收：普通包装，不回收包装物。

八、验收标准、方法及提出异议期限：货到需方七天内提出质量异议，不包括运输过程中造成的质量问题。

九、违约责任：按《合同法》。

十、解决合同纠纷的方式：双方协商解决。

十一、其他约定事项：本合同一式两份，需、供双方各一份，经双方盖章后即生效。

购方（盖章）：北京市阳光贸易公司	销方（盖章）：山东省万泽服装有限公司
单位地址：北京东城区滨河路22号	单位地址：济南市春华路328号
电话：010-82892794	电话：0531-64972391
签订日期：2023.09.05	签订日期：2023.09.05
开户银行：交通银行北京东城支行	开户银行：中国工商银行永春路支行
账号：1402002098822200578379	账号：4509853810408864389

图 4-1-3　购销合同

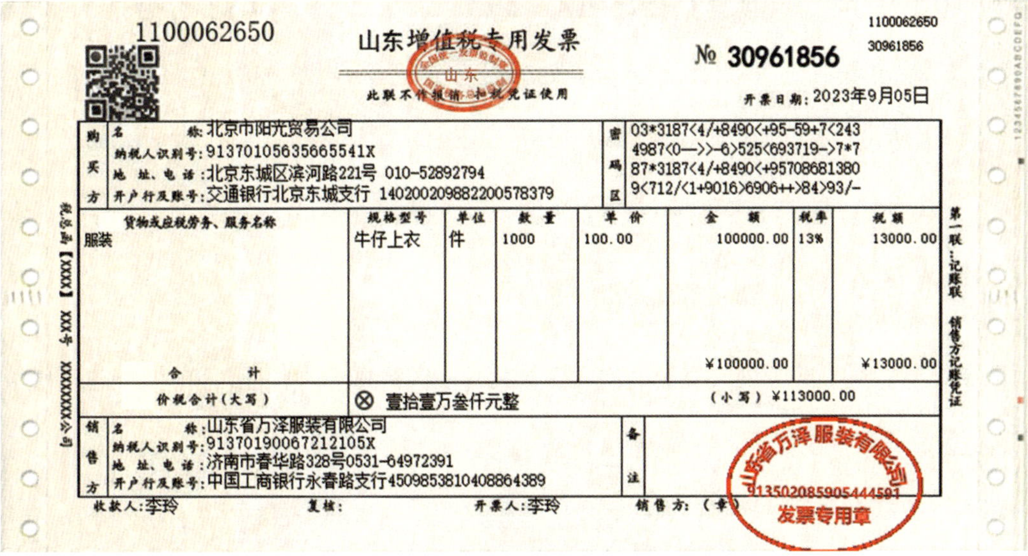

图 4-1-4 增值税专用发票（记账联）

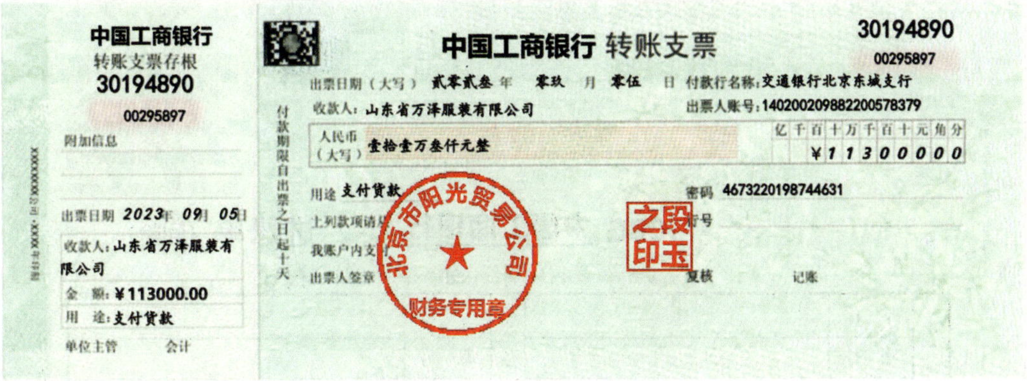

图 4-1-5 转账支票（正联）

知识储备

出纳收到转账支票后，需审核支票的内容，填写进账单，办理收款业务。

一、审核转账支票

出纳接收转账支票，应注意审核以下内容。

（1）支票填写是否清晰，是否用墨汁或碳素墨水笔填写。

（2）收款人名称是否为本单位全称。

（3）支票签发日期是否在10天的付款期内。

（4）金额、日期是否书写正确，中文大写数字与小写数字是否一致。

转账支票收款业务-1

（5）金额、签发日期和收款人有无更改。

（6）签章是否清晰、齐全，出票人签章处加盖的印鉴是否与银行预留印鉴相符。

（7）背书转让的支票其背书是否连续，有无“不得转让”字样。

（8）与开户银行核实，出票人账户中是否有足够的款项划转。

二、进账单

进账单是指持票人或收款人将票据款项存入其开户银行账户的凭证，也是银行将票据款项记入持票人或收款人账户的凭证。

持票人或收款人审核无误后，填写进账单，将支票连同进账单一并交给开户银行办理进账，经银行审核无误后，在进账单的第一联回单联上加盖银行印章，退回持票人或收款人。

进账单一式三联，第一联为回单联（图4-1-6），是开户行交给持（出）票人的回单；第二联为贷方凭证联（图4-1-7），由收款人开户行作为贷方凭证；第三联为收账通知联（图4-1-8），是收款人开户行交给收款人的收账通知。

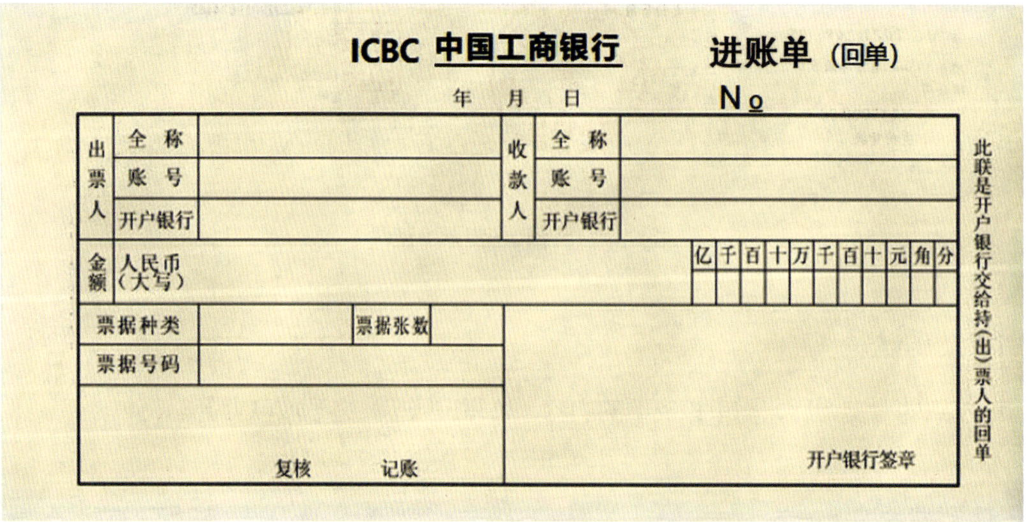
ICBC 中国工商银行　进账单（回单）

年　月　日　No

出票人	全　称		收款人	全　称	
	账　号			账　号	
	开户银行			开户银行	
金额	人民币（大写）			亿 千 百 十 万 千 百 十 元 角 分	
票据种类		票据张数			
票据号码					
复核　记账				开户银行签章	

此联是开户银行交给持（出）票人的回单

图4-1-6　进账单第一联（回单联）

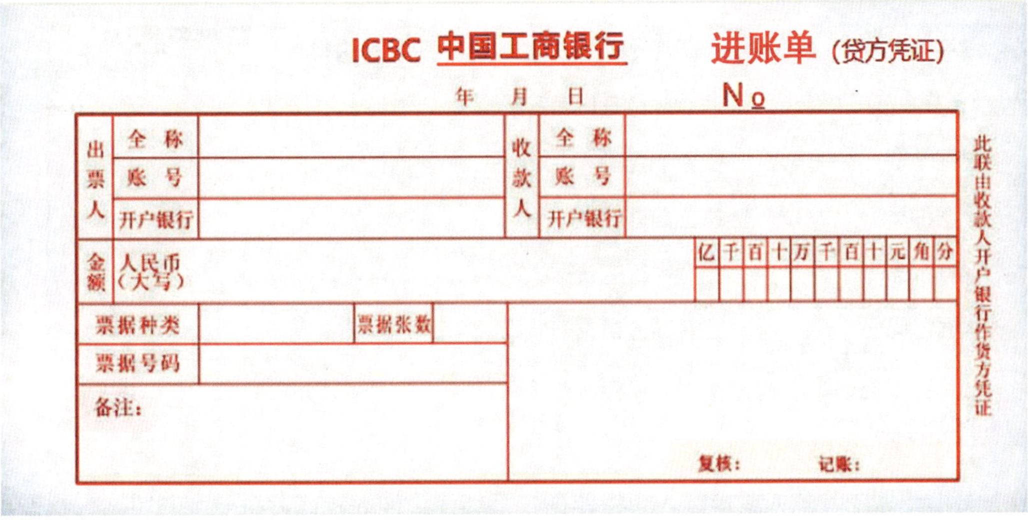
ICBC 中国工商银行　　进账单（贷方凭证）
年　月　日　　No

出票人	全　称		收款人	全　称	
	账　号			账　号	
	开户银行			开户银行	
金额	人民币（大写）				亿 千 百 十 万 千 百 十 元 角 分
票据种类		票据张数			
票据号码					
备注：				复核：　记账：	

此联由收款人开户银行作贷方凭证

图 4-1-7　进账单第二联（贷方凭证联）

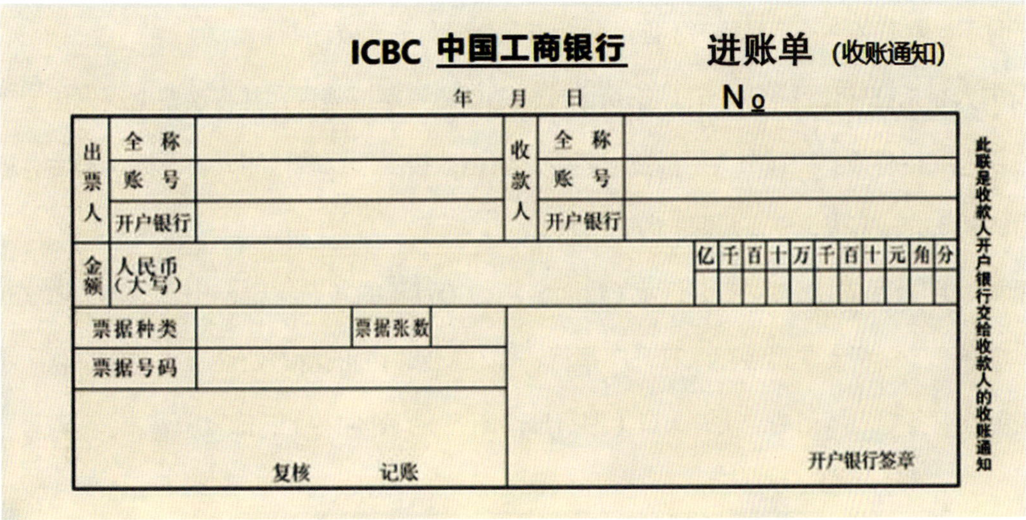
ICBC 中国工商银行　　进账单（收账通知）
年　月　日　　No

出票人	全　称		收款人	全　称	
	账　号			账　号	
	开户银行			开户银行	
金额	人民币（大写）				亿 千 百 十 万 千 百 十 元 角 分
票据种类		票据张数			
票据号码					
复核　记账				开户银行签章	

此联是收款人开户银行交给收款人的收账通知

图 4-1-8　进账单第三联（收账通知联）

进账单填写内容如表4-1-3所示。

表 4-1-3　进账单填写内容

填写项目	具体内容
单据日期	办理进账当天的日期
出票人全称	支票上记载的出票人签章上的名称
出票人账号	支票上记载的出票人账号
出票人开户银行	支票上记载的付款行名称
收款人全称	收款单位的全称
收款人账号	收款单位的银行账号

续表

填写项目	具体内容
收款人开户银行	收款单位开户银行的全称
单据金额	支票的金额
票据种类	根据票据种类填写
票据张数	送存银行的票据张数
票据号码	送存银行票据的号码

三、票据背书

背书是指票据的收款人或持票人为将票据权利转让给他人，或者将一定的票据权利授予他人行使，从而在票据背面或粘贴单上记载有关事项并签章的行为。背书不得记载的内容有两项：一是背书时不得附有条件；二是背书不能部分背书，部分背书无效。

背书人是指在转让票据时，在票据背面或粘贴单上签字或盖章，并将该票据交付给受让人的票据收款人或持有人。被背书人是指被记名受让票据或接受票据转让的人。票据背书后，被背书人成为票据新的持有人，享有票据的所有权利。

例如，甲公司向乙公司签发了一张票面金额为10万元的转账支票，出票日期为2023年9月10日。如果乙公司将支票直接存入其开户银行，需在支票背面的背书处签注"委托收款"字样，并加盖单位财务专用章和法定代表人章（银行预留印鉴）（图4-1-9），即支票背书。

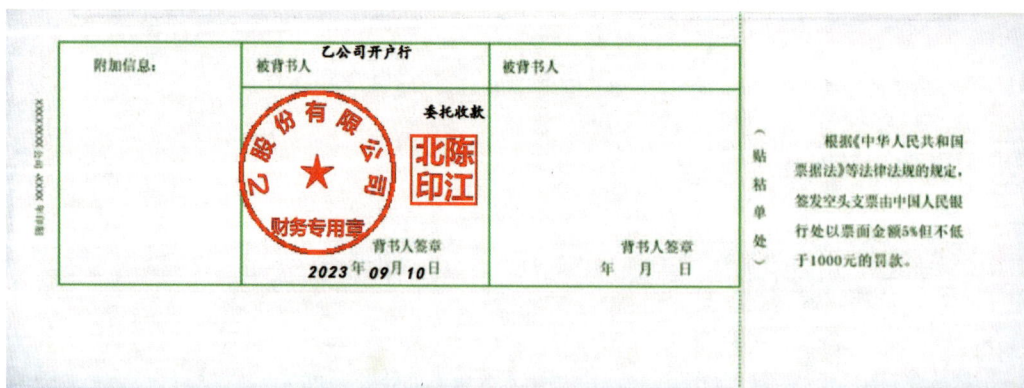

图4-1-9　转账支票（背书）

任务实施

出纳李玲办理转账支票收款的业务流程如下。

步骤一：审核转账支票及收款凭据。

转账支票收款业务-2

出纳收到转账支票，首先应检查各填写项目是否符合规定的要求。

步骤二：转账支票背书。

1. 在转账支票背面的被背书人一栏里，填写本单位开户行全称。

2. 在转账支票背面的背书人签章一栏里，签注"委托收款"字样，并加盖单位财务专用章和法定代表人章（银行预留印鉴）（图4-1-10）。

图 4-1-10　转账支票（背书）

步骤三：填写进账单。

进账单一式三联，第一联为回单联，是开户行交给持（出）票人的回单（图4-1-11）。

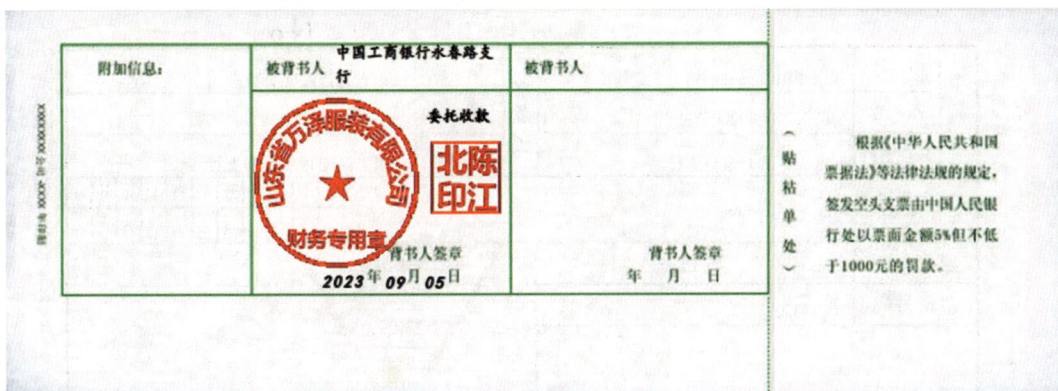

图 4-1-11　进账单（回单联）

> 小提示
>
> 有的银行要求在进账单第二联加盖银行预留印鉴，有的银行不要求加盖印鉴，出纳需提前与开户银行沟通，了解开户银行的要求。

步骤四：出纳去银行办理进账。

出纳将转账支票正联和进账单交给开户银行，委托银行收款。银行受理后，将加盖转讫章的进账单回单联（图4-1-12）或收账通知联交给出纳。

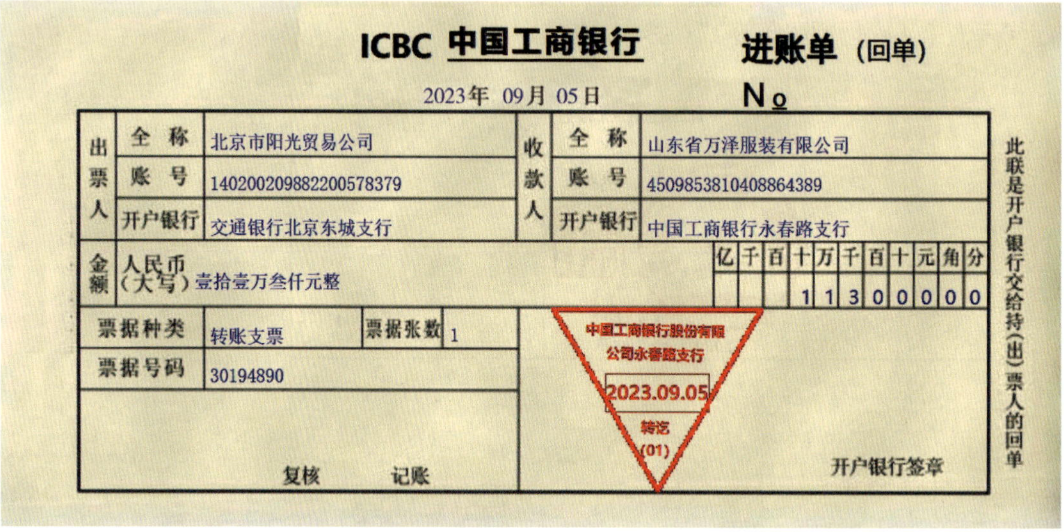
ICBC 中国工商银行　　进账单（回单）

2023年 09月 05日　　No

出票人	全称	北京市阳光贸易公司	收款人	全称	山东省万泽服装有限公司
	账号	140200209882200578379		账号	4509853810408864389
	开户银行	交通银行北京东城支行		开户银行	中国工商银行永春路支行
金额	人民币（大写）壹拾壹万叁仟元整			亿千百十万千百十元角分	1 1 3 0 0 0 0 0
票据种类	转账支票	票据张数 1			
票据号码	30194890				
	复核　记账			开户银行签章	

中国工商银行股份有限公司永春路支行 2023.09.05 转讫 (01)

此联是开户银行交给持（出）票人的回单

图 4-1-12　加盖转讫章的进账单（回单联）

步骤五：会计编制记账凭证。

收款人开户银行办妥进账手续后，通知收款人收款入账，出纳将转账支票的进账单（回单联）和相关单据交由会计编制记账凭证。会计主管对记账凭证进行审核。

步骤六：登记银行存款日记账。

出纳根据审核无误的记账凭证，序时登记银行存款日记账。

巩固提升

一、单项选择题

1. 转账支票（　　）。

A. 只能用于转账　　　　　　　　B. 只能用于支取现金

C. 既可以转账，也可以支取现金　　D. 既不可以转账，也不可以支取现金

2. 不属于支票的分类的是（　　）。

A. 普通支票　　　　B. 现金支票　　　　C. 转账支票　　　　D. 专用支票

3. 某出票人于10月20日签发一张转账支票。对该支票"出票日期"中"月""日"的下列填法中正确的是（　　）。

A. 拾月贰拾日　　　　　　　　　B. 零拾月零拾日

C. 壹拾月贰拾日　　　　　　　　D. 零壹拾月零贰拾日

4. 支票的提示付款期限是（　　）。

A. 自出票日起6个月　　　　　　B. 自出票日起1个月

C. 自出票日起10日　　　　　　　D. 自出票日起15日

5. 下列各项票据中不可以背书转让的是（　　）

A. 现金支票　　　　　　　　　　B. 银行本票

C. 转账支票　　　　　　　　　　D. 商业汇票

二、判断题

1. 票据的出票日期必须使用中文大写，如果大写日期未按要求规范书写的，银行不予受理。（　　）

2. 支票的提示付款期限为自出票日起1个月。（　　）

3. 支票出票人所签发的支票金额不得超过其付款时在付款人处实有的存款金额。（　　）

4. 票据背书转让时，背书可以不连续。（　　）

三、简答题

假如你是企业单位的出纳，你认为填制转账支票的必须记载事项有哪些。

四、业务题

兴大公司为一家食品加工企业，公司全称为"山东兴大股份有限公司"。开户行：中国工商银行新华支行，账号：33011809032591，企业法定代表人为王国亮，出纳为王文文，身份证号：371012197812260602，会计为董龙，会计主管为宋强。

2023年10月6日，兴大公司向山东恒申有限责任公司销售巧克力糖350斤，单价40元，价款14 000元，增值税1 820元，共计15 820元，开具增值税专用发票（图4-1-13），收到转账支票（图4-1-14）。

【资料】

图 4-1-13　增值税专用发票（记账联）

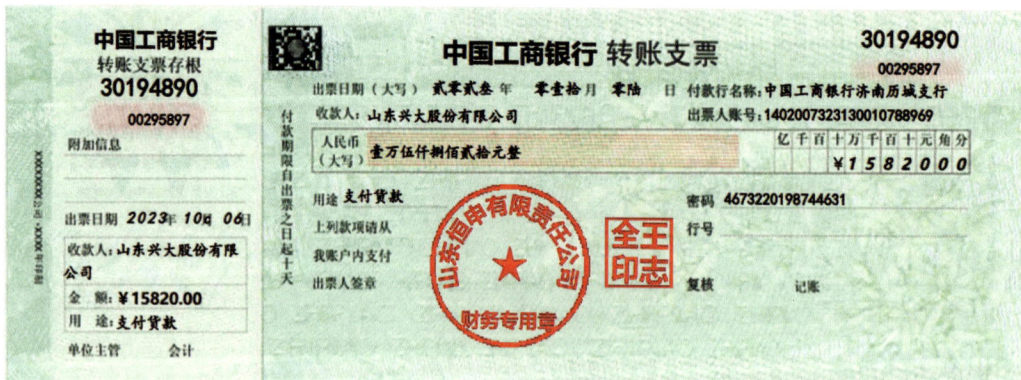

图 4-1-14　转账支票

【要求】　出纳根据以上资料填写进账单（图4-1-15），并模拟进行转账支票收款业务的办理。

ICBC 中国工商银行　　　　进账单（回单）

年　月　日　　　　No

出票人	全　称		收款人	全　称	
	账　号			账　号	
	开户银行			开户银行	
金额	人民币（大写）			亿千百十万千百十元角分	
票据种类		票据张数			
票据号码					
复核　　记账				开户银行签章	

此联是开户银行交给持（出）票人的回单

图 4-1-15　进账单

子任务 2　转账支票付款业务

任务场景

2023年9月15日，万泽公司出纳李玲签发中国工商银行转账支票支付厂房修缮款30 000元，交收款人办理转账结算。收款人为北京实创装饰工程有限公司，账号：6205415912354789651，开户银行：中国工商银行马甸支行。相关业务单据见图4-1-16，出纳李玲需要如何完成转账支票付款业务呢？

山东省增值税电子专用发票

机器编号：158469325121

发票代码：1893142440
发票号码：30974630
开票日期：2023年9月15日
校 验 码：35121 56856 45865 45816

购买方	名　　称：山东省万泽服装有限公司 纳税人识别号：91370190067212105X 地 址、电 话：济南市春华路328号 开户行及账号：中国工商银行永春路支行 4509853810408864389	密码区	03*3187<4/+8490<+95-59+7<243 4987<0-->>-6>525<645716->7*7 87*3187<4/+8490<+9570568l780 9<712/<1+9016>6502++>82>93/-

项目名称	规格型号	单位	数量	单价	金额	税率	税额
基建工程	修缮	宗	1	27522.94	27522.94	9%	2477.06
中							
合　计					¥27522.94		¥2477.06
价税合计（大写）	⊗叁万元整				（小写）¥30000.00		

销售方	名　　称：北京实创装饰工程有限公司 纳税人识别号：911195722849293407 地 址、电 话：济南市历城区旅游路25号 开户行及账号：中国工商银行马甸支行 6205415912354789651	备注	

收款人：　　　复核：　　　开票人：

图 4-1-16　增值税专用发票（发票联）

知识储备

签发转账支票的注意事项如下。

（1）整张支票填写应准确无误，否则该支票作废；签发转账支票的同时，登记"支票领用登记簿"。

（2）支票左下方的空白处加盖本单位的银行预留印鉴（一般是单位财务专用章及法定代表人章）。

（3）已签发的转账支票遗失，银行不受理挂失，可请求收款人共同防范。但是已签发的现金支票遗失，可以向银行申请挂失，挂失前已经支付的，银行不予受理。

（4）转账支票可以根据需要在票据交换区域内背书转让，背书是指在票据背面记载有关事项并签章的票据行为。

转账支票付款业务-1

任务实施

出纳李玲办理转账支票付款业务的流程如下。

步骤一：审核支票请领单，查询银行余额。

出纳审核由持票人填制的支票请领单（表4-1-4），并查询企业基本存款账户的余额，以防止签发空头支票。在确定银行存款余额大于拟转账的金额时才可签发转账支票。

转账支票付款业务-2

表 4-1-4　山东省万泽服装有限公司支票领取申请表

收款单位	北京实创装饰工程有限公司		
支票用途	支付厂房修缮款	支票号码	56369901
支票金额	人民币（大写）：叁万元整	¥30000.00	
备注		领导审批	何晓东

步骤二：登记转账支票领用登记簿。

转账支票使用前应先将转账支票的基础信息登记在支票领用登记簿上（图4-1-17）。

支票领用登记簿

支票类别：转账支票　　　　　　　　2023 年 9 月　　　　银行账号：4509853810408864389

日期		支票号码	支票用途	金额										领用人	报销日期		备注
月	日			千	百	十	万	千	百	十	元	角	分		月	日	
9	15	56369901	支付厂房修缮款				3	0	0	0	0	0	0	李玲			

图 4-1-17　转账支票领用登记簿

步骤三：填写转账支票。

转账支票的填写同现金支票一样，要求严格。转账支票由支票正联和存根联（图4-1-18）组成，各个部分信息的填写方法和要求各不相同。

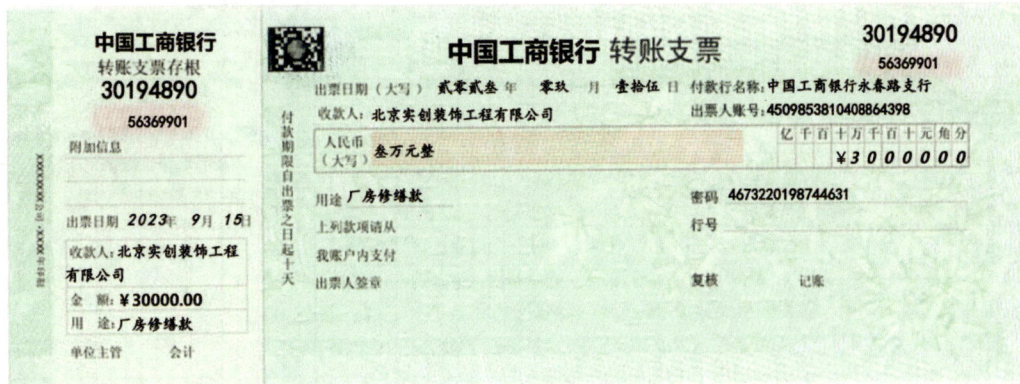

图 4-1-18　转账支票

> 🔔 **小提示**
>
> 　支票可以用手写的方式进行填写，也可以用支票打印机打印，填写务必规范完整。

步骤四：盖章审批。

转账支票填写完毕，在转账支票正联上加盖财务专用章和法定代表人章（图4-1-19）。将支票正联交给领票人，留存支票存根联。

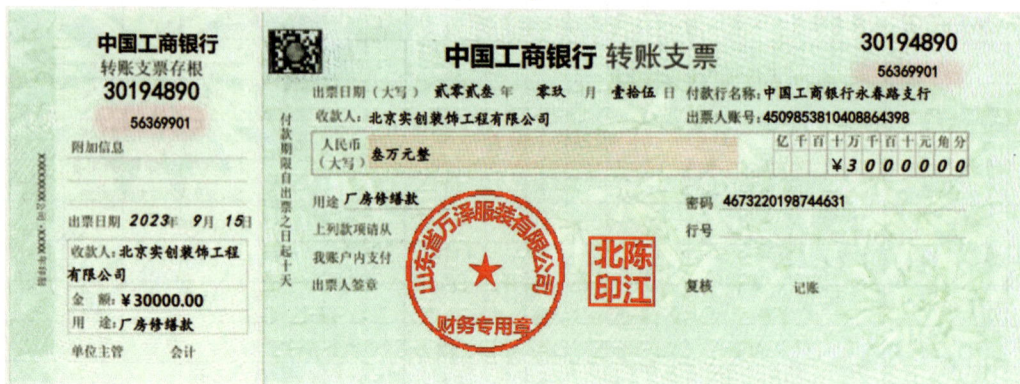

图 4-1-19　加盖银行预留印鉴的转账支票

步骤五：编制记账凭证。

出纳将发票和支票存根交由会计编制记账凭证。会计主管对记账凭证进行审核。

步骤六：登记银行存款日记账。

出纳根据会计主管审核通过的记账凭证登记银行存款日记账（图4-1-20）。

图 4-1-20　银行存款日记账

直击大赛 ●

在智能财税大赛中，转账支票的填写是模拟实际业务中支票的开具过程。参赛者首先需要理解转账支票的基本构成，包括收款人、出票人、金额、日期、用途等关键信息。在填写时，应确保信息的准确性，特别是收款人名称、账号和开户行信息，以及转账金额的大小写。同时，还需注意支票的背书和签章要求，确保符合银行规定。转账支票填写完成后进入审核流程。参赛者需要模拟财务部门的审核过程，检查支票的各项信息是否完整、准确，以及是否符合公司的财务政策和流程。审核人员应特别注意支票的签章和背书是否规范等情况。审核通过后进入财税处理环节。参赛者需要根据税务政策和会计准则，对转账支票进行相应的财税处理。

巩固提升 ●

一、单项选择题

1. 既可以用于转账又可以支取现金的支票是（　　）。

A. 现金支票　　　　　B. 转账支票　　　　　C. 普通支票　　　　　D. 划线支票

2. 九江公司出纳李某于2019年2月10日签发了一张转账支票，转账支票上日期填写正确的是（　　）。

A. 贰零壹玖年贰月拾日　　　　　　　　B. 贰零壹玖年零贰月壹拾日

C. 贰零壹玖年零贰月零壹拾日　　　　　D. 贰零壹玖年贰月壹拾日

3. 下列选项中使用中文大写填写票据出票日期时应在其前面加"零"的月份包括（　　）。

A. 壹月　　　　　B. 贰月　　　　　C. 叁月　　　　　D. 壹拾月

4. 禁止签发的支票包括（　　）。

A. 未记载付款地的支票　　　　　　　　B. 未记载金额的支票

C. 空头支票　　　　　　　　　　　　　D. 与预留印鉴不符的支票

5. 2019年10月20日甲公司向乙公司签发一张金额为3万元的支票，乙公司10月22日向付款人提示付款时，甲公司在其开户银行处实有的银行存款余额为5 000元。对此，银行应予退票，并对甲公司处以（　　）元的罚款。

A. 1 500　　　　　B. 1 000　　　　　C. 300　　　　　D. 250

二、简答题

1. 已签发的转账支票遗失了可以挂失吗？

2. 出纳不小心将转账日期写错了，可以涂改吗？

3. 签发转账支票需加盖的银行预留印鉴有哪些？

三、业务题

兴大公司为一家食品加工企业，公司全称为"山东兴大股份有限公司"。开户行：中国工商银行新华支行，账号：33011809032591，企业法定代表人为王国亮，出纳为王文文，身份证号：371012197812260602，会计为董龙，会计主管为宋强。

2023年10月12日，兴大公司出纳王文文开出增值税专用发票一张（图4-1-21），向山东蓝海股份有限公司支付仓库改造工程款196 200元。

【资料】

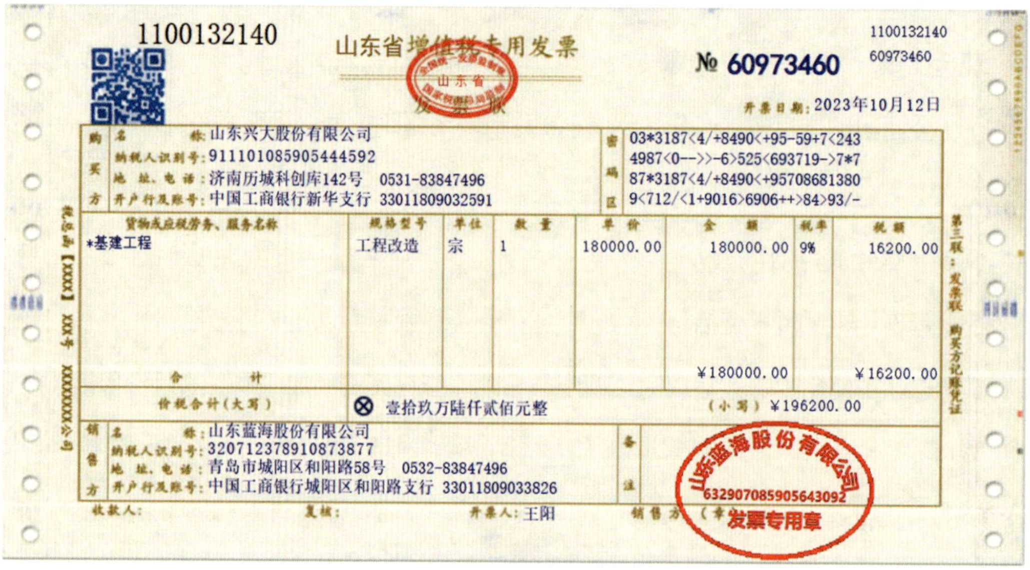

图 4-1-21　增值税专用发票（发票联）

【要求】根据以上资料签发转账支票一张（图4-1-22）。

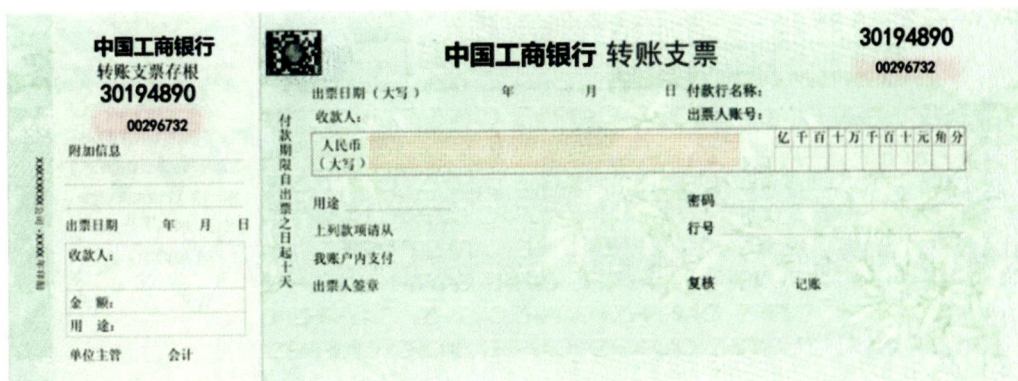

图 4-1-22 转账支票

💬 • 任务评价 •

本任务考核采用百分制，采取过程考核与结果考核相结合的原则，注重技能考核。

过程考核（40%）				结果考核（60%）	
职业态度	组织纪律	学生互评	实训练习	考核项目	分值
根据学生课堂表现，采取扣分制	考勤与课堂纪律	小组内同学互评，组间互评	教师根据学生提交的实训报告情况进行评价	转账支票的概念	10
				进账单的填写	10
				转账支票收款的流程	10
				签发转账支票的注意事项	10
				转账支票的填写	10
				转账支票付款的流程	10

任务二 电汇结算业务

📖 学习目标

1. 掌握电汇的收款业务和付款业务办理流程。

2. 能够准确填写电汇的收付款业务凭证并在具体实例中灵活运用。

3. 培养在实践中的实际操作能力，增强专业学习信心。

子任务1 电汇收款业务

任务场景

2023年9月18日，万泽公司出纳李玲收到银行转来的电汇收账通知，收到山东万锦有限公司欠款50 000元。出纳李玲如何根据收到的电汇凭证进行收款呢？

知识储备

收款人领取汇款的规定如下。

第一，收款人已在银行开立存款账户的，汇入银行会将款项直接转入该企业账户，并向其发出电汇回单。对银行转来的电汇凭证需要认真审核以下内容：

（1）收款人是否为本单位；

（2）名称和账号是否与本单位一致；

（3）汇款金额是否与应收金额一致；

（4）汇款用途是否正确；

（5）汇入行是否加盖银行印鉴。

第二，收款人未在银行开立存款账户的，凭电汇的取款通知或注明"留行待取"字样的电汇凭证，在向汇入行支取款项时，必须执行如下操作：

（1）交验本人的身份证；

（2）电汇凭证上注明证件名称、号码及发证机关；

（3）在"收款人签章"处签名或盖章；

（4）留行待取的汇款，需要指定单位收款人领取汇款的，应注明收款人的单位名称。

第三，收款人需要转账支付时，应按照下列程序进行：

（1）由原收款人向银行填制支款凭证；

（2）由本人交验其身份证办理支付款项。

需要注意的是：该账户的款项只能转入单位或个体工商户的存款账户，严禁转入储蓄卡或信用卡账户。

电汇收款业务

第四，汇兑现金时，电汇凭证上必须有按规定填写的“现金”字样才能办理。具体遵循以下步骤：

（1）收款人向汇入行交身份证等有效证件和资金汇划补充凭证，汇入行审核无误后，一次性办理现金支付手续；

（2）未填明“现金”字样，需要支取现金的，由汇入银行按国家现金管理规定审查支付。

小提示

留行待取的规定：汇款人将款项汇往异地需要派人领取的，办理汇款时，应在签发的汇兑凭证联的“收款人账号或地址栏”注明“留行待取”字样。

任务实施

出纳李玲办理电汇收款的业务流程如下。

步骤一：审核电汇凭证。

在银行开立存款账户的收款人，收到银行转来的电汇凭证（图4-2-1）时，出纳要认真核对凭证上的相关内容。

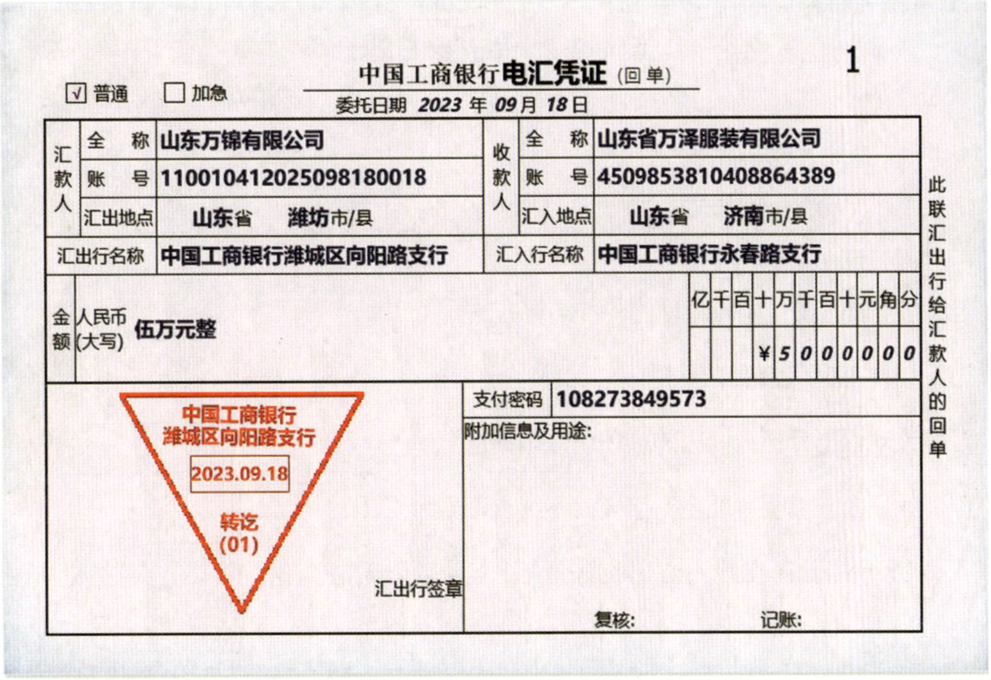

中国工商银行**电汇凭证**（回单） 1

☑ 普通 ☐ 加急

委托日期 2023 年 09 月 18 日

汇款人	全称	山东万锦有限公司	收款人	全称	山东省万泽服装有限公司
	账号	110010412025098180018		账号	4509853810408864389
	汇出地点	山东省 潍坊市/县		汇入地点	山东省 济南市/县
汇出行名称		中国工商银行潍城区向阳路支行	汇入行名称		中国工商银行永春路支行
金额	人民币（大写）	伍万元整	亿千百十万千百十元角分		¥5000000

支付密码 108273849573

附加信息及用途：

中国工商银行潍城区向阳路支行 2023.09.18 转讫 (01)

汇出行签章

复核： 记账：

此联汇出行给汇款人的回单

图 4-2-1 电汇凭证（回单联）

步骤二：编制记账凭证。

经核对无误，出纳将收到的电汇凭证收账通知交由会计编制记账凭证。会计主管对记账凭证进行审核。

步骤三：登记银行存款日记账。

出纳根据审核无误的记账凭证，序时登记银行存款日记账（图4-2-2）。记账凭证中记账栏画上记账符号"√"，并在记账凭证的下方加盖记账人名章。

第 12 页

银行存款日记账

开户行：中国工商银行永春路支行
账　号：4509853810408864389

2023年		凭证		支票号码	摘要	对方科目	收入（借方金额）亿千百十万千百十元角分	支出（贷方金额）亿千百十万千百十元角分	余额（结存余额）亿千百十万千百十元角分	核对
月	日	种类	号数							
9	01				期初余额				3 0 0 0 0 0 0	☐
9	05	记	21		取现		1 1 3 0 0 0 0		4 1 3 0 0 0 0	☐
9	15	记	43		支付修缮款			3 0 0 0 0 0 0	1 1 3 0 0 0 0	☐
9	18	记	68		收到销售货款		5 0 0 0 0 0 0		6 1 3 0 0 0 0	☐

图 4-2-2　银行存款日记账

巩固提升

一、判断题

1. 电汇是汇款人支付同城款项的一种结算方式。（　　）

2. 电汇结算有起点金额的限制。（　　）

3. 汇款人对汇出行已经汇出的款项可以申请退汇。（　　）

4. 电汇凭证上未填明"现金"字样，不得支取现金。（　　）

5. 汇入银行对于向收款人发出收账通知1个月后仍无法交付的汇款，应主动办理退汇。（　　）

二、简答题

1. 办理电汇时金额填写错了，如把30 000元写成了80 000元，可以申请退回吗？

2. 电汇凭证上的收款方名称填写错了，该怎么处理？

3. 电汇凭证上需要加盖银行预留印鉴吗？

三、业务题

兴大公司为一家食品加工企业，公司全称为“山东兴大股份有限公司”。开户行：中国工商银行新华支行，账号：33011809032591，企业法定代表人为王国亮，出纳为王文文，身份证号：371012197812260602，会计为董龙，会计主管为宋强。

2023年10月19日，兴大公司向山东龙腾有限责任公司销售价值226 000元的商品一批，开具增值税专用发票（图4-2-3），商品已发运，采用电汇方式划款。山东兴大股份有限公司收到开户行电汇凭证回单（图4-2-4）。

【资料】

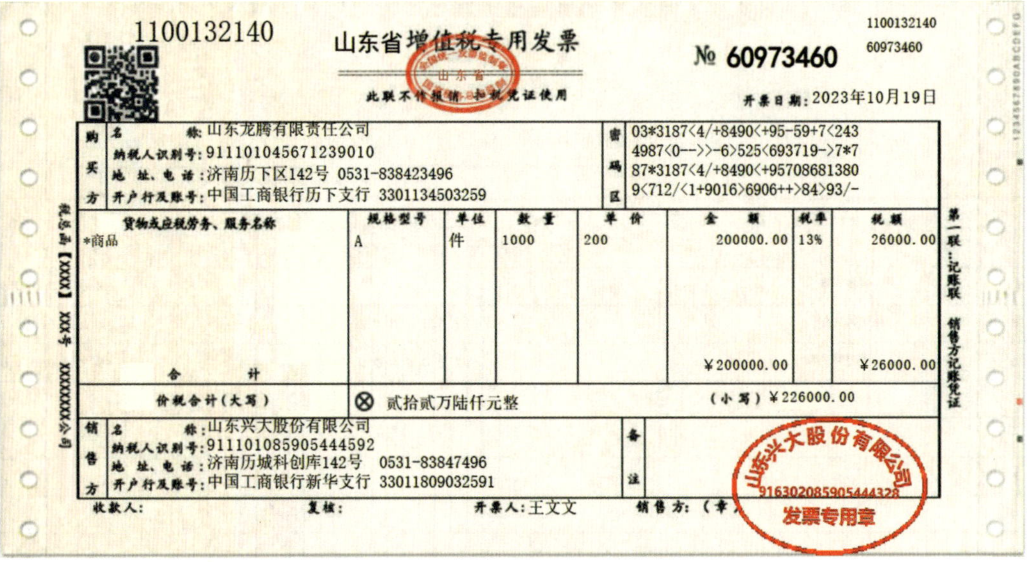

1100132140　山东省增值税专用发票　№ 60973460　1100132140　60973460

此联不作报销、扣税凭证使用　开票日期：2023年10月19日

购买方　名称：山东龙腾有限责任公司
纳税人识别号：911101045671239010
地址、电话：济南历下区142号 0531-838423496
开户行及账号：中国工商银行历下支行 3301134503259

密码区
03*3187<4/+8490<+95-59+7<243
4987<0-->>-6>525<693719->7*7
87*3187<4/+8490<+95708681380
9<712/<1+9016>6906++>84>93/-

货物或应税劳务、服务名称	规格型号	单位	数量	单价	金额	税率	税额
*商品	A	件	1000	200	200000.00	13%	26000.00
合计					¥200000.00		¥26000.00

价税合计（大写）⊗贰拾贰万陆仟元整　（小写）¥226000.00

销售方　名称：山东兴大股份有限公司
纳税人识别号：911101085905444592
地址、电话：济南历城科创库142号　0531-83847496
开户行及账号：中国工商银行新华支行 33011809032591

备注

收款人：　复核：　开票人：王文文　销售方：（章）

第一联：记账联　销售方记账凭证

图 4-2-3　增值税专用发票（记账联）

图 4-2-4　电汇凭证（回单联）

【要求】根据以上资料审核电汇凭证，并登记银行存款日记账（图4-2-5）。

第 12 页

银行存款日记账

开户行 中国工商银行新华支行

账 号 33011809032591

2023年		凭证		支票号码	摘　要	对方科目	收入（借方金额）											支出（贷方金额）											余额（结存余额）											核对
月	日	种类	号数				亿	千	百	十	万	千	百	十	元	角	分	亿	千	百	十	万	千	百	十	元	角	分	亿	千	百	十	万	千	百	十	元	角	分	
09	1				期初余额																												4	0	0	0	0	0	0	☐
09	06	记	21		存入现金					1	0	3	0	0	0	0																	5	0	3	0	0	0	0	☐
09	16	记	68		收到销售款					1	2	0	0	0	0	0																	6	2	3	0	0	0	0	☐
																																								☐
																																								☐
																																								☐
																																								☐
																																								☐
																																								☐
																																								☐
																																								☐
																																								☐
																																								☐
																																								☐
																																								☐
																																								☐

图 4-2-5　银行存款日记账

子任务 2　电汇付款业务

任务场景

2023年9月25日，万泽公司采用电汇结算方式向山东锦绣有限公司采购高档面料100匹，每匹300元，共计30 000元，取得增值税专用发票一张（图4-2-6）。出纳李玲需要如何完成电汇结算工作呢？

图 4-2-6　增值税专用发票（发票联）

知识储备

汇款单位以电汇方式办理汇款时，应填制一式三联的电汇凭证，并在第二联上加盖银行预留印鉴，提交给开户银行。签发电汇凭证应记载下列事项。

电汇付款业务

（1）必须记载的事项有：①表明"电汇"的字样；②无条件支付的委托；③确定的金额；④收款人名称；⑤汇款人名称；⑥汇入地点、汇入行名称和账号；⑦汇出地点、汇出行名称和账号；⑧委托日期；⑨汇款人签章。

（2）其他记载事项有：①电汇选择的方式，可以选择普通或加急；②附加信息及用途，可填可不填；③支付密码。

（3）汇款人和收款人都是单位时，应在银行开立存款账户，填制汇兑凭证时，必须记载单位的银行账号。

（4）委托日期是指汇款人向汇出银行提交汇兑凭证的当日，使用小写数字填写。

（5）大小写金额要一致，要符合中国人民银行规定的票据填写规范。

（6）若付款方设置了密码，则填写所设置的密码。

（7）填写需要说明的事项或汇款的用途，如支取现金、留行待取、分次支付、转汇等信息。

任务实施

出纳李玲办理电汇付款业务的流程如下。

步骤一：查询存款余额。

出纳在办理电汇业务前，先要查询银行的存款余额是否足够支付，如果余额不足，银行不予受理。

步骤二：填写电汇凭证并审核盖章。

出纳在使用电汇结算时，一定要先获得对方的开户银行信息和账号才能办理。出纳填写完电汇凭证后，应交给相关人员审核并加盖银行预留印鉴（图4-2-7）。印鉴必须清晰，否则银行不予办理。

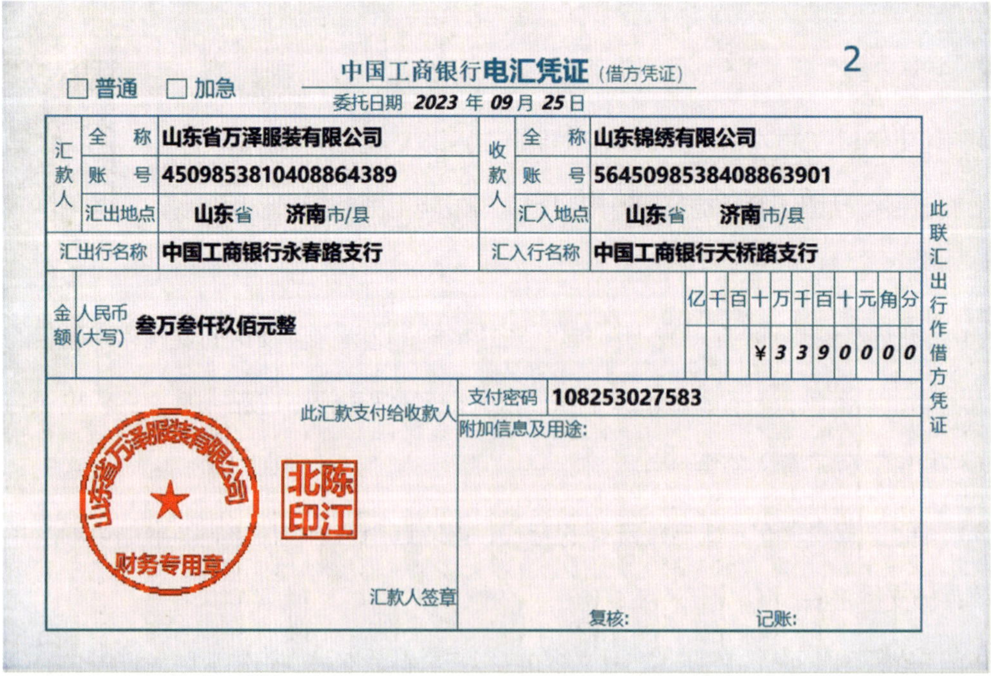
□普通 □加急
中国工商银行电汇凭证（借方凭证） 2
委托日期 2023 年 09 月 25 日

汇款人	全 称	山东省万泽服装有限公司	收款人	全 称	山东锦绣有限公司
	账 号	4509853810408864389		账 号	5645098538408863901
	汇出地点	山东省 济南市/县		汇入地点	山东省 济南市/县
汇出行名称		中国工商银行永春路支行	汇入行名称		中国工商银行天桥路支行
金额	人民币（大写）	叁万叁仟玖佰元整	亿千百十万千百十元角分		¥3390000
此汇款支付给收款人			支付密码		108253027583
汇款人签章			附加信息及用途：		复核： 记账：

图 4-2-7 电汇凭证（加盖银行预留印鉴）

小提示

电汇凭证如果填写错误，只需直接撕毁丢弃，然后重新填写一份即可。

步骤三：银行办理并取回单。

出纳将电汇的办理手续准备完毕后，就可以去银行进行办理。将单据和款项交与银行，银行受理完该业务后，将加盖银行章的电汇凭证回单联（图4-2-8）交给出纳。

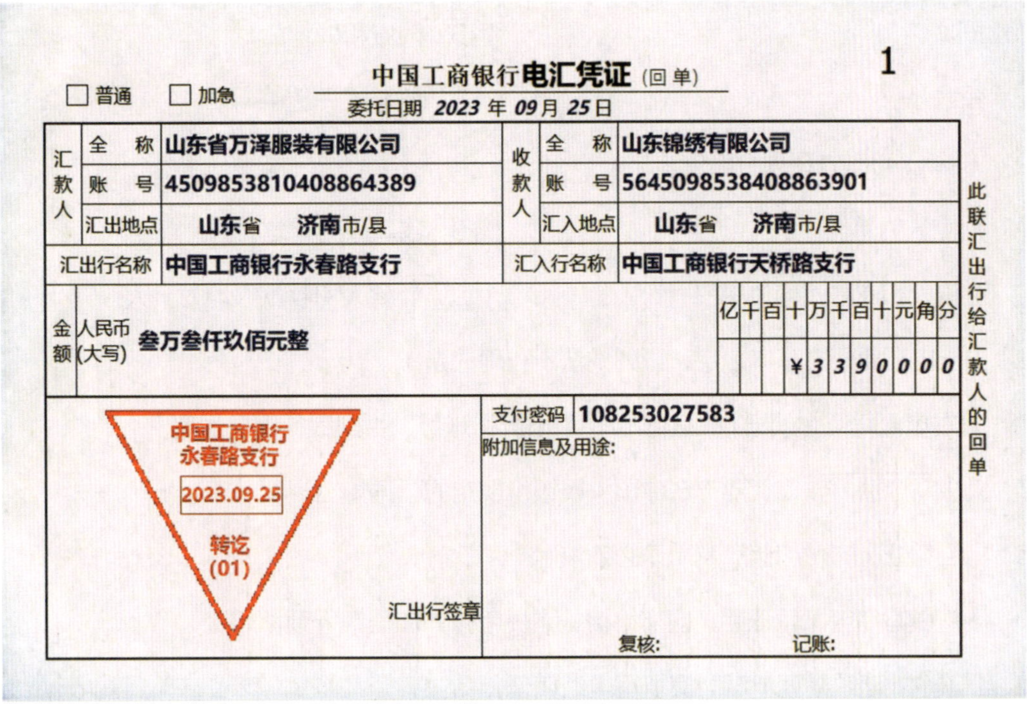

中国工商银行**电汇凭证**（回单） 1

□普通 □加急

委托日期 2023 年 09 月 25 日

汇款人	全称	山东省万泽服装有限公司	收款人	全称	山东锦绣有限公司
	账号	4509853810408864389		账号	5645098538408863901
	汇出地点	山东省 济南市/县		汇入地点	山东省 济南市/县
汇出行名称		中国工商银行永春路支行	汇入行名称		中国工商银行天桥路支行
金额	人民币（大写）	叁万叁仟玖佰元整	亿千百十万千百十元角分		¥3390000

中国工商银行永春路支行 2023.09.25 转讫（01）

汇出行签章

支付密码 108253027583

附加信息及用途：

复核： 记账：

此联汇出行给汇款人的回单

图 4-2-8 电汇凭证（回单联）

步骤四：编制记账凭证并审核。

出纳将电汇凭证回单联交由会计编制记账凭证，会计主管审核记账凭证。

步骤五：登记银行存款日记账。

出纳根据审核无误的记账凭证，序时登记银行存款日记账。同时在记账凭证记账栏画上记账符号“√”，并在记账凭证的下方加盖记账人名章。

直击大赛

在智能财税大赛中，电汇业务操作涉及多个关键步骤。首先，需准备完整准确的汇款资料。其次，选择合适的银行作为汇款通道。随后，填写电汇申请表格并完成汇款操作。银行内部将进行严格的审核与资金转移，确保交易安全。同时，及时通知收款方并提供查询服务。在整个过程中，需严格控制风险并进行相关合规操作，确保电汇业务的顺利进行。

巩固提升

一、单项选择题

1. 电汇结算方式适用于（ ）之间的各种款项结算。

A. 同城

B. 同城和异地

C. 异地

D. 同城或异地

2. （ ）可以办理现金汇兑。

A. 汇款人为单位

B. 收款人为单位

C. 汇款人和收款人均为单位

D. 汇款人和收款人均为个人

3. 关于电汇凭证的基本规定，下列说法不正确的是（ ）。

A. 签发电汇凭证必须记载汇出地点、汇出行和账号，否则银行不予受理

B. 大小写金额要一致，要符合中国人民银行规定的票据填写规范

C. 电汇凭证上的附加信息及用途必须填写

D. 出纳填写完电汇凭证后，应交给相关人员审核并加盖银行预留印鉴

4. 汇款企业出纳办理电汇时应填写电汇凭证（ ）。

A. 一式三联

B. 一式四联

C. 一式五联

D. 一式六联

5. 使用电汇结算的特点是（ ）。

A. 费用高、时间短

B. 费用高、时间长

C. 费用低、时间短

D. 费用低、时间长

二、简答题

1. 电汇凭证上要加盖银行预留印鉴吗？

2. 电汇与网上转账有什么区别？

3. 办理电汇付款业务需要哪些流程？

任务评价

本任务考核采用百分制，采取过程考核与结果考核相结合的原则，注重技能考核。

过程考核（40%）				结果考核（60%）	
职业态度	组织纪律	学生互评	实训练习	考核项目	分值
根据学生课堂表现，采取扣分制	考勤与课堂纪律	小组内同学互评，组间互评	教师根据学生提交的实训报告情况进行评价	电汇凭证的相关概念	10
				电汇凭证的填写	10
				电汇凭证的收款流程	20
				电汇凭证的付款流程	20

任务三　银行本票结算业务

学习目标

1. 掌握银行本票相关概念、种类、记载事项及基本规定。

2. 掌握银行本票收付款业务的处理。

3. 熟练运用银行本票进行收付款业务的操作。

4. 培养审慎合规的意识及严谨操作的职业习惯。

5. 熟悉财经法规，养成细心精确、独立公正的职业精神。

知识储备

银行本票是申请人将款项交存银行，由银行签发的承诺自己在见票时无条件支付确定的金额给收款人或持票人的票据。银行本票适用于单位和个人在同城范围内的商品交易、劳务供应及其他款项间的结算。银行本票可以用于转账，注明"现金"字样的银行本票可以用于支取现金，但是申请人或收款人为单位的，不得申请签发"现金"银行本票。

银行本票结算业务

一、银行本票的种类

银行本票按其金额是否固定分为不定额和定额两种。

不定额银行本票是指凭证上金额栏是空白的，签发时根据实际需要填写金额（起点金额为100

元），并用压数机压印金额的银行本票。不定额银行本票一式两联，第一联是卡片联，由出票行留存，结清本票时作借方凭证的附件；第二联为本票联（图4-3-1），出票行结清本票时用作借方凭证。

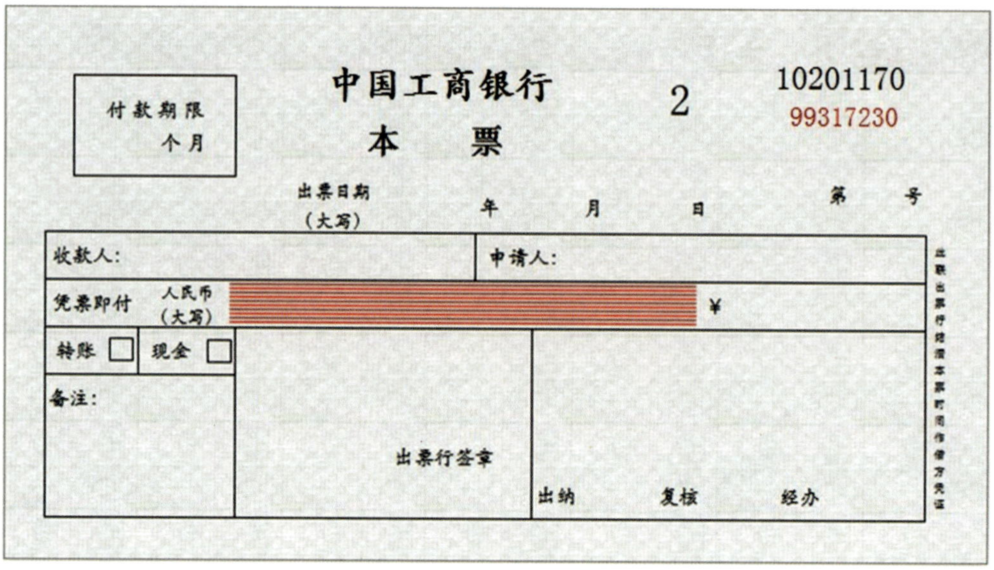
付款期限 个月

中国工商银行 本 票 2

10201170
99317230

出票日期（大写） 年 月 日 第 号

收款人： 申请人：

凭票即付 人民币（大写） ¥

转账 □ 现金 □

备注：

出票行签章

出纳 复核 经办

此联出票行结清本票时作借方凭证

图4-3-1 不定额银行本票

定额银行本票（一式一联）是指凭证上预先印有固定面额的票据。定额银行本票面额有1 000元、5 000元、10 000元和50 000元。

二、银行本票的记载事项

（1）表明“银行本票”字样。

（2）无条件支付的承诺。

（3）确定的金额。

（4）收款人名称。

（5）出票日期。

（6）出票人签章。

欠缺上述记载事项之一的，银行本票无效。

三、银行本票结算的基本规定

（1）银行本票的提示付款期限自出票日起最长不得超过2个月，逾期的银行本票，兑付银行不予受理，但可以在签发银行办理退款。

（2）银行本票一律记名，本票上注明收款人。

（3）银行本票允许背书转让，转让方称为背书人，接收方称为被背书人。

（4）不允许签发远期票据，提示付款期限为自出票日起两个月。

（5）银行本票见票即付。

四、银行本票的退款和丧失

申请人因银行本票超过提示付款期限或其他原因要求退款时，应将银行本票提交到出票银行。申请人为单位的，应出具该单位的证明；申请人为个人的，应出具本人的身份证件。出票银行对于在本行开立存款账户的申请人，只能将款项转入原申请人账户；对于现金银行本票和未在本行开立存款账户的申请人，才能退付现金。

银行本票丧失，失票人可以凭人民法院出具的其享有票据权利的证明，向出票银行请求付款或退款。

子任务 1 银行本票收款业务

任务场景

2023年10月10日，万泽公司销售给万华公司一批服装，货款50 000元。万华公司开具了一张银行本票（图4-3-2）用于支付货款，万泽公司销售员陈海通立刻将收到的银行本票送交李玲，李玲携带陈海通送来的银行本票到银行办理进账手续。出纳李玲应该如何完成银行本票的收款呢?

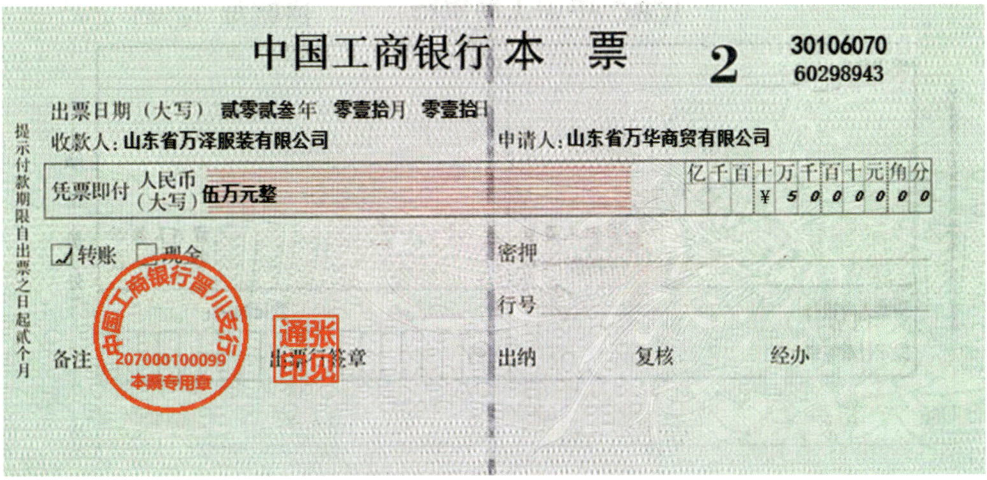
中国工商银行 本 票 2 30106070 60298943

提示付款期限自出票之日起贰个月

出票日期（大写） 贰零贰叁年 零壹拾月 零壹拾日

收款人：山东省万泽服装有限公司　　申请人：山东省万华商贸有限公司

凭票即付	人民币（大写）伍万元整	亿	千	百	十	万	千	百	十	元	角	分
					¥	5	0	0	0	0	0	0

☑转账 ☐现金　　密押

中国工商银行晋川支行 207000100099 本票专用章　　行号

备注　　出票行签章　通张印见　　出纳　复核　经办

图 4-3-2 银行本票

知识储备

出纳收到银行本票后，审核本票的内容，填写进账单，办理收款业务。

出纳审核的内容包括以下内容。

（1）银行本票上的收款单位或被背书人是否为本单位、背书是否连续。

（2）银行本票是否在提示付款期限内。

（3）必须记载的事项是否齐全。

（4）出票人签章是否符合规定，大小写出票金额是否一致。

（5）出票金额、出票日期、收款人名称是否更改，更改的其他记载事项是否由原记载人签章证明。

任务实施

出纳李玲办理银行本票收款业务的流程如下。

步骤一：审核银行本票。

出纳审核收到的银行本票所记载的收款单位或被背书人名称、印鉴、金额及付款期限等内容是否完整、准确。

步骤二：填写进账单。

出纳填写进账单（图4-3-3）。

图 4-3-3 进账单

步骤三：出纳去银行办理进账。

出纳将银行本票连同进账单一并送交银行办理。银行受理后，将加盖银行转讫章的进账单回单联交给出纳（图4-3-4）。

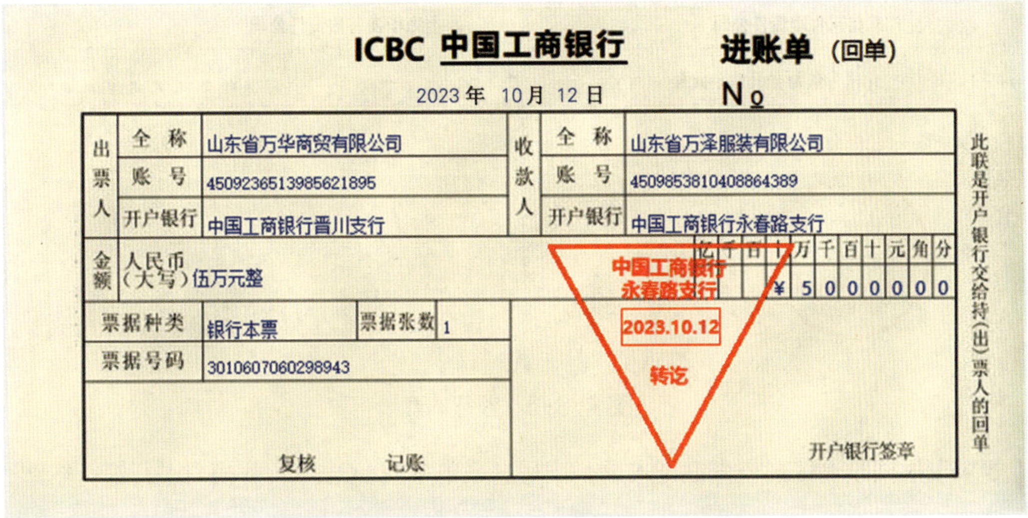
ICBC 中国工商银行　　进账单（回单）

2023年 10月 12日　　No

出票人	全称	山东省万华商贸有限公司	收款人	全称	山东省万泽服装有限公司
	账号	4509236513985621895		账号	4509853810408864389
	开户银行	中国工商银行晋川支行		开户银行	中国工商银行永春路支行
金额	人民币（大写）伍万元整			亿千百十万千百十元角分	¥5000000
票据种类	银行本票	票据张数	1		
票据号码	3010607060298943				
复核　记账				开户银行签章	

图 4-3-4　加盖转讫章的进账单（回单联）

步骤四：会计编制记账凭证。

出纳将进账单回单联、开具的销售发票存根联交由会计填制记账凭证。会计主管对记账凭证进行审核。

步骤五：出纳登记银行存款日记账。

出纳根据审核无误的记账凭证登记银行存款日记账。

巩固提升

广东商远公司是一家食品加工企业，公司全称为“广东商远有限责任公司”。开户银行：中国工商银行潍州支行，账号：3310645182092123179，公司法定代表人为李丽，出纳为李瑶，身份证号：440000199206031326，会计为李红，会计主管为李慧琳。

2023年10月21日，商远公司销售给上海华强有限责任公司一批原料，出纳李瑶收到华强公司交来的银行本票（图4-3-5）用于偿还货款，金额33 900元，李瑶将其送存银行。

【资料】

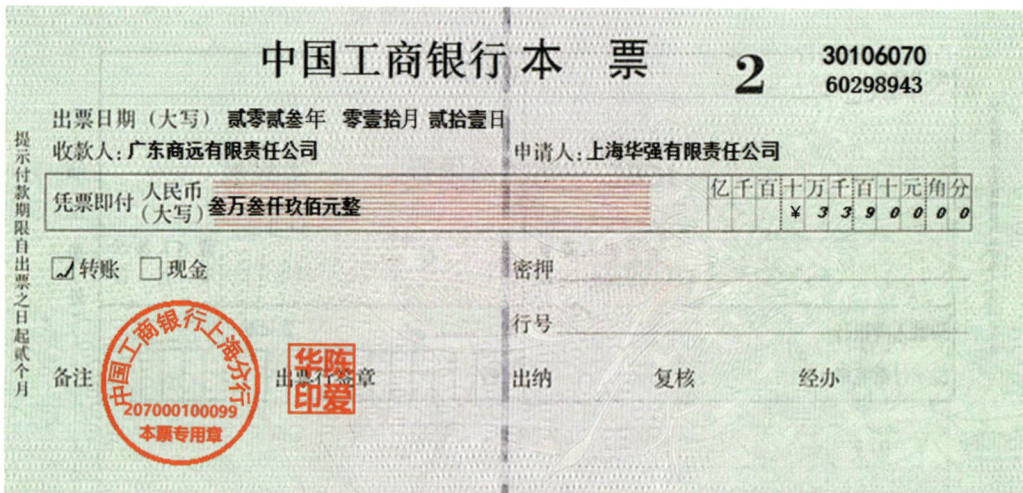

图 4-3-5　银行本票

【要求】根据以上资料审查银行本票，填写进账单（图4-3-6），并模拟进行银行本票收款业务办理。

图 4-3-6　进账单

子任务 2　银行本票付款业务

任务场景

2023年10月16日，万泽公司出纳李玲收到博远公司开来的发票（图4-3-7），支付材料款项16 950元，要求用银行本票支付。李玲如何进行银行本票的付款业务呢？

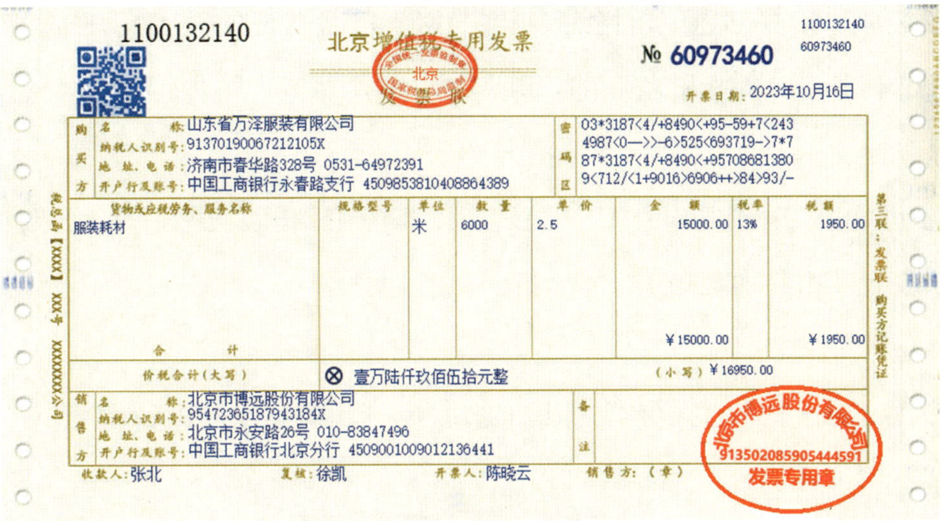

图 4-3-7 增值税专用发票

✏️ **知识储备**

银行本票付款业务办理需要经过业务申请、业务受理、交付等环节。

银行本票付款业务

一、银行本票出票

（一）申请

银行本票申请人使用银行本票，应向银行填写"银行本票申请书"，申请书一式三联，第一联是汇款人留存联（图4-3-8），第二联是出票行作借方凭证，第三联是客户回单联。申请书需

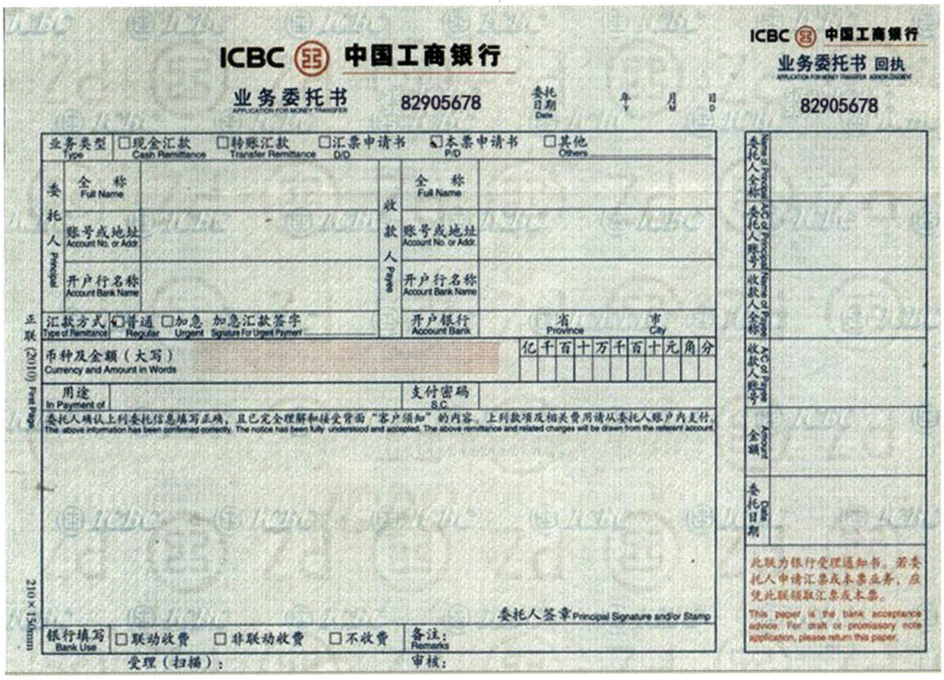

图 4-3-8 银行本票申请书

填写申请人名称、收款人名称、支付金额、申请日期等事项。如已在签发银行开立账户的，应在"银行本票申请书"第二联上加盖预留银行印鉴。

（二）受理

出票银行受理"银行本票申请书"，收妥款项，签发银行本票。出票银行必须具有支付本票金额的可靠资金来源，并保证支付。

（三）交付

申请人应将银行本票交付给本票上记明的收款人。收款人可以将银行本票背书转让给被背书人。

二、注意事项

（1）申请人或收款人为单位的，不得申请签发现金银行本票。

（2）企业不能申请使用现金银行本票，个人需要支取现金的，在银行本票上划去"转账"字样，加盖印章。

（3）银行签发不定额银行本票时，用总行统一定制的压数机在"人民币大写"栏大写金额后端压印本票金额。

任务实施

出纳李玲办理银行本票付款业务的流程如下。

步骤一：填写银行本票申请书。

出纳填写银行本票申请书（一式三联）并在银行留存联（图4-3-9）加盖预留银行印鉴。

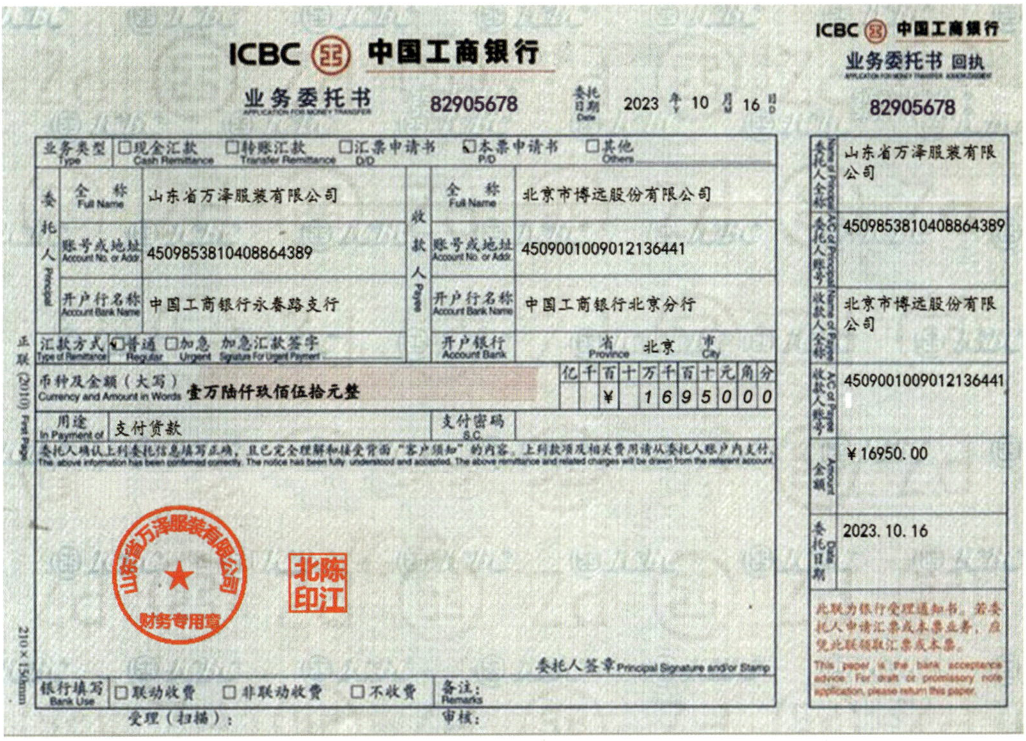

ICBC 中国工商银行

业务委托书　82905678　委托日期 2023 年 10 月 16 日

业务类型	□现金汇款 □转账汇款 □汇票申请书 ☑本票申请书 □其他			
委托人 全称	山东省万泽服装有限公司	收款人 全称	北京市博远股份有限公司	
账号或地址	4509853810408864389	账号或地址	4509001009012136441	
开户行名称	中国工商银行永春路支行	开户行名称	中国工商银行北京分行	
汇款方式	☑普通 □加急 加急汇款签字	开户银行	省 北京 市	
币种及金额（大写）	壹万陆仟玖佰伍拾元整		¥1695000	
用途	支付货款	支付密码		

委托人确认上列委托信息填写正确，且已完全理解和接受背面“客户须知”的内容。上列款项及相关费用请从委托人账户内支付。

山东省万泽服装有限公司 财务专用章　北陈印江

委托人签章

银行填写 □联动收费 □非联动收费 □不收费　备注：

受理（扫描）：　审核：

正联(2010) First Page　210×150mm

ICBC 中国工商银行 业务委托书 回执 82905678

委托人全称：山东省万泽服装有限公司

委托人账号：4509853810408864389

收款人全称：北京市博远股份有限公司

收款人账号：4509001009012136441

金额：¥16950.00

委托日期：2023.10.16

此联为银行受理通知书，若委托人申请汇票或本票业务，应凭此联领取汇票或本票。

图 4-3-9　银行本票申请书

步骤二：银行受理业务。

出纳将银行本票申请书及款项交存银行。

步骤三：银行签发银行本票。

银行审核无误后签发银行本票，银行在本票正联上加盖“本票专用章”和银行柜员私章，将银行本票（图4-3-10）及银行本票申请书第一联（图4-3-11）交给出纳。

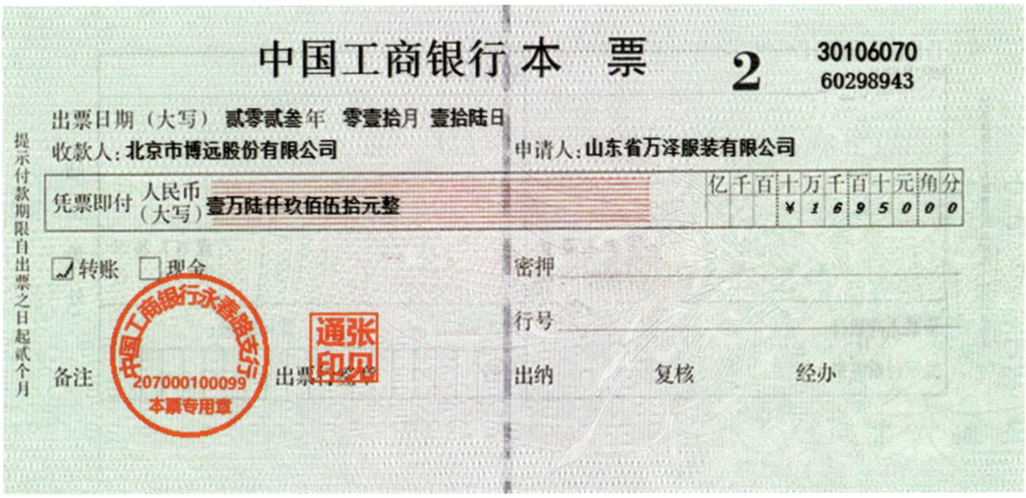

中国工商银行 本　票　2　30106070 60298943

出票日期（大写）贰零贰叁年 零壹拾月 壹拾陆日

收款人：北京市博远股份有限公司　申请人：山东省万泽服装有限公司

凭票即付 人民币（大写）壹万陆仟玖佰伍拾元整　¥1695000

☑转账 □现金　密押

行号

备注　中国工商银行永春路支行 207000100099 本票专用章　出票行签章　通张印见

出纳　复核　经办

提示付款期限自出票之日起贰个月

图 4-3-10　银行本票

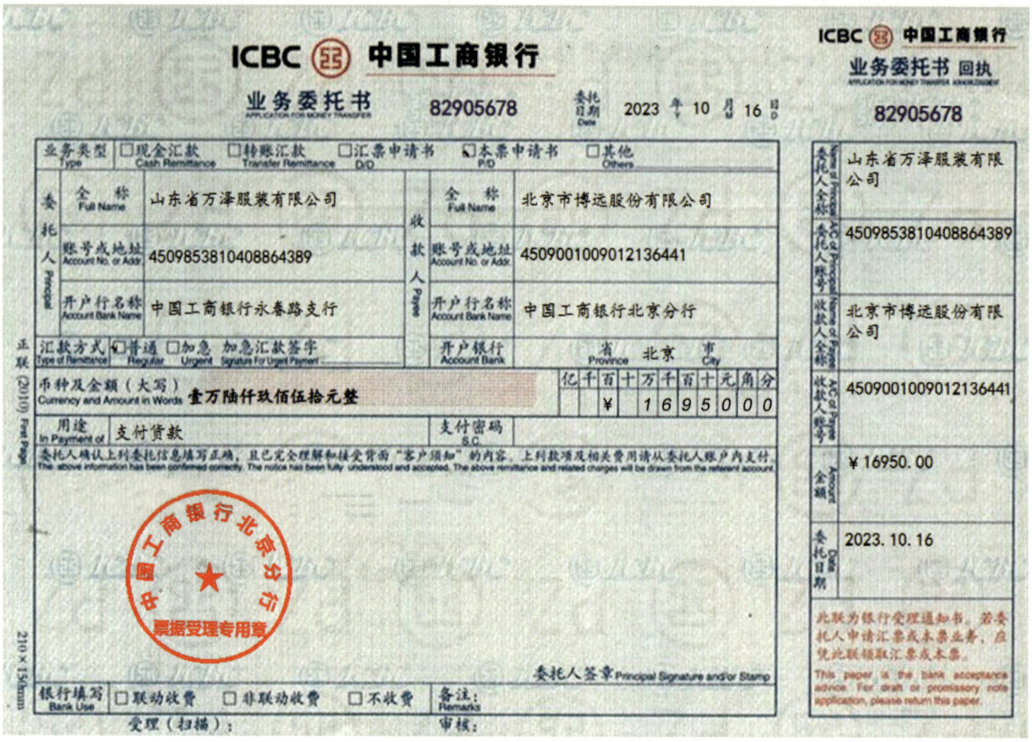

ICBC 中国工商银行

业务委托书 APPLICATION FOR MONEY TRANSFER　82905678　委托日期 Date 2023 年 10 月 16 日

业务类型 Type：□现金汇款 Cash Remittance　□转账汇款 Transfer Remittance　□汇票申请书 D/D　☑本票申请书 P/D　□其他 Others

委托人 Principal		收款人 Payee	
全称 Full Name	山东省万泽服装有限公司	全称 Full Name	北京市博远股份有限公司
账号或地址 Account No. or Addr.	4509853810408864389	账号或地址 Account No. or Addr.	4509001009012136441
开户行名称 Account Bank Name	中国工商银行永春路支行	开户行名称 Account Bank Name	中国工商银行北京分行
汇款方式 Type of Remittance	☑普通 Regular　□加急 Urgent　加急汇款签字 Signature For Urgent Payment	开户银行 Account Bank	北京 省 Province　市 City

币种及金额（大写）Currency and Amount in Words	亿	千	百	十	万	千	百	十	元	角	分
壹万陆仟玖佰伍拾元整			¥		1	6	9	5	0	0	0

用途 In Payment of：支付货款　支付密码 S.C.

委托人确认上列委托信息填写正确，且已完全理解和接受背面“客户须知”的内容。上列款项及相关费用请从委托人账户内支付。The above information has been confirmed correctly. The notice has been fully understood and accepted. The above remittance and related charges will be drawn from the relevant account.

中国工商银行北京分行 票据受理专用章

委托人签章 Principal Signature and/or Stamp

银行填写 Bank Use：□联动收费　□非联动收费　□不收费　备注：Remarks

受理（扫描）：　审核：

正联 (2010) First Page　210×150mm

ICBC 中国工商银行

业务委托书 回执 APPLICATION FOR MONEY TRANSFER ACKNOWLEDGEMENT

82905678

委托人全称 Name of Principal	山东省万泽服装有限公司
委托人账号 A/C of Principal	4509853810408864389
收款人全称 Name of Payee	北京市博远股份有限公司
收款人账号 A/C of Payee	4509001009012136441
金额 Amount	¥16950.00
委托日期 Date	2023.10.16

此联为银行受理通知书。若委托人申请汇票或本票业务，应凭此联领取汇票或本票。

This paper is the bank acceptance advice. For draft or promissory note application, please return this paper.

图 4-3-11　加盖业务受理章的银行本票申请书第一联

步骤四：交付收款人。

出纳将银行签发的银行本票第二联本票联交给博远公司。

步骤五：会计编制记账凭证。

出纳将银行本票申请书第一联交会计编制记账凭证。会计主管对记账凭证进行审核。

步骤六：出纳登记银行存款日记账。

出纳根据会计主管审核后的记账凭证登记银行存款日记账。

知识拓展

如果实际结算金额大于银行本票出票金额，则由付款单位用支票或现金等补齐不足的款项，同时根据有关凭证按照不足款项编制银行存款或现金付款凭证。

如果实际结算金额小于银行本票出票金额，则由收款单位用支票或现金等退回多余的款项，本单位应根据有关凭证，按照退回的多余款项编制银行存款或现金收款凭证。

巩固提升

广东商远公司是一家食品加工企业，公司全称为“广东商远有限责任公司”。开户银行：中国工商银行潍州支行，账号：3310645182092123179，公司法定代表人为李丽，出纳为李瑶，身份证号：440000199206031326，会计为李红，会计主管为李慧琳。

2023年11月8日，商远公司向珠海广美有限责任公司购买的原材料货款45 200元已到期，用银行本票支付。

【资料】商远公司收到广美公司开具的增值税发票（图4-3-12）。

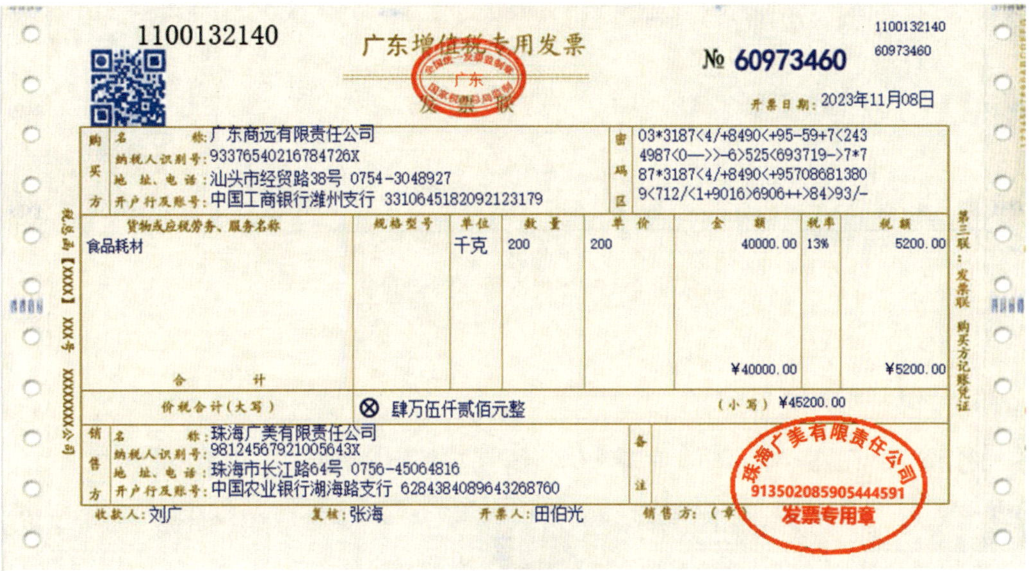

1100132140

广东增值税专用发票

发票联

№ 60973460

1100132140
60973460

开票日期：2023年11月08日

购买方	名称：广东商远有限责任公司 纳税人识别号：93376540216784726X 地址、电话：汕头市经贸路38号 0754-3048927 开户行及账号：中国工商银行潍州支行 3310645182092123179	密码区	03*3187<4/+8490<+95-59+7<243 4987<0—>>-6>525<693719->7*7 87*3187<4/+8490<+95708681380 9<712/<1+9016>6906++>84>93/-

货物或应税劳务、服务名称	规格型号	单位	数量	单价	金额	税率	税额
食品耗材		千克	200	200	40000.00	13%	5200.00
合计					¥40000.00		¥5200.00
价税合计（大写）	⊗ 肆万伍仟贰佰元整				（小写）¥45200.00		

销售方	名称：珠海广美有限责任公司 纳税人识别号：98124567921005643X 地址、电话：珠海市长江路64号 0756-45064816 开户行及账号：中国农业银行湖海路支行 6284384089643268760	备注	

收款人：刘广　复核：张海　开票人：田伯光　销售方：（章）

珠海广美有限责任公司 913502085905444591 发票专用章

第三联：发票联 购买方记账凭证

图 4-3-12 增值税专用发票

【要求】据以上资料填写银行本票申请书（图4-3-13），并模拟进行银行本票付款业务办理。

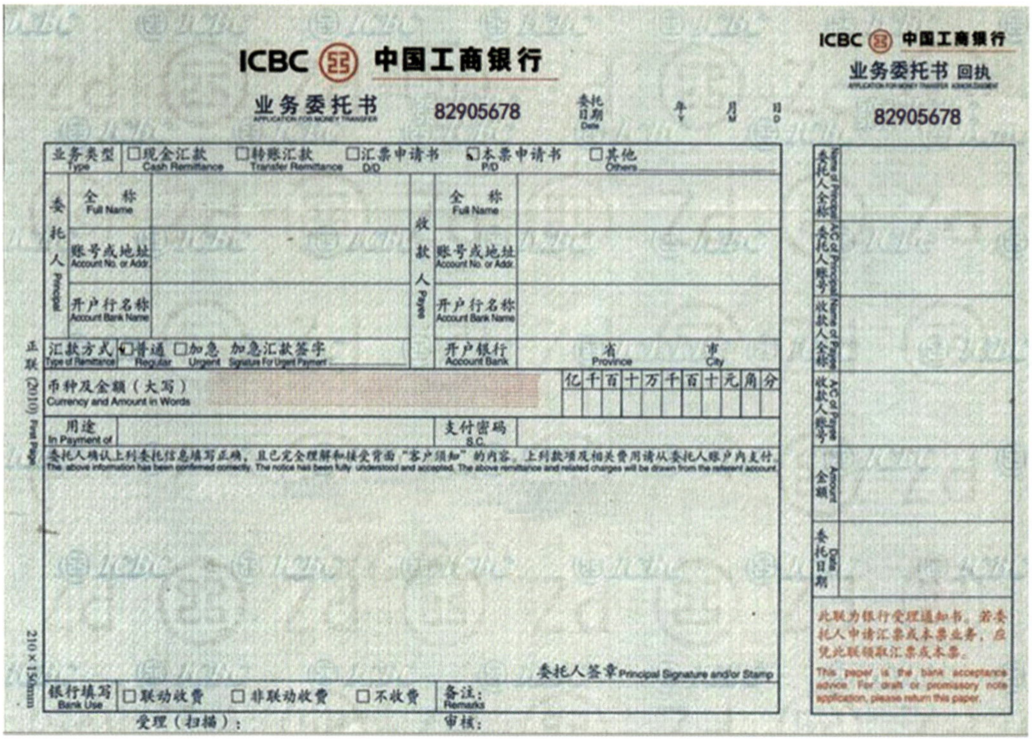

ICBC 中国工商银行

业务委托书 APPLICATION FOR MONEY TRANSFER 82905678 委托日期 Date 年 Y 月 M 日 D

业务类型 Type □现金汇款 Cash Remittance □转账汇款 Transfer Remittance □汇票申请书 D/D □本票申请书 P/D □其他 Others

委托人 Principal：全称 Full Name；账号或地址 Account No. or Addr.；开户行名称 Account Bank Name

收款人 Payee：全称 Full Name；账号或地址 Account No. or Addr.；开户行名称 Account Bank Name

汇款方式 Type of Remittance □普通 Regular □加急 Urgent 加急汇款签字 Signature For Urgent Payment

开户银行 Account Bank 省 Province 市 City

币种及金额（大写）Currency and Amount in Words 亿 千 百 十 万 千 百 十 元 角 分

用途 In Payment of 支付密码 S.C.

委托人确认上列委托信息填写正确，且已完全理解和接受背面“客户须知”的内容。上列款项及相关费用请从委托人账户内支付。

The above information has been confirmed correctly. The notice has been fully understood and accepted. The above remittance and related charges will be drawn from the relevant account.

委托人签章 Principal Signature and/or Stamp

银行填写 Bank Use □联动收费 □非联动收费 □不收费 备注：Remarks

受理（扫描）： 审核：

正联(2010) First Page 210×150mm

ICBC 中国工商银行 业务委托书 回执 82905678

委托人全称 Name of Principal；委托人账号 A/C of Principal；收款人全称 Name of Payee；收款人账号 A/C of Payee；金额 Amount；委托日期 Date

此联为银行受理通知书，若委托人申请汇票或本票业务，应凭此联领取汇票或本票。

This paper is the bank acceptance advice. For draft or promissory note application, please return this paper.

图 4-3-13　银行本票申请书

任务评价

本任务考核采用百分制，采取过程考核与结果考核相结合的原则，注重技能考核。

过程考核（40%）				结果考核（60%）	
职业态度	组织纪律	学生互评	实训练习	考核项目	分值
根据学生课堂表现，采取扣分制	考勤与课堂纪律	小组内同学互评，组间互评	教师根据学生提交的实训报告情况进行评价	银行本票基本规定	10
				银行本票记载事项	10
				银行本票收款业务审核事项	10
				银行本票收款流程	10
				银行本票付款业务注意事项	10
				银行本票付款流程	10

任务四　银行汇票结算业务

学习目标

1. 掌握银行汇票相关概念、特点、适用范围及基本规定。
2. 掌握银行汇票收付款业务的处理。
3. 熟练运用银行汇票进行收付款业务的操作。
4. 培养会计工作的客观性与严谨性，培养细致、严谨、规范的职业素养。
5. 自觉养成责任担当、爱岗敬业、诚实守信的职业责任感和敬业精神。

知识储备

银行汇票结算业务

一、银行汇票的概念

银行汇票是由出票银行签发的，由其在见票时按照实际结算金额无条件支付给收款人或持票人的票据。

银行汇票一式四联，第一联为卡片联（图4-4-1），由签发行结清汇票时作汇出汇款付出传票，是出票银行结清汇票时的借方凭证；第二联为汇票联（图4-4-2），与第三联解讫通知联一并由汇款人自带，在兑付行兑付汇票后此联作联行往来账付出传票（为代理付款行付款后作联行往来账借方凭证的附件，与第三联解讫通知联一并交由汇款人自带）；第三联为解讫通知联

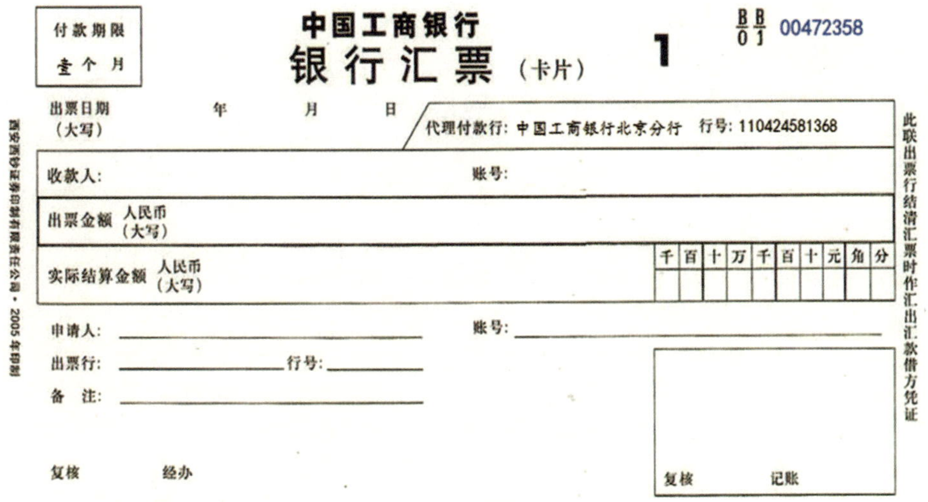
付款期限 壹个月

中国工商银行
银行汇票（卡片）　1　$\frac{BB}{01}$ 00472358

出票日期（大写）　年　月　日　代理付款行：中国工商银行北京分行　行号：110424581368

收款人：　账号：

出票金额 人民币（大写）

实际结算金额 人民币（大写）　千 百 十 万 千 百 十 元 角 分

申请人：　账号：

出票行：　行号：

备　注：

复核　经办　复核　记账

此联出票行结清汇票时作汇出汇款借方凭证

西安西钞证券印制有限责任公司・2005年印制

图4-4-1　银行汇票第一联（卡片联）

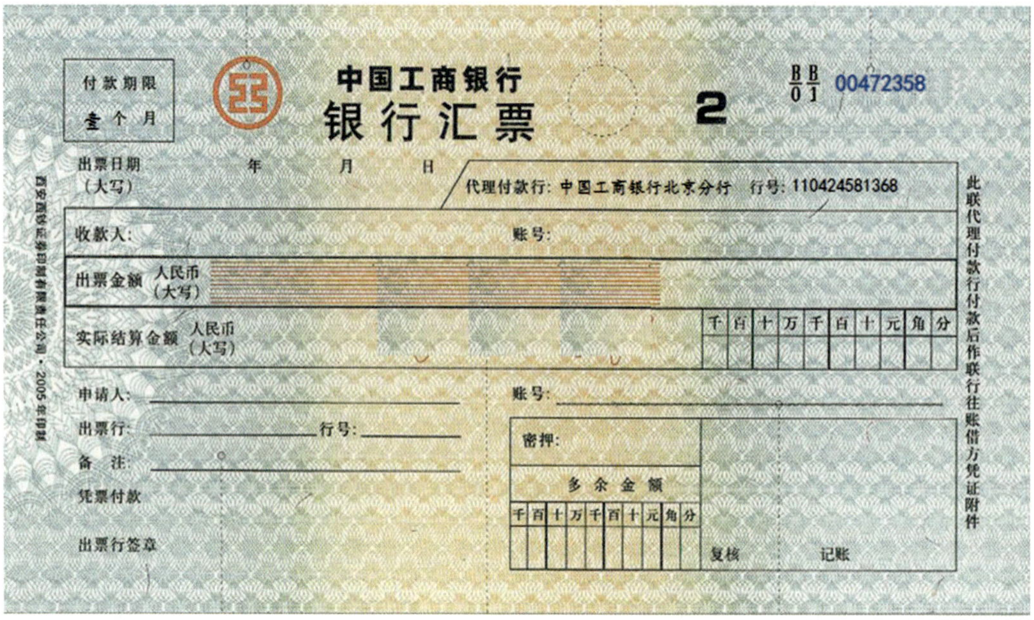

付款期限 壹个月

中国工商银行

银行汇票 2

BB 01 00472358

出票日期（大写） 年 月 日

代理付款行：中国工商银行北京分行 行号：110424581368

收款人： 账号：

出票金额 人民币（大写）

实际结算金额 人民币（大写） 千 百 十 万 千 百 十 元 角 分

申请人： 账号：

出票行： 行号：

备 注：

凭票付款

出票行签章

密押：

多余金额 千 百 十 万 千 百 十 元 角 分

复核 记账

此联代理付款行付款后作联行往账借方凭证附件

西安印钞证券印制有限责任公司・2005年印制

图 4-4-2　银行汇票第二联（汇票联）

（图4-4-3），在兑付行兑付后随报单寄签发行，由签发行作余款收入传票，是银行之间往来的记账凭证；第四联为多余款收账通知联（图4-4-4），是出票行结清多余款后交给申请人做账的依据，同第二联一样，需加盖银行转讫章。

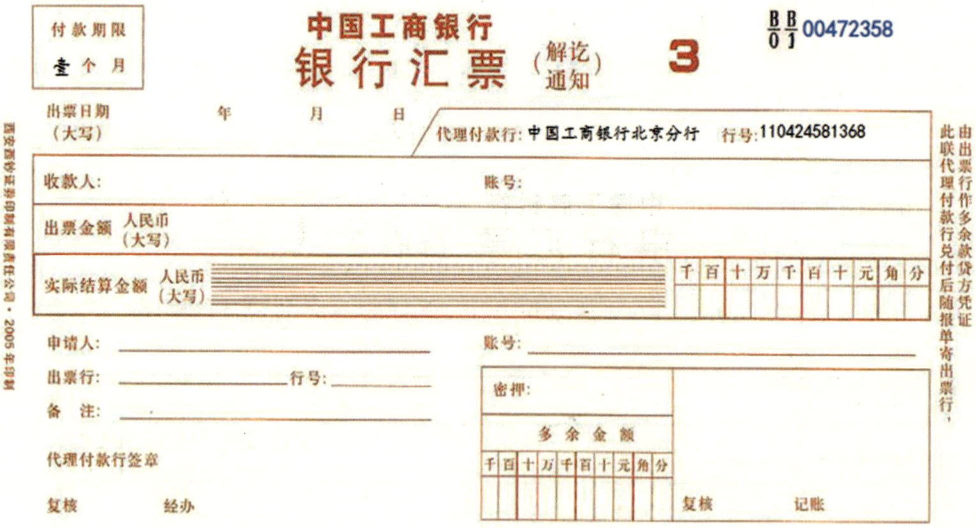

付款期限 壹个月

中国工商银行

银行汇票（解讫通知） 3

BB 01 00472358

出票日期（大写） 年 月 日

代理付款行：中国工商银行北京分行 行号：110424581368

收款人： 账号：

出票金额 人民币（大写）

实际结算金额 人民币（大写） 千 百 十 万 千 百 十 元 角 分

申请人： 账号：

出票行： 行号：

备 注：

代理付款行签章

复核 经办

密押：

多余金额 千 百 十 万 千 百 十 元 角 分

复核 记账

此联代理付款行兑付后随报单寄出票行，由出票行作多余款贷方凭证

西安印钞证券印制有限责任公司・2005年印制

图 4-4-3　银行汇票第三联（解讫通知联）

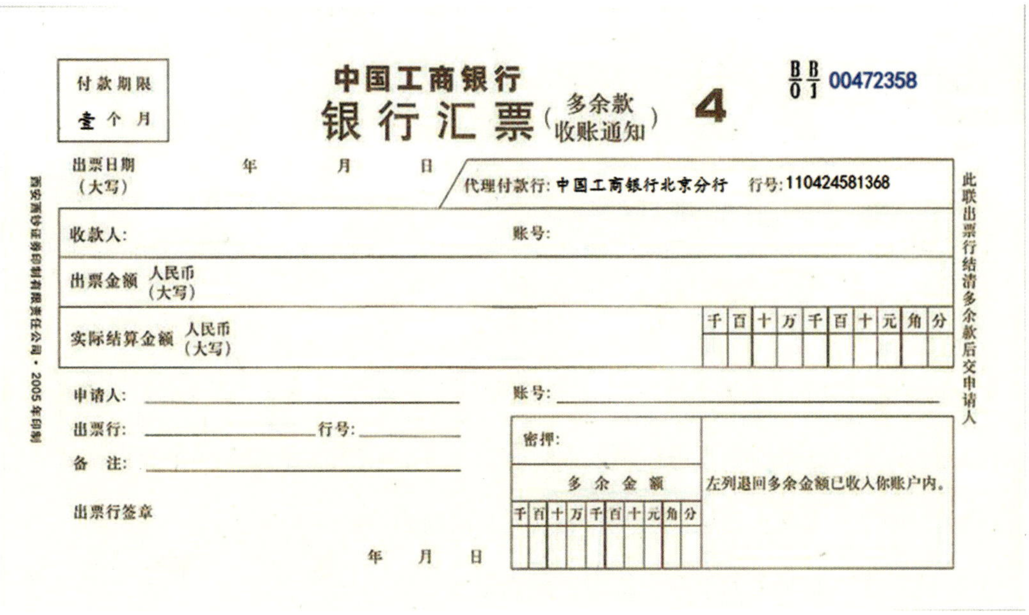
付款期限
壹个月

中国工商银行
银行汇票（多余款收账通知）　4

BB 01　00472358

出票日期（大写）　年　月　日

代理付款行：中国工商银行北京分行　行号：110424581368

收款人：　账号：

出票金额　人民币（大写）

实际结算金额　人民币（大写）

千	百	十	万	千	百	十	元	角	分

申请人：　账号：

出票行：　行号：

备　注：

出票行签章

年　月　日

密押：

多余金额

千	百	十	万	千	百	十	元	角	分

左列退回多余金额已收入你账户内。

此联出票行结清多余款后交申请人

西安西钞证券印制有限责任公司·2005年印制

图 4-4-4　银行汇票第四联（多余款收账通知联）

二、银行汇票的记载事项

（1）表明“银行汇票”的字样。

（2）无条件支付的承诺。

（3）出票金额。

（4）付款人名称。

（5）收款人名称。

（6）出票日期。

（7）出票人签章。

欠缺上列记载事项之一的，银行汇票无效。

三、银行汇票的特点

单位和个人各种款项的结算，均可使用银行汇票。银行汇票可以用于转账，填明“现金”字样的银行汇票也可以用于支取现金。申请人或者收款人为单位的，不得在银行汇票上填“现金”字样。

与其他银行结算方式相比，银行汇票结算方式具有如下特点。

（1）适用范围广。

（2）票随人走，钱货两清。

（3）信用度高，安全可靠。

（4）使用灵活，适用性强。

（5）结算准确，余额自动退回。

四、银行汇票结算的基本规定

（1）银行汇票一律记名。汇票必须注明收款人。

（2）银行汇票的基本当事人包括出票人、收款人和付款人。出票人即签发银行；付款人为银行汇票的出票银行；收款人为从银行提取汇票所汇款项的单位或个人。

（3）银行汇票的出票人在票据上签章，应为银行汇票专用章加其法定代表人或其授权经办人的签名或者盖章。

（4）银行汇票无起点金额限制，银行汇票的提示付款期限自出票日起1个月内。持票人超过付款期限提示付款的，代理付款人（银行）不予受理。

（5）银行汇票可以背书转让。

五、银行汇票退款和丧失

申请人因银行汇票超过提示付款期限或其他原因要求退款时，应将银行汇票和解讫通知联同时提交到出票银行。申请人为单位的，应出具该单位的证明；申请人为个人的，应出具本人的身份证件。对于代理付款银行查询的要求退款的银行汇票，应在汇票提示付款期满后方能办理退款。出票银行对于转账银行汇票的退款，只能转入原申请人账户；对于符合规定填明"现金"字样银行汇票的退款，才能退付现金。申请人缺少解讫通知联要求退款的，出票银行应于银行汇票提示付款期满1个月后办理。

银行汇票丧失，失票人可以凭人民法院出具的其享有票据权利的证明，向出票银行请求付款或退款。

子任务1 银行汇票收款业务

任务场景

2023年10月18日万泽公司销售部业务员陈海通收到博远公司交来的银行汇票（图4-4-5和图4-4-6）用于归还货款，货款金额20 000元，汇票金额24 000元。陈海通即刻将收到的银行汇票交由出纳李玲，李玲接下来应该如何完成银行汇票收款业务呢？

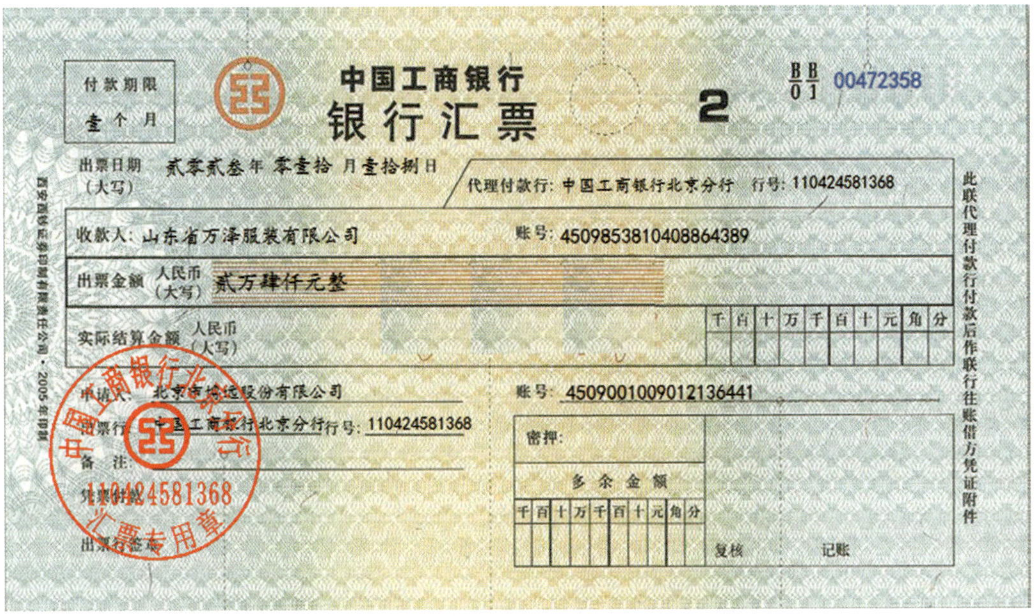
付款期限 壹个月
中国工商银行
银行汇票 2
BB 01 00472358
出票日期（大写） 贰零贰叁年零壹拾月壹拾捌日
代理付款行：中国工商银行北京分行 行号：110424581368
收款人：山东省万泽服装有限公司 账号：4509853810408864389
出票金额 人民币（大写） 贰万肆仟元整
实际结算金额 人民币（大写） 千 百 十 万 千 百 十 元 角 分
申请人：北京市博远股份有限公司 账号：4509001009012136441
出票行：中国工商银行北京分行 行号：110424581368
备注：
凭票付款
出票行签章
密押：
多余金额 千 百 十 万 千 百 十 元 角 分
复核 记账
此联代理付款行付款后作联行往账借方凭证附件

图4-4-5 银行汇票（汇票联）

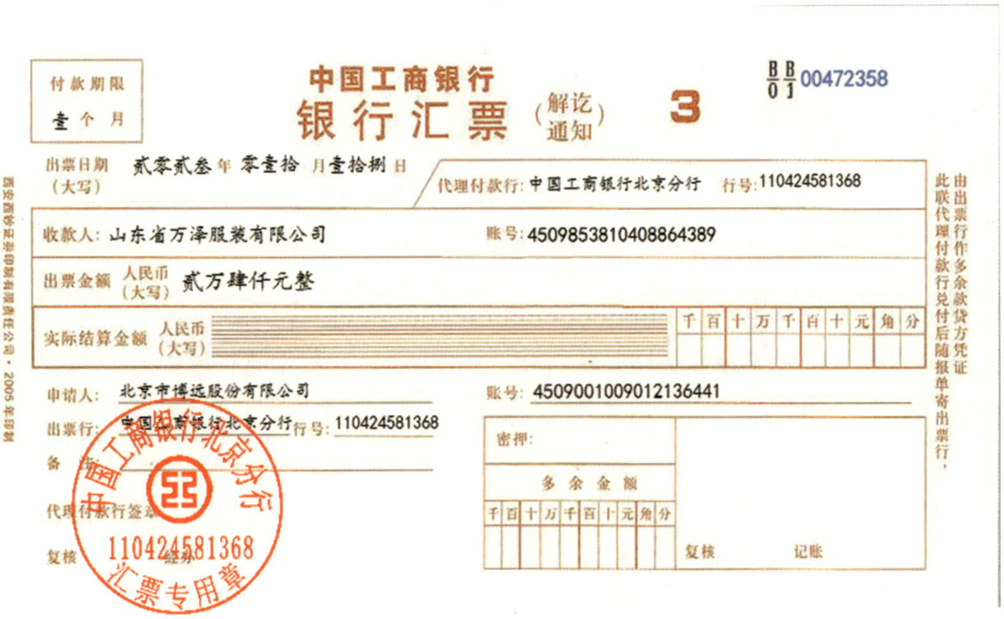
付款期限 壹个月
中国工商银行
银行汇票（解讫通知） 3
BB 01 00472358
出票日期（大写） 贰零贰叁年零壹拾月壹拾捌日
代理付款行：中国工商银行北京分行 行号：110424581368
收款人：山东省万泽服装有限公司 账号：4509853810408864389
出票金额 人民币（大写） 贰万肆仟元整
实际结算金额 人民币（大写） 千 百 十 万 千 百 十 元 角 分
申请人：北京市博远股份有限公司 账号：4509001009012136441
出票行：中国工商银行北京分行 行号：110424581368
备注：
代理付款行签章
复核 经办
密押：
多余金额 千 百 十 万 千 百 十 元 角 分
复核 记账
此联代理付款行兑付后随报单寄出票行，由出票行作多余款贷方凭证

图4-4-6 银行汇票（解讫通知联）

知识储备

出纳收到银行汇票时，应重点审核银行汇票收款人、付款期限、印章等各项内容是否符合规定，审核无误后，填写汇票实际结算金额及进账单，办理收款业务。

银行汇票收款业务-1

一、银行汇票具体审核内容

（1）收款人或被背书人是否确为本单位。

（2）银行汇票是否在付款期内，日期、金额等填写是否准确无误。

（3）印章是否清晰，压数机压印的金额是否清晰。

（4）银行汇票的记票联和解讫通知联是否齐全。

（5）汇款人或背书人的证明或证件是否无误，背书人证件上的姓名与其背书是否相符。

（6）应记载的事项是否齐全。

审核完毕后出纳直接办理进账或背书转让。

二、直接办理进账

出纳收到付款人开出的银行汇票的汇票联、解讫通知联，持汇票去银行办理进账时，须在汇票联背面"持票人向银行提示付款签章"处签章。出纳根据银行汇票信息填写进账单，随后一起交给代理银行办理进账。

（一）填写银行汇票结算金额时应注意的问题

（1）在出票金额以内，根据实际需要的款项办理结算，将实际结算金额和多余金额准确、清晰填入银行汇票解讫通知联的有关栏内，未填明实际结算金额和多余金额的，银行不予受理。

（2）实际结算金额和多余金额填写有误，根据银行要求不同，可重新签发银行汇票，或者用红线划去全数，在上方重填正确数字并加盖本单位印章，只限更改一次。银行汇票的多余金额由签发银行退交汇款人。

（3）全额解付的银行汇票，应在"多余金额"栏填"0"。

（二）填写进账单的基本要求

持票人填写进账单时，必须清楚地填写票据种类、票据张数、收款人名称、收款人开户银行及账号、付款人名称、付款人开户银行及账号、票据金额等栏目，并连同银行汇票一并交给银行经办人员，银行受理后加盖转讫章并退给持票人，持票人凭此记账。

> **🔔 小提示**
>
> 《支付结算办法》第六十一条规定：收款人受理申请人交付的银行汇票时，应在出票金额以内，根据实际需要的款项办理结算，并将实际结算金额和多余的金额准确、清晰地填入银行汇票和解讫通知的有关栏内。未填明实际结算金额和多余金额或实际结算金额超过出票金额的，银行不予受理。

三、银行汇票背书

被背书人受理银行汇票时，除按照收款人接受银行汇票进行相应的审查外，还应审查下列事项。

（1）银行汇票是否记载实际结算金额，有无更改，其金额是否超过出票金额。

（2）背书是否连续，背书人签章是否符合规定，背书使用粘贴单的是否按规定签章。

（3）背书人为个人的身份证件。

> **➕ 知识拓展**
>
> 持票人可以将汇票权利转让给他人或将一定的汇票权利授予他人行使。出票人在汇票上记载"不得转让"字样的，汇票不得转让。
>
> 银行汇票的背书转让以不超过出票金额的实际结算金额为准。未填写实际结算金额或实际结算金额超过出票金额的银行汇票不得背书转让。

> **📃 任务实施**

出纳李玲办理银行汇票付款业务的流程如下。

步骤一：审核银行汇票。

出纳检查银行汇票的汇票联和解讫通知联是否齐全，审核银行汇票收款人或被背书人名称、付款期限、金额及印鉴等内容是否完整、准确。

银行汇票收款业务 -2

步骤二：填写实际结算金额。

出纳审核无误后，将大写和小写金额准确填写到银行汇票的汇票联（图4-4-7）和解讫通知联（图4-4-8）的实际结算金额栏内，将多余金额填写到汇票联、解讫通知联多余金额栏。

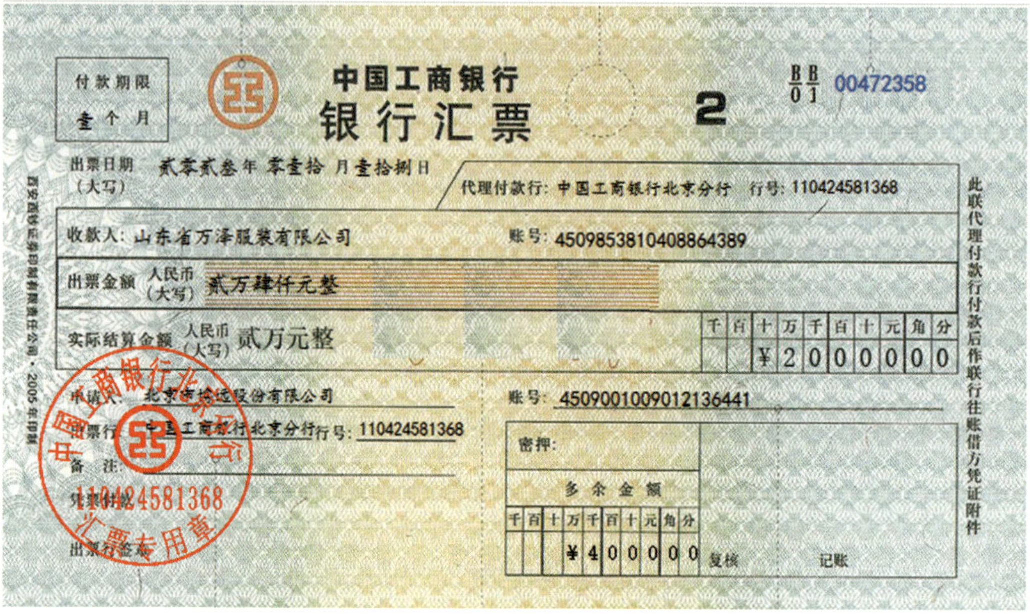

付款期限 壹个月

中国工商银行 银行汇票 2

BB 01 00472358

出票日期（大写） 贰零贰叁年 零壹拾 月壹拾捌日

代理付款行：中国工商银行北京分行 行号：110424581368

收款人：山东省万泽服装有限公司 账号：4509853810408864389

出票金额 人民币（大写） 贰万肆仟元整

实际结算金额 人民币（大写） 贰万元整

千	百	十	万	千	百	十	元	角	分
		¥	2	0	0	0	0	0	0

申请人：北京市博远股份有限公司 账号：450900100901213644I

出票行：中国工商银行北京分行 行号：110424581368

备注：

凭票付款

出票行签章

密押：

多余金额

千	百	十	万	千	百	十	元	角	分
			¥	4	0	0	0	0	0

复核 记账

此联代理付款行付款后作联行往账借方凭证附件

中国工商银行北京分行 110424581368 汇票专用章

图 4-4-7 银行汇票（汇票联）

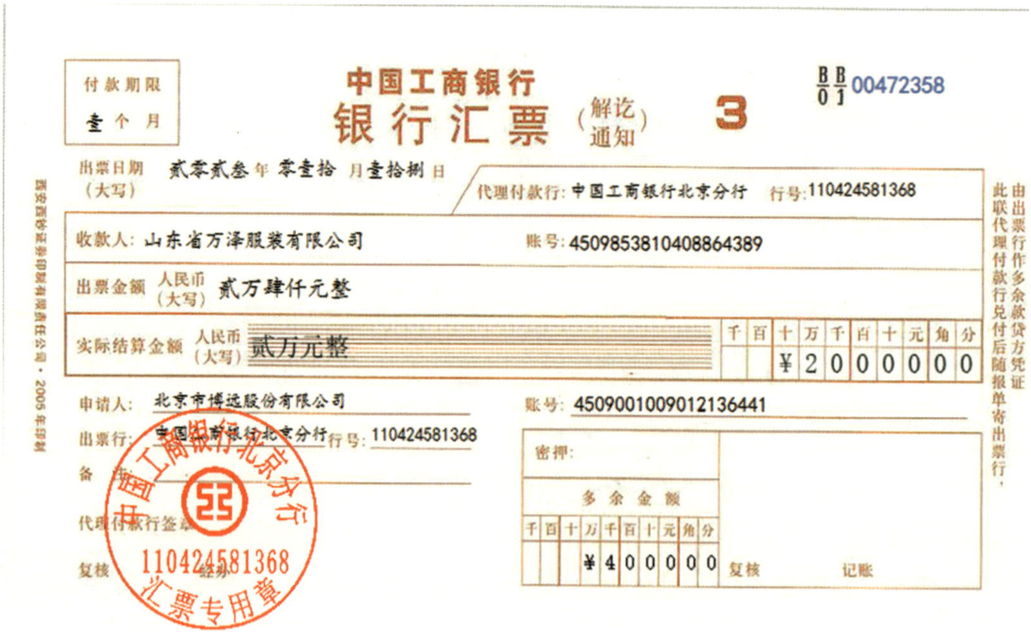

付款期限 壹个月

中国工商银行 银行汇票（解讫通知） 3

BB 01 00472358

出票日期（大写） 贰零贰叁年 零壹拾 月壹拾捌日

代理付款行：中国工商银行北京分行 行号：110424581368

收款人：山东省万泽服装有限公司 账号：4509853810408864389

出票金额 人民币（大写） 贰万肆仟元整

实际结算金额 人民币（大写） 贰万元整

千	百	十	万	千	百	十	元	角	分
		¥	2	0	0	0	0	0	0

申请人：北京市博远股份有限公司 账号：4509001009012136441

出票行：中国工商银行北京分行 行号：110424581368

备注：

代理付款行签章

复核 经办

密押：

多余金额

千	百	十	万	千	百	十	元	角	分
			¥	4	0	0	0	0	0

复核 记账

此联代理付款行兑付后随报单寄出票行，由出票行作多余款贷方凭证

中国工商银行北京分行 110424581368 汇票专用章

图 4-4-8 银行汇票（解讫通知联）

步骤三：出纳去银行办理进账。

出纳填制进账单（图4-4-9），并将填制好的进账单及银行汇票的汇票联、解讫通知联送交银行办理入账。

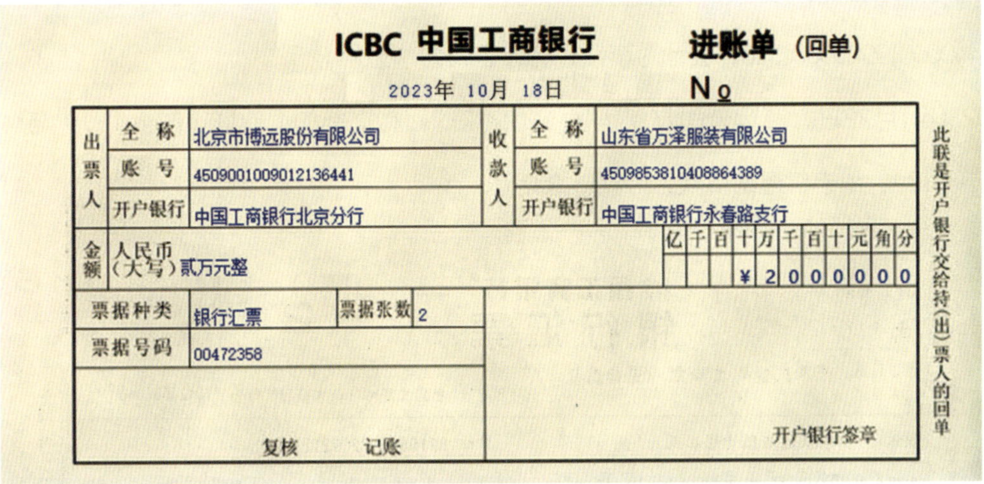
ICBC 中国工商银行 进账单（回单）

2023年 10月 18日 No

出票人	全称	北京市博远股份有限公司	收款人	全称	山东省万泽服装有限公司
	账号	4509001009012136441		账号	4509853810408864389
	开户银行	中国工商银行北京分行		开户银行	中国工商银行永春路支行
金额	人民币（大写）贰万元整			亿千百十万千百十元角分	¥2000000
票据种类	银行汇票	票据张数	2		
票据号码	00472358				
复核　记账				开户银行签章	

此联是开户银行交给持（出）票人的回单

图 4-4-9　进账单（回单联）

步骤四：银行受理业务。

银行受理后，将盖章后的进账单回单联（图4-4-10）交还给出纳。

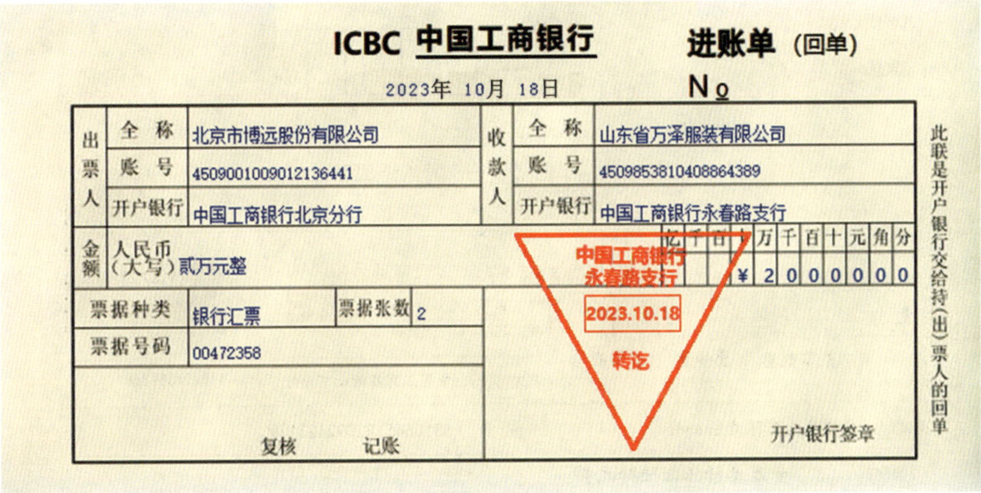
ICBC 中国工商银行 进账单（回单）

2023年 10月 18日 No

出票人	全称	北京市博远股份有限公司	收款人	全称	山东省万泽服装有限公司
	账号	4509001009012136441		账号	4509853810408864389
	开户银行	中国工商银行北京分行		开户银行	中国工商银行永春路支行
金额	人民币（大写）贰万元整			亿千百十万千百十元角分	¥2000000
票据种类	银行汇票	票据张数	2		
票据号码	00472358				
复核　记账				开户银行签章	

中国工商银行永春路支行 2023.10.18 转讫

此联是开户银行交给持（出）票人的回单

图 4-4-10　加盖转讫章的进账单（回单联）

步骤五：会计编制记账凭证。

出纳将加盖银行转讫章的进账单回单联、银行汇票复印件交由会计编制记账凭证。会计主管对记账凭证进行审核。

步骤六：出纳登记银行存款日记账。

出纳根据会计主管审核后的记账凭证登记银行存款日记账。

巩固提升

广东商远公司是一家食品加工企业，公司全称为“广东商远有限责任公司”。开户银行：中国工商银行潍州支行，账号：3310645182092123179，公司法定代表人为李丽，出纳为李瑶，身份证号：440000199206031326，会计为李红，会计主管为李慧琳。

2023年11月22日，商远公司收到华强公司交来的银行汇票的汇票联（图4-4-11）与解讫通知联（图4-4-12），用于偿还购货款，价款13 560元。

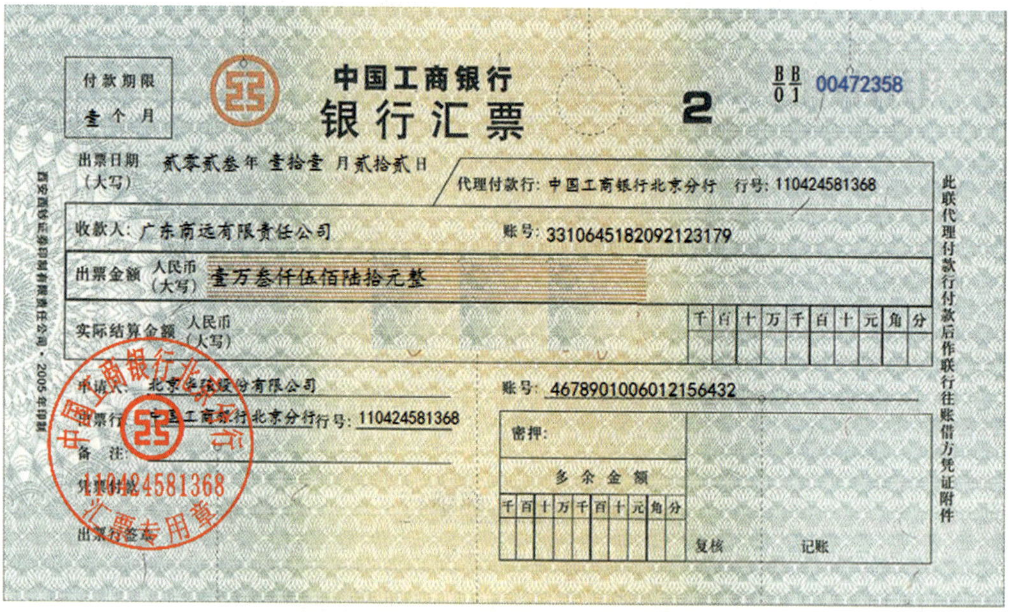
付款期限 壹个月
中国工商银行
银行汇票 2
BB 01 00472358
出票日期（大写） 贰零贰叁年 壹拾壹 月贰拾贰日
代理付款行：中国工商银行北京分行 行号：110424581368
收款人：广东商远有限责任公司 账号：3310645182092123179
出票金额 人民币（大写） 壹万叁仟伍佰陆拾元整
实际结算金额 人民币（大写） 千 百 十 万 千 百 十 元 角 分
申请人：北京华强股份有限公司 账号：4678901006012156432
出票行：中国工商银行北京分行 行号：110424581368
备注：
凭票付款
出票行签章
密押：
多余金额 千 百 十 万 千 百 十 元 角 分
复核 记账
此联代理付款行付款后作联行往账借方凭证附件

图 4-4-11 银行汇票（汇票联）

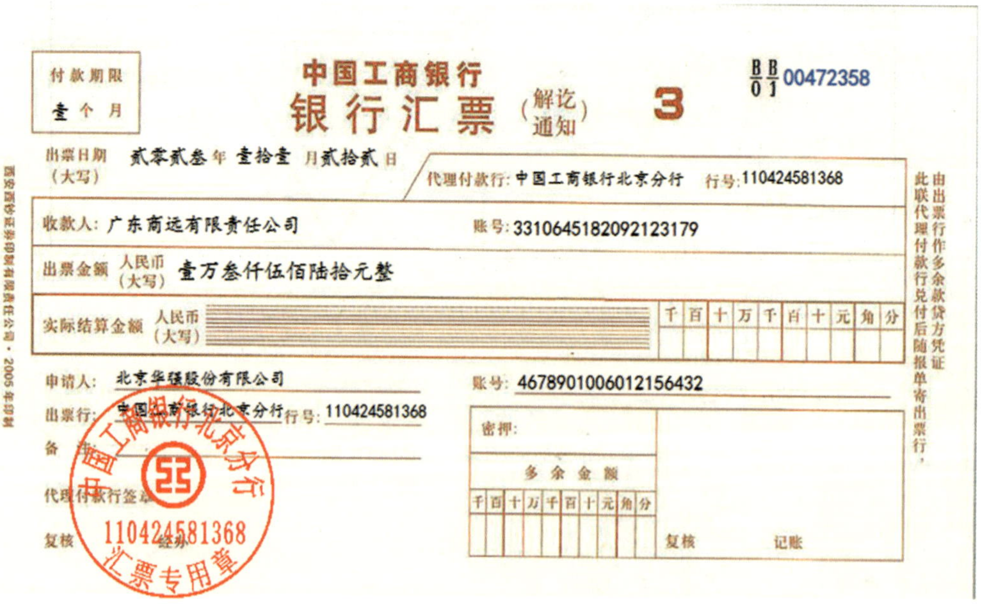
付款期限 壹个月
中国工商银行
银行汇票（解讫通知） 3
BB 01 00472358
出票日期（大写） 贰零贰叁年 壹拾壹 月贰拾贰日
代理付款行：中国工商银行北京分行 行号：110424581368
收款人：广东商远有限责任公司 账号：3310645182092123179
出票金额 人民币（大写） 壹万叁仟伍佰陆拾元整
实际结算金额 人民币（大写） 千 百 十 万 千 百 十 元 角 分
申请人：北京华强股份有限公司 账号：4678901006012156432
出票行：中国工商银行北京分行 行号：110424581368
备注：
代理付款行签章
复核 经办
密押：
多余金额 千 百 十 万 千 百 十 元 角 分
复核 记账
此联代理付款行兑付后随报单寄出票行，由出票行作多余款贷方凭证

图 4-4-12 银行汇票（解讫通知联）

【要求】根据以上资料填写汇票实际结算金额及进账单（图4-4-13），模拟银行汇票收款业务办理。

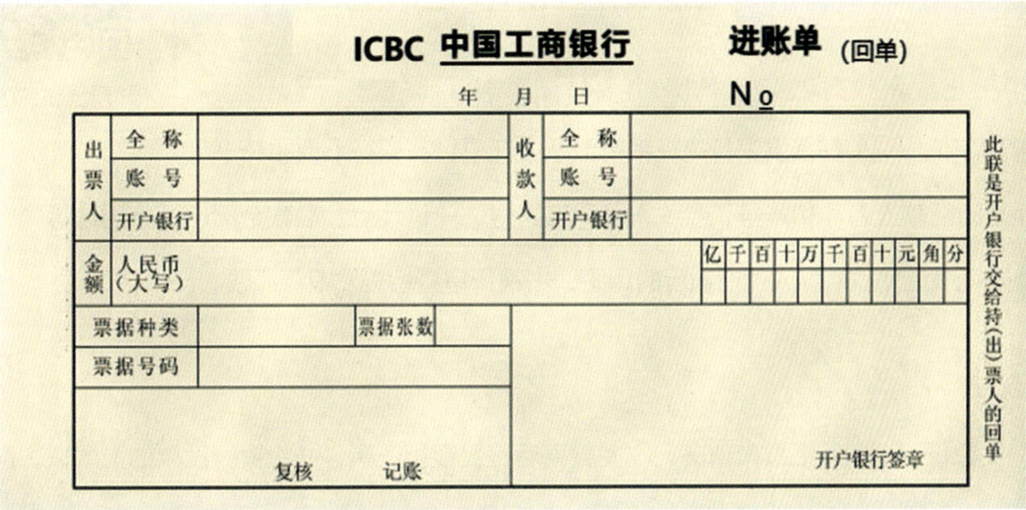

ICBC 中国工商银行　进账单（回单）

年　月　日　No

出票人	全称		收款人	全称	
	账号			账号	
	开户银行			开户银行	
金额	人民币（大写）			亿 千 百 十 万 千 百 十 元 角 分	
票据种类		票据张数			
票据号码					
复核　记账				开户银行签章	

此联是开户银行交给持（出）票人的回单

图 4-4-13　进账单

子任务 2　银行汇票付款业务

任务场景

2023年10月13日，万泽公司采购员陈海通告知出纳李玲，广纳公司要求万泽公司支付采购的布料款22 600元，收到广纳公司开出的发票（图4-4-14），需要办理银行汇票予以付款。出纳李玲应该如何完成银行汇票付款业务呢？

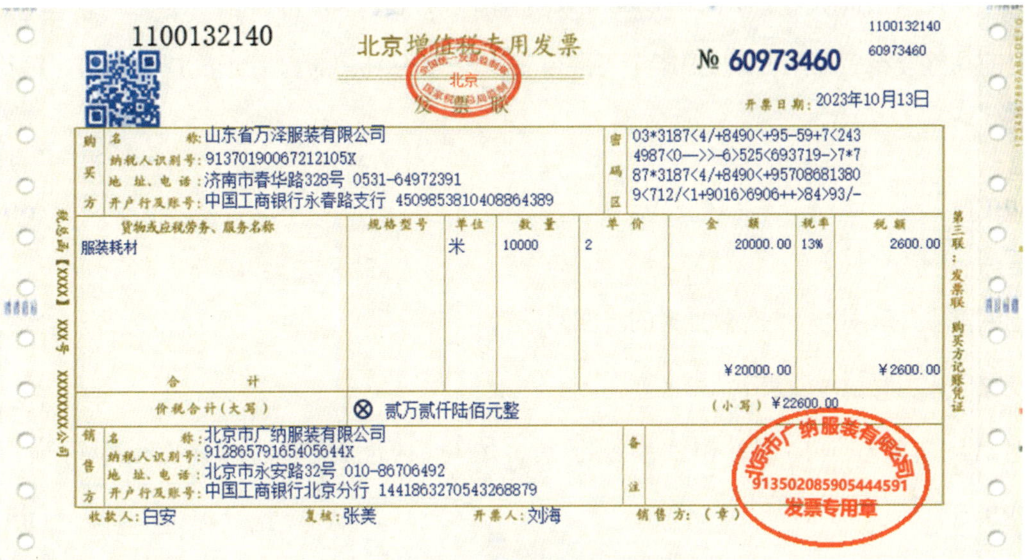

1100132140　北京增值税专用发票　№ 60973460　1100132140　60973460

发票联　开票日期：2023年10月13日

购买方	名称：山东省万泽服装有限公司 纳税人识别号：91370190067212105X 地址、电话：济南市春华路328号 0531-64972391 开户行及账号：中国工商银行永春路支行 4509853810408864389	密码区	03*3187<4/+8490<+95-59+7<243 4987<0—>>-6>525<693719->7*7 87*3187<4/+8490<+95708681380 9<712/<1+9016>6906++>84>93/-

货物或应税劳务、服务名称	规格型号	单位	数量	单价	金额	税率	税额
服装耗材		米	10000	2	20000.00	13%	2600.00
合计					¥20000.00		¥2600.00
价税合计（大写）	⊗贰万贰仟陆佰元整				（小写）¥22600.00		

销售方	名称：北京市广纳服装有限公司 纳税人识别号：91286579165405644X 地址、电话：北京市永安路32号 010-86706492 开户行及账号：中国工商银行北京分行 1441863270543268879	备注	

收款人：白安　复核：张美　开票人：刘海　销售方：（章）

北京市广纳服装有限公司　913502085905444591　发票专用章

第三联：发票联　购买方记账凭证

图 4-4-14　增值税专用发票（发票联）

银行汇票付款业务办理需要经过申请、签发、结算等环节。

银行汇票付款业务

一、申请

付款单位出纳前往签发银行提交银行汇票委托书，在银行汇票委托书上逐项写明汇款人名称和账号、收款人名称和账号、兑付地点、汇款金额、汇款用途等内容，并在汇款委托书上加盖汇款人预留银行的印鉴，由银行审查后签发银行汇票。

二、签发

签发银行受理银行汇票申请书，收妥款项后签发银行汇票，并将银行汇票的汇票联、解讫通知联及申请书回执交给申请人。

三、结算

收款人受理申请人交付的银行汇票时，应在出票金额以内，根据实际需要的款项办理结算，并将实际结算金额和多余金额准确、清晰地填入银行汇票的汇票联和解讫通知联的有关栏内。

四、收回多余款

代理付款行根据审核无误的银行汇票第二联、第三联及进账单，按照实际结算金额划转持票人账户，将银行汇票第三联（解讫通知联）寄给出票行。实际结算金额小于汇票金额的，申请人应前往签发行领取第四联交由会计后续记账。当实际结算金额等于汇票金额时，银行将第四联进行留底。

出纳李玲办理银行汇票付款业务的流程如下。

步骤一：填写银行汇票申请书。

出纳到本单位开户银行申请银行汇票，填写银行汇票申请书并加盖银行预留印鉴（图4-4-15）。

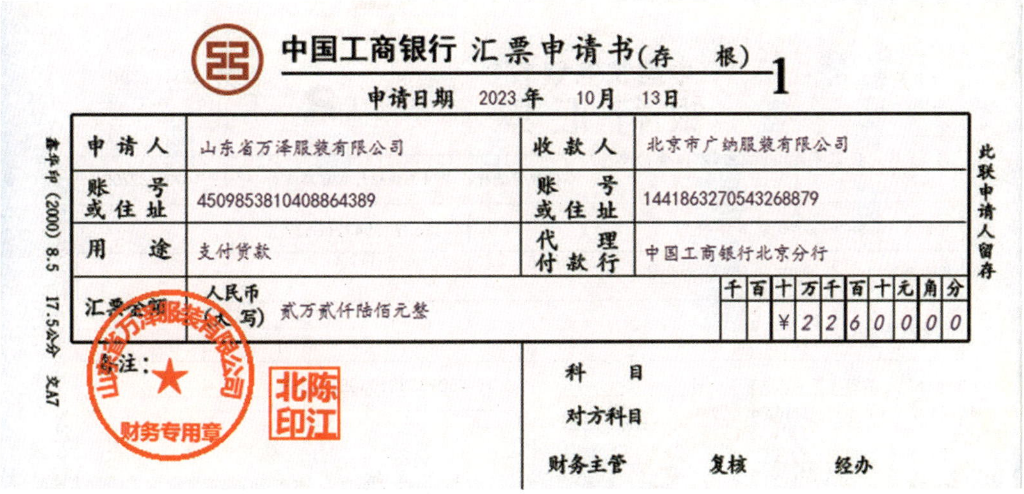

中国工商银行 汇票申请书（存　根）1

申请日期　2023年　10月　13日

申 请 人	山东省万泽服装有限公司	收 款 人	北京市广纳服装有限公司
账 号或住址	4509853810408864389	账 号或住址	1441863270543268879
用 途	支付货款	代 理付款行	中国工商银行北京分行
汇票金额	人民币（大写）贰万贰仟陆佰元整	千百十万千百十元角分	¥22600000
备注：		科 目　对方科目　财务主管　复核　经办	

此联申请人留存

图 4-4-15　银行汇票申请书

步骤二：银行受理业务。

出纳将填好的银行汇票申请书交与银行，银行受理后，在银行汇票申请书第一联加盖业务受理章（图4-4-16），并签发银行汇票。

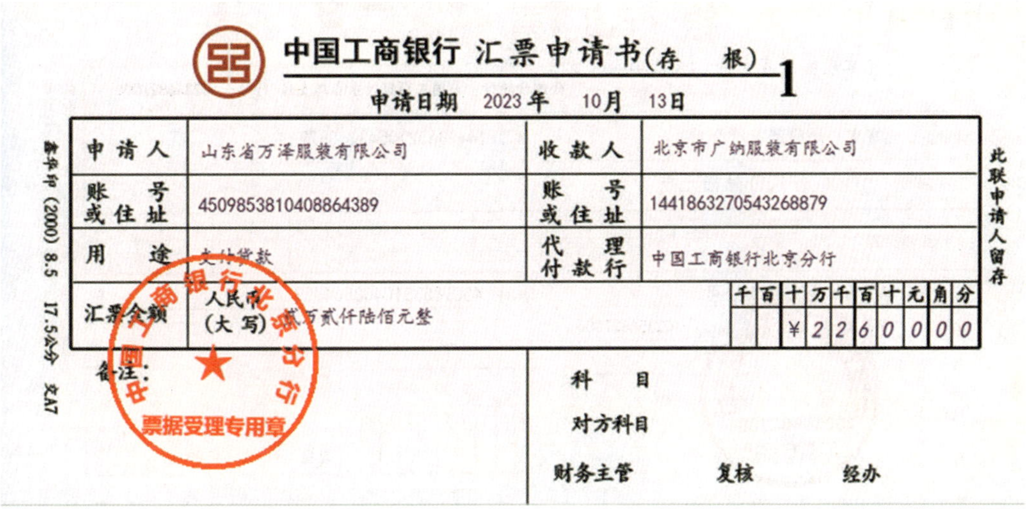

中国工商银行 汇票申请书（存　根）1

申请日期　2023年　10月　13日

申 请 人	山东省万泽服装有限公司	收 款 人	北京市广纳服装有限公司
账 号或住址	4509853810408864389	账 号或住址	1441863270543268879
用 途	支付货款	代 理付款行	中国工商银行北京分行
汇票金额	人民币（大写）贰万贰仟陆佰元整	千百十万千百十元角分	¥22600000
备注：		科 目　对方科目　财务主管　复核　经办	

此联申请人留存

图 4-4-16　加盖业务受理章的银行汇票申请书（第一联）

步骤三：出纳收到银行汇票及申请书。

银行将银行汇票的汇票联（图4-4-17）和解讫通知联（图4-4-18）连同加盖转讫章的银行汇票申请书交出纳。

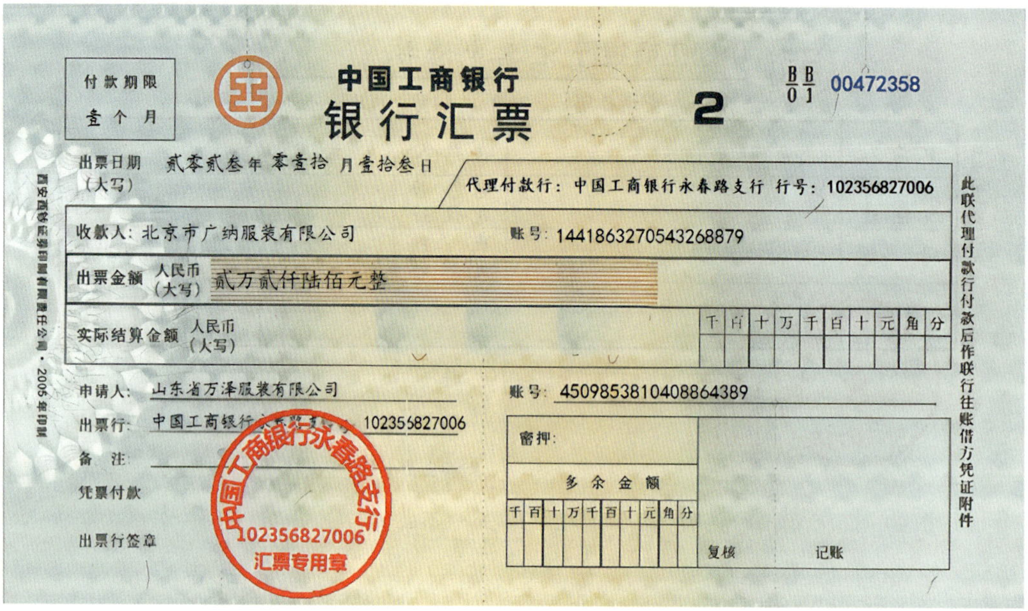
付款期限 壹个月
中国工商银行
银行汇票 2
BB 01 00472358
出票日期（大写） 贰零贰叁年 零壹拾 月壹拾叁日
代理付款行：中国工商银行永春路支行 行号：102356827006
收款人：北京市广纳服装有限公司 账号：1441863270543268879
出票金额 人民币（大写） 贰万贰仟陆佰元整
实际结算金额 人民币（大写） 千 百 十 万 千 百 十 元 角 分
申请人：山东省万泽服装有限公司 账号：4509853810408864389
出票行：中国工商银行永春路支行 行号：102356827006
备注：
凭票付款
密押：
多余金额 千 百 十 万 千 百 十 元 角 分
出票行签章
中国工商银行永春路支行 102356827006 汇票专用章
复核 记账
此联代理付款行付款后作联行往账借方凭证附件
西安西钞证券印制有限责任公司·2005年印制

图4-4-17 银行汇票（汇票联）

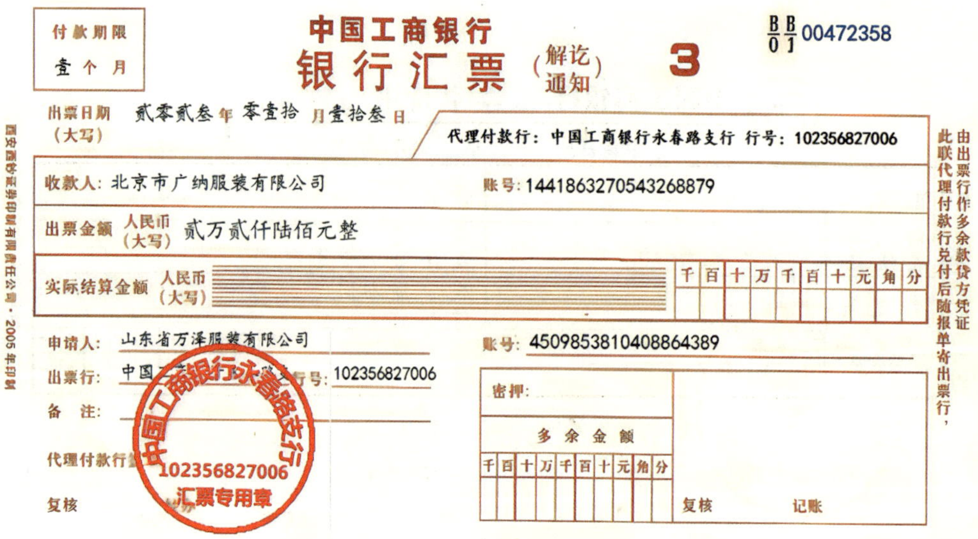
付款期限 壹个月
中国工商银行
银行汇票（解讫通知） 3
BB 01 00472358
出票日期（大写） 贰零贰叁年 零壹拾 月壹拾叁日
代理付款行：中国工商银行永春路支行 行号：102356827006
收款人：北京市广纳服装有限公司 账号：1441863270543268879
出票金额 人民币（大写） 贰万贰仟陆佰元整
实际结算金额 人民币（大写） 千 百 十 万 千 百 十 元 角 分
申请人：山东省万泽服装有限公司 账号：4509853810408864389
出票行：中国工商银行永春路支行 行号：102356827006
备注：
代理付款行签章
密押：
多余金额 千 百 十 万 千 百 十 元 角 分
中国工商银行永春路支行 102356827006 汇票专用章
复核 经办 复核 记账
此联代理付款行兑付后随报单寄出票行，由出票行作多余款贷方凭证
西安西钞证券印制有限责任公司·2005年印制

图4-4-18 银行汇票（解讫通知联）

步骤四：会计编制记账凭证。

出纳将银行汇票的汇票联及解讫通知联交业务员，并将加盖银行业务受理章的银行汇票申请书交由会计填制记账凭证。会计主管对记账凭证进行审核。

步骤五：出纳登记银行存款日记账。

出纳根据会计主管审核后的记账凭证登记银行存款日记账。

⊞ ● 知识拓展 ●

银行汇票与银行本票的相同点与不同点（表4-4-1）。

表 4-4-1　银行汇票与银行本票的相同点与不同点

	银行本票	银行汇票
相同点	1. 都是银行结算方式 2. 既可用于转账，也可用于支取现金 3. 单位和个人都可使用，但是单位不得使用注明"现金"字样的银行本票和汇票 4. 本票和汇票一律记名 5. 都可背书转让	
不同点	概念：银行本票是银行签发，承诺自己在见票时无条件支付确定金额给收款人或持票人的票据，限同一票据交换区域内适用	概念：银行汇票是指银行签发的汇票，一般由汇款人将款项交存当地银行，由银行签发给汇款人持往异地办理转账结算或支取现金
	当事人：出票人、收款人	当事人：出票人、收款人、付款人
	提示付款期限：2个月	提示付款期限：1个月
	起点金额：100元	起点金额：无限制

↗ ● 巩固提升 ●

广东商远公司是一家食品加工企业，公司全称为"广东商远有限责任公司"。开户银行：中国工商银行潍州支行，账号：3310645182092123179，公司法定代表人为李丽，出纳为李瑶，身份证号：440000199206031326，会计为李红，会计主管为李慧琳。

2023年11月28日，商远公司会计主管李慧琳要求出纳李瑶以银行汇票的方式向广美公司支付原材料未付款项28 250元，李瑶按照银行汇票付款流程开具银行汇票交由对方公司。

【资料】商远公司收到广美公司开具的增值税专用发票（图4-4-19）。

【要求】据以上资料填写银行汇票申请书（图4-4-20），并模拟进行银行汇票付款业务办理。

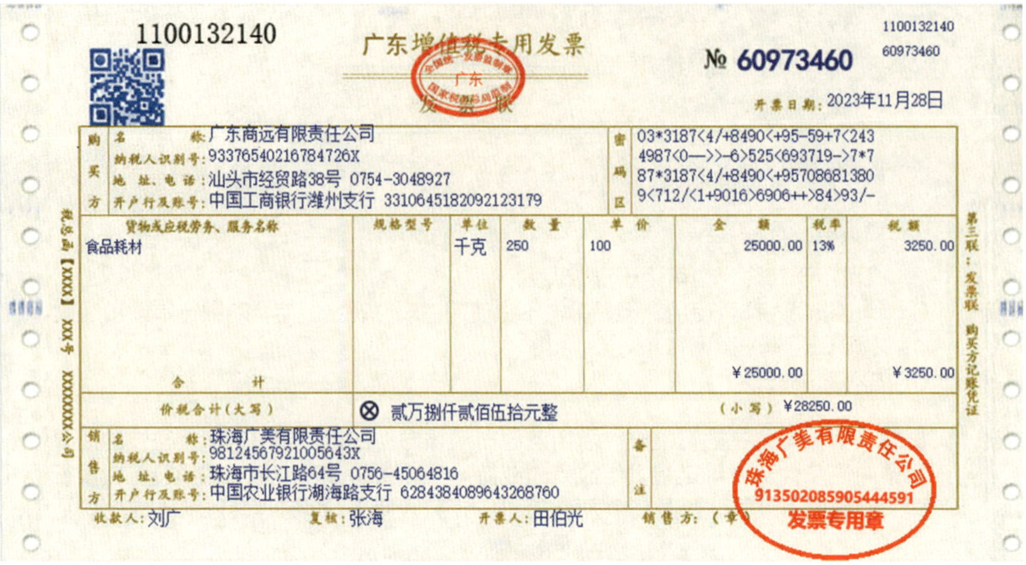
1100132140

广东增值税专用发票

发票联

№ 60973460

1100132140
60973460

开票日期：2023年11月28日

购买方	名称：广东商远有限责任公司 纳税人识别号：93376540216784726X 地址、电话：汕头市经贸路38号 0754-3048927 开户行及账号：中国工商银行潍州支行 3310645182092123179	密码区	03*3187<4/+8490<+95-59+7<243 4987<0—>>-6>525<693719->7*7 87*3187<4/+8490<+95708681380 9<712/<1+9016>6906++>84>93/-

货物或应税劳务、服务名称	规格型号	单位	数量	单价	金额	税率	税额
食品耗材		千克	250	100	25000.00	13%	3250.00
合计					¥25000.00		¥3250.00
价税合计（大写）	⊗贰万捌仟贰佰伍拾元整				（小写）¥28250.00		

销售方	名称：珠海广美有限责任公司 纳税人识别号：98124567921005643X 地址、电话：珠海市长江路64号 0756-45064816 开户行及账号：中国农业银行湖海路支行 6284384089643268760	备注	

收款人：刘广　复核：张海　开票人：田伯光　销售方：（章）

珠海广美有限责任公司 913502085905444591 发票专用章

第三联：发票联 购买方记账凭证

图 4-4-19　增值税专用发票

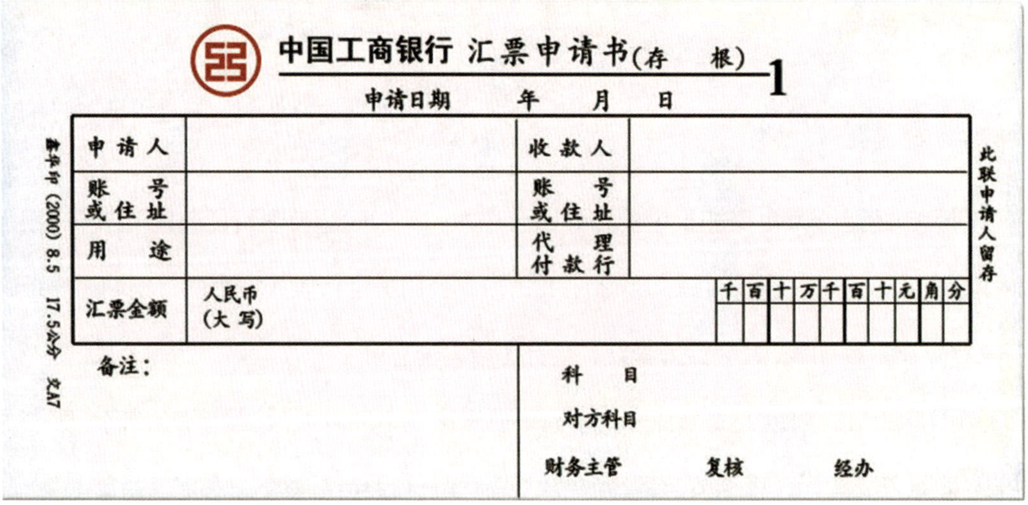
中国工商银行 汇票申请书（存　根）1

申请日期　　年　　月　　日

申请人		收款人	
账号或住址		账号或住址	
用途		代理付款行	
汇票金额	人民币（大写）		千 百 十 万 千 百 十 元 角 分

备注：　　科目　对方科目　财务主管　复核　经办

此联申请人留存

图 4-4-20　银行汇票申请书

任务评价

本任务考核采用百分制，采取过程考核与结果考核相结合的原则，注重技能考核。

过程考核（40%）				结果考核（60%）	
职业态度	组织纪律	学生互评	实训练习	考核项目	分值
根据学生课堂表现，采取扣分制	考勤与课堂纪律	小组内同学互评，组间互评	教师根据学生提交的实训报告情况进行评价	银行汇票特点、结算基本规定、注意事项、基本要求	10
				银行汇票审核内容	7
				银行汇票背书规定	7
				银行汇票出票规定	8
				银行汇票付款流程	8
				银行汇票收款流程	10
				银行汇票与银行本票的异同点	10

任务五　银行承兑汇票结算业务

▶ 📖 学习目标

1. 了解银行承兑汇票的相关内容。

2. 掌握银行承兑汇票的填写规范。

3. 熟练掌握银行承兑汇票收付款业务的处理。

4. 培养良好的职业道德素养和诚实守信的道德品质。

5. 树立职业目标，培养严谨操作的职业习惯。

📝 知识储备 ●

银行承兑汇票是商业汇票的一种，银行承兑汇票是由付款人委托银行开具的一种延期支付的票据，票据到期时银行具有见票无条件付款的义务。

银行承兑汇票

一、银行承兑汇票概述

银行承兑汇票是指由在承兑银行开立存款账户的存款人签发，向开户银行申请并经银行审查同意后承兑的，保证在指定日期无条件支付确定的金额给收款人或持票人的票据。银行承兑汇票最长期限为六个月，在票据期限内可以进行背书转让。

银行承兑汇票一式三联，第一联为卡片联（图4-5-1），由承兑银行作为底卡留存；第二联为汇票联（图4-5-2），收款人开户行随委托收款结算凭证寄给付款行作借方凭证的附件；第三联为存根联（图4-5-3），由出票人作为记账凭证留存。

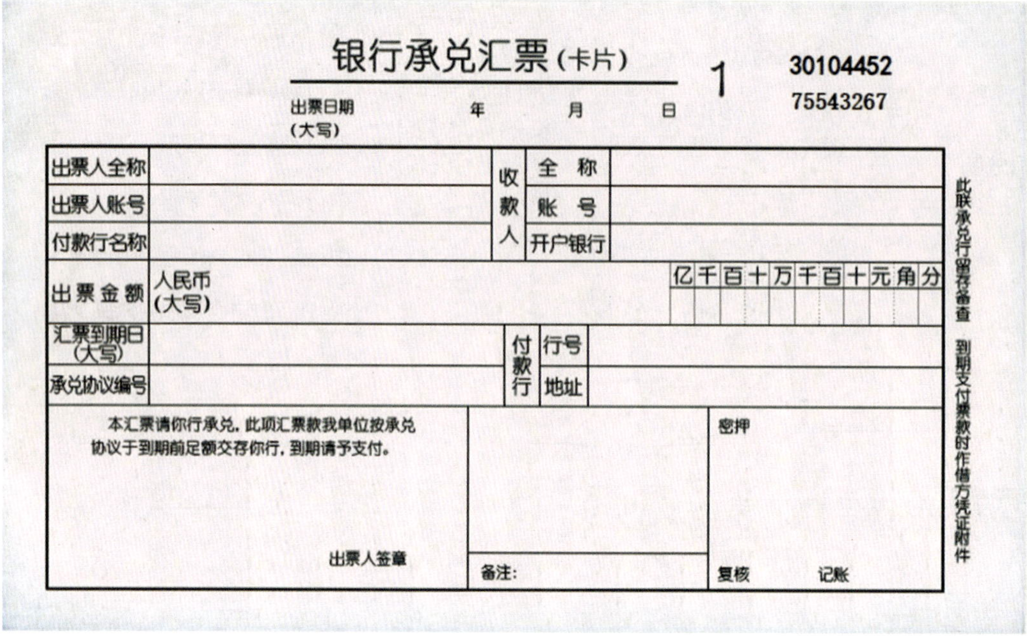

银行承兑汇票（卡片） 1 30104452 75543267

出票日期（大写） 年 月 日

出票人全称		收款人	全　称	
出票人账号			账　号	
付款行名称			开户银行	
出 票 金 额	人民币（大写）			亿 千 百 十 万 千 百 十 元 角 分
汇票到期日（大写）		付款行	行号	
承兑协议编号			地址	

本汇票请你行承兑，此项汇票款我单位按承兑协议于到期前足额交存你行，到期请予支付。

出票人签章

备注：

密押

复核　记账

此联承兑行留存备查，到期支付票款时作借方凭证附件

图 4-5-1　银行承兑汇票第一联（卡片联）

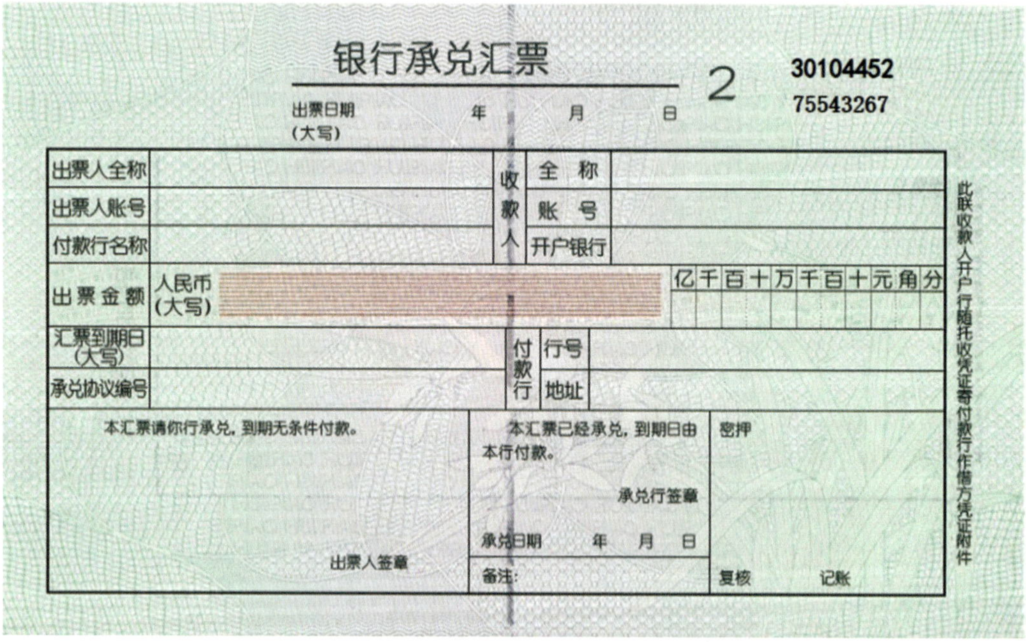

银行承兑汇票 2 30104452 75543267

出票日期（大写） 年 月 日

出票人全称		收款人	全　称	
出票人账号			账　号	
付款行名称			开户银行	
出 票 金 额	人民币（大写）			亿 千 百 十 万 千 百 十 元 角 分
汇票到期日（大写）		付款行	行号	
承兑协议编号			地址	

本汇票请你行承兑，到期无条件付款。

出票人签章

本汇票已经承兑，到期日由本行付款。

承兑行签章

承兑日期　年　月　日

备注：

密押

复核　记账

此联收款人开户行随托收凭证寄付款行作借方凭证附件

图 4-5-2　银行承兑汇票第二联（汇票联）

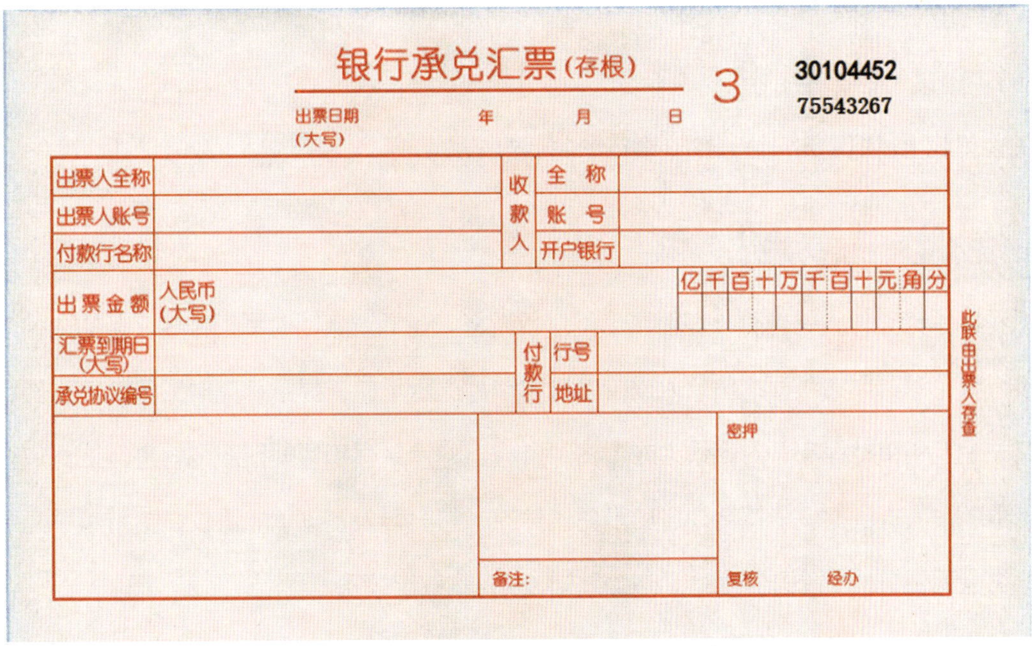
银行承兑汇票（存根） 3

30104452
75543267

出票日期（大写） 年 月 日

出票人全称		收款人	全 称	
出票人账号			账 号	
付款行名称			开户银行	
出票金额	人民币（大写）			亿 千 百 十 万 千 百 十 元 角 分
汇票到期日（大写）		付款行	行号	
承兑协议编号			地址	
	备注：		密押 复核 经办	

此联由出票人存查

图 4-5-3 银行承兑汇票第三联（存根联）

二、银行承兑汇票的出票

（一）出票人的资格条件

银行承兑汇票的出票人必须具备下列条件。

（1）在承兑银行开立存款账户的企业法人及其他组织。

（2）与承兑银行具有真实的委托付款关系。

（3）资信状况良好，具有支付汇票金额的可靠资金来源。

（二）出票人的确定

银行承兑汇票应由在承兑银行开立存款账户的存款人签发。

（三）出票的必须记载事项

签发银行承兑汇票必须记载下列事项。

（1）表明“银行承兑汇票”的字样。

（2）无条件支付的委托。

（3）确定的金额。

（4）付款人名称。

（5）收款人名称。

（6）出票日期。

（7）出票人签章。

欠缺记载上述规定事项之一的，银行承兑汇票无效。

三、银行承兑汇票的承兑

承兑即承诺兑付，是付款人在汇票上签章承诺将来在汇票到期时承担付款义务的一种票据行为。银行承兑汇票是由票据的出票人或持票人向银行提示承兑，提示承兑时银行的信贷部门负责按照有关规定和审批程序，对出票人的资格、资信、购销合同和票据记载内容进行认真审查，必要时可由出票人提供担保。符合规定和承兑条件的，与出票人签订承兑协议。银行承兑汇票的承兑银行决定承兑的，按票面金额的一定比例向出票人收取手续费。

银行承兑汇票的提示付款期限分为以下三种情况。

（1）见票即付的汇票无须提示承兑。

（2）定日付款或出票后定期付款的银行承兑汇票，持票人应当在汇票到期日前向付款人提示承兑。

（3）见票后定期付款的汇票，持票人应当自出票日起1个月内向付款人提示承兑。

► 🔔 小提示

银行承兑汇票办理托收手续时的注意事项

1. 检查承兑汇票，看是否有印鉴章模糊、印鉴章加盖错误、多盖印鉴章、骑缝章不骑缝等，如果有此类情况存在，需向对应的公司出具证明方可解兑。

2. 填写托收凭证，必须将付款人及收款人的全称、账号信息和开户行填写完整，汇票的金额必须与承兑汇票上的金额一致，大小写必须一致，并且填写正确。填写完整后，在托收凭证第二联上加盖公司银行预留印鉴。

3. 在银行承兑汇票的背书框里加盖银行预留印鉴，并在背书框写上"委托收款"，在被背书人处填写收款人公司的开户行。

4. 如果承兑有问题，需提供情况说明给付款行：情况说明首先要求写清楚票面要素，包括出票日期、汇票号码、出票人/收款人的全称、账号及开户行、出票金额、到期日等。同时要求写清楚导致该笔汇票延误提示付款的原因，请求该银行付款，须表明"由此产生的经济责任，由我单位自行承担"；完成后，将银行承兑汇票的原件、托收凭证、相关的证明一并拿到收款人开户行，到柜台请求解付。

5. 银行受理后，一般5~7个工作日可以收款到账。

四、银行承兑汇票的填写规范

出纳在填制银行承兑汇票时，应当逐项填写银行承兑汇票中签发日期、收款人和承兑申请人（即付款单位）的单位全称、账号、开户银行、汇票金额大小写、汇票到期日等内容，并在银行承兑汇票的第一联、第二联的"出票人签章"处加盖银行预留印鉴。具体各项目填写要求如表4-5-1所示。

表 4-5-1　银行承兑汇票填写要求

票据项目	填写要求
出票日期	出票日期必须用中文大写数字
出票人全称 出票人账号 付款行名称	1. 填写出票人全称，否则银行不予受理 2. 付款行名称、出票人账号为出票单位开户银行名称及银行账号 3. 付款行名称、出票人账号要填写完全准确，错字或者漏字都会导致银行拒绝接收票据
收款人全称 收款人账号 开户银行	1. 填写收款人全称，否则银行不予受理 2. 收款行名称、收款人账号为收款单位开户银行名称及银行账号 3. 收款行名称、收款人账号要填写完全准确，错字或者漏字都会导致银行拒绝接收票据
出票金额	大小写金额必须严格按照书写规范填写，并且字迹要清晰，大小写金额要相符
票据到期日	填写票据的到期日，必须使用中文大写，付款期限最长不得超过6个月
承兑协议编号	填写双方签订的承兑协议的号码
行号 地址	1. 填写承兑银行的行号 2. 填写承兑银行的地址
出票人签章	出票人加盖银行预留印鉴，一般为财务专用章与法定代表人章

子任务1　银行承兑汇票收款业务

⊟ ●任务场景●

2023年12月10日，出纳李玲在清点票据时，发现9月1日收到山东省亮诚有限公司的一张为期3个月的银行承兑汇票（图4-5-4）已经到期，金额为339 000元。向会计主管汇报后，出纳李玲带着票据前往银行办理收款手续。李玲办理银行承兑汇票收款需要经过哪些流程呢？

图4-5-4　银行承兑汇票

⊡ ●任务实施●

出纳李玲完成银行承兑汇票收款业务的步骤如下。

步骤一：向承兑银行提示付款。

出纳应在银行承兑汇票到期日起十日内，向承兑银行提示付款。

银行承兑汇票收款业务

▶ 🔔 小提示

如果持票人未在规定期限内提示付款的，则丧失对其前手的追索权。因此，出纳应密切关注票据的到期日。

步骤二：填写托收凭证。

（1）出纳在银行承兑汇票背面“背书人签章”处加盖银行预留印鉴，并注明“委托收款”字样（图4-5-5）。

（2）在收到的银行承兑汇票背面的被背书人一栏里，填写本单位开户行全称。

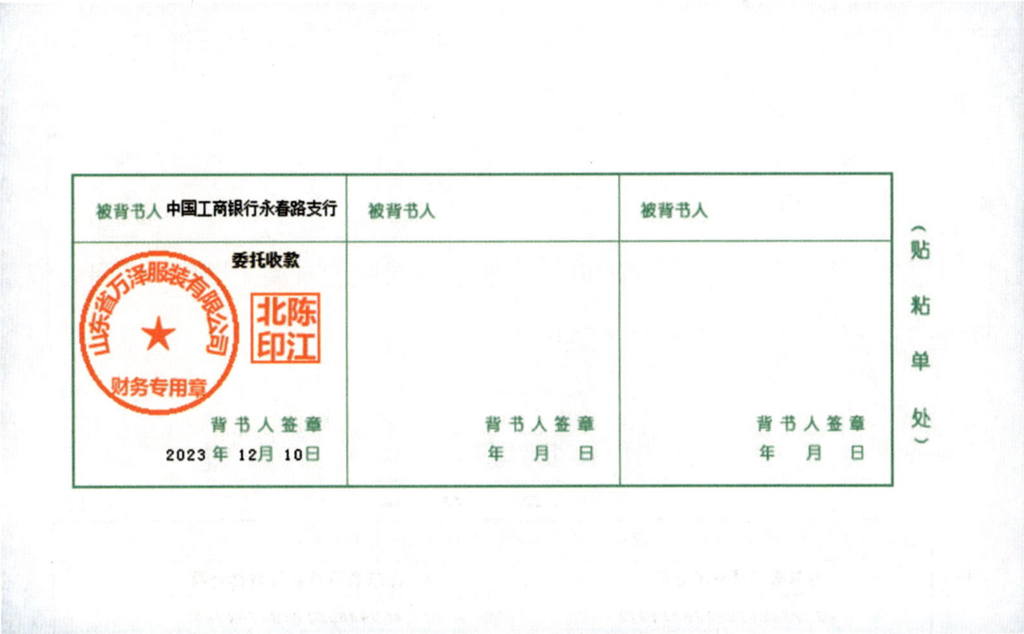

被背书人 中国工商银行永春路支行	被背书人	被背书人
委托收款 山东省万泽服装有限公司 财务专用章 北陈 印江 背书人签章 2023 年 12月 10日	背书人签章 年 月 日	背书人签章 年 月 日

（贴粘单处）

图 4-5-5 银行承兑汇票（背书）

（3）填制一式五联的托收凭证，并在第二联（图4-5-6）加盖银行预留印鉴。

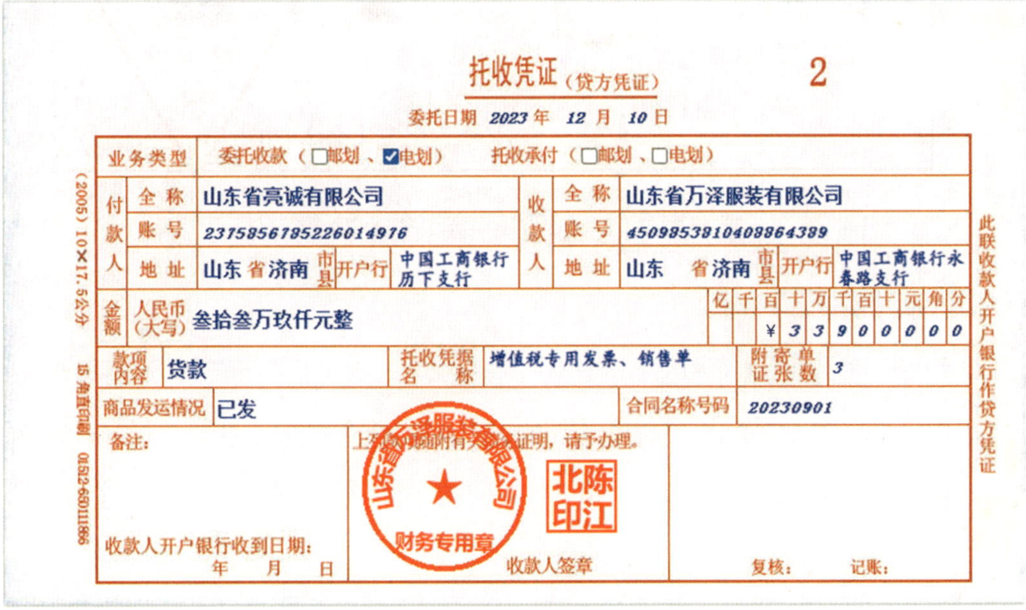

托收凭证（贷方凭证） 2

委托日期 2023 年 12 月 10 日

业务类型	委托收款（□邮划、☑电划） 托收承付（□邮划、□电划）					
付款人	全称	山东省亮诚有限公司	收款人	全称	山东省万泽服装有限公司	
	账号	2375856785226014976		账号	4509853810408864389	
	地址	山东 省济南 市/县 开户行 中国工商银行历下支行		地址	山东 省济南 市/县 开户行 中国工商银行永春路支行	
金额	人民币（大写）	叁拾叁万玖仟元整	亿千百十万千百十元角分	¥ 3 3 9 0 0 0 0 0		
款项内容	货款	托收凭据名称	增值税专用发票、销售单	附寄单证张数	3	
商品发运情况	已发		合同名称号码	20230901		
备注： 收款人开户银行收到日期： 年 月 日	上列款项随附有关债务证明，请予办理。 山东省万泽服装有限公司 财务专用章 北陈 印江 收款人签章		复核： 记账：			

此联收款人开户银行作贷方凭证

(2005) 10×17.5公分 15 鲁宣印刷 0512-65011866

图 4-5-6 托收凭证第二联（贷方凭证联）

> 小提示
>
> 托收凭证一式五联，第一联是回单，是收款单位开户银行给收款单位的受理回单联；第二联贷方凭证，是收款单位委托开户银行办理托收款项后的贷方凭证联；第三联借方凭证，是付款单位开户银行支付货款的借方凭证联；第四联收账通知，是收款单位开户银行在款项收妥后，给付款单位的收账通知联；第五联承付款项通知，是付款单位开户银行通知付款单位按期承付货款的承付通知联。

步骤三：去银行办理托收。

出纳将托收凭证和银行承兑汇票第二联一同交给开户银行办理委托收款，银行审查无误后将托收凭证第一联受理回单联（图4-5-7）交给出纳。

托收凭证（受理回单）　　1

委托日期 2023 年 12 月 10 日

业务类型	委托收款（☐邮划、☑电划）　托收承付（☐邮划、☐电划）				
付款人 全称	山东省亮诚有限公司		收款人 全称	山东省万泽服装有限公司	
付款人 账号	23758567852226014976		收款人 账号	4509853810408864389	
付款人 地址	山东省济南市县	开户行 中国工商银行历下支行	收款人 地址	山东省济南市县	开户行 中国工商银行永春路支行
金额 人民币（大写）	叁拾叁万玖仟元整		亿千百十万千百十元角分	¥ 3 3 9 0 0 0 0 0	
款项内容	货款	托收凭据名称	增值税专用发票、销售单	附寄单证张数	3
商品发运情况	已发		合同名称号码	2023…01	
备注： 复核 记账	年 月 日		收款人开户银行签章 2023 年 12 月 10 日		

（2005）10×17.5公分

此联作收款人开户银行给收款人的受理回单

中国工商银行永春路支行 2023.12.10 转讫（01）

图 4-5-7　托收凭证第一联（受理回单联）

步骤四：会计编制记账凭证。

银行之间传递凭证，当款项到达公司账户后，银行会将托收凭证第四联收账通知联（图4-5-8）交给公司。出纳将收账通知联和银行承兑汇票的复印件一并交由会计，由会计填制记账凭证。会计主管对记账凭证进行审核。

图4-5-8 托收凭证第四联（收账通知联）

步骤五：登记银行存款日记账。

出纳根据会计主管审核的记账凭证登记银行存款日记账。

知识拓展

银行承兑汇票的贴现

1. 银行承兑汇票贴现的概念

银行承兑汇票贴现是指银行承兑汇票的贴现申请人由于资金需要，将未到期的银行承兑汇票转让给银行，银行按票面金额扣除贴现利息后，将余额付给持票人的一种融资行为。

2. 汇票持票人向银行办理贴现必须具备的条件

（1）票据未到期。

（2）票据未记载"不得转让"事项。

（3）在银行开立存款账户的企业法人及其他组织。

（4）与出票人或直接前手之间具有真实的商品交易关系。

3. 贴现利息及贴现所得的计算

在贴现活动中，企业付给银行的利息称为贴现利息，银行计算贴现利息的利率称为贴现利

银行承兑汇票的贴现

率，企业从银行获得的票据到期值扣除贴现利息后的货币收入，称为贴现所得。贴现利息和贴现所得的计算公式如下：

贴现所得=票据到期值−贴现利息

贴现利息=票据到期值×贴现率×贴现期

贴现期=票据期限−企业已持有票据期限

其中，带息银行承兑汇票的到期值是其面值加上按票据载明的利率计算的票据全部期间的利息，不带息票据的到期值即为面值。贴现期是指从贴现日至票据到期日的天数，在实际计算中可以按月计算，也可按日计算。

企业办理银行承兑汇票贴现时，需要填制完贴现凭证后，再将银行承兑汇票转让给银行。经银行审查无误后，把贴现的金额直接转到企业的账户上，并将回单联交给出纳作为款项到账的证明。

↗ 巩固提升

一、单项选择题

1. 银行承兑汇票的付款期限从银行承兑汇票承兑之日起至到期日止，最长不得超过（　　）。

A. 3个月　　　　　B. 6个月　　　　　C. 1年　　　　　D. 2年

2. 银行承兑汇票的付款人是（　　）。

A. 出票人　　　　B. 背书人　　　　C. 承兑银行　　　　D. 持票人

3. 4月1日将5月10日到期的银行承兑汇票到银行办理贴现，则贴现日数为（　　）天。

A. 38　　　　　　B. 39　　　　　　C. 40　　　　　D. 41

4. （　　）不是签发银行承兑汇票必须记载事项。

A. 确定的金额　　B. 付款人名称　　C. 收款人名称　　D. "禁止背书"的说明

二、判断题

1. 银行承兑汇票进行贴现时，贴现利息直接从企业的银行账户中扣除，不再做另行通知。
（　　）

2. 银行承兑汇票的提示付款期限为30天。（　　）

3. 银行承兑汇票中大写金额和小写金额不一致时，以大写金额为准。（　　）

4. 银行承兑汇票一经贴现，票据的风险和未来经济利益即同步转让给银行。（　　）

三、业务题

辉腾公司是一家服装加工企业，公司全称为“济南辉腾股份有限公司”。开户银行：中国工商银行广潍路支行，账号：2939967384074630253，公司法定代表人为孙浩林，出纳为王沁，身份证号：370102198905081225，会计为刘荣，会计主管为李晓丽。

2023年6月18日，出纳王沁收到广州服装商贸股份有限公司递来的银行承兑汇票（图4-5-9）用以偿还货款，金额169 500元，期限6个月。2023年12月15日，银行承兑汇票到期，王沁持票据办理收款业务。

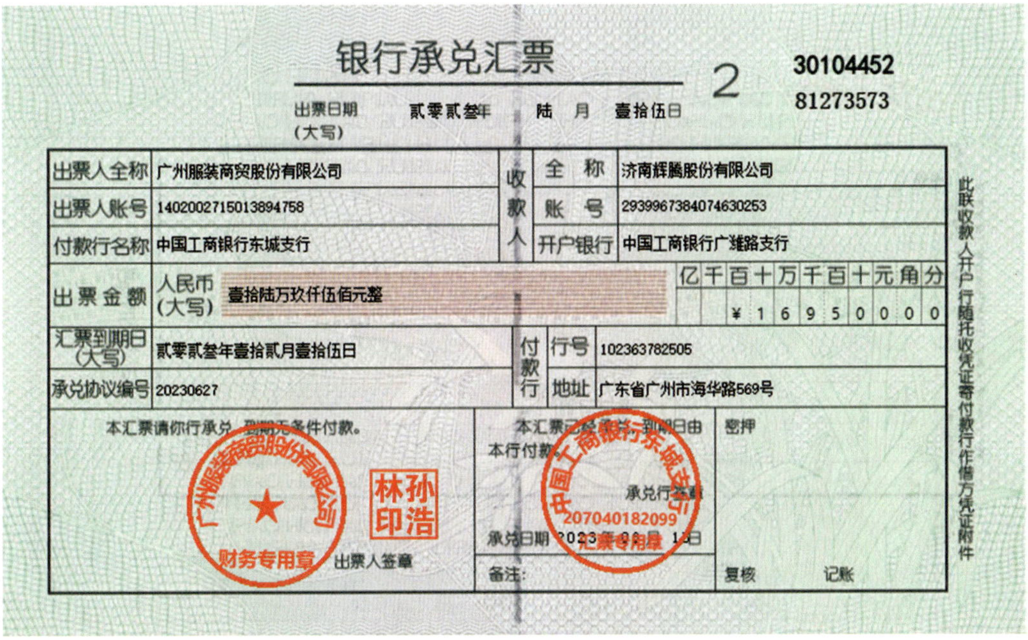

银行承兑汇票　2　30104452　81273573

出票日期（大写）　贰零贰叁年　陆　月　壹拾伍日

出票人全称	广州服装商贸股份有限公司	收款人	全　称	济南辉腾股份有限公司
出票人账号	1402002715013894758		账　号	2939967384074630253
付款行名称	中国工商银行东城支行		开户银行	中国工商银行广潍路支行
出票金额	人民币（大写）壹拾陆万玖仟伍佰元整		亿千百十万千百十元角分	¥16950000
汇票到期日（大写）	贰零贰叁年壹拾贰月壹拾伍日	付款行	行号	102363782505
承兑协议编号	20230627		地址	广东省广州市海华路569号

本汇票请你行承兑，到期无条件付款。　出票人签章

本汇票已经承兑，到期日由本行付款。　承兑行签章　承兑日期 2023年06月15日　备注：

密押　复核　记账

此联收款人开户行随托收凭证寄付款行作借方凭证附件

图 4-5-9　银行承兑汇票第二联

【要求】根据以上资料完成以下工作任务：

1. 将银行承兑汇票进行背书处理（图4-5-10）。

2. 填写托收凭证（图4-5-11），并指出需要加盖企业印鉴的联次。

被背书人	被背书人	被背书人	（贴粘单处）
背书人签章 年 月 日	背书人签章 年 月 日	背书人签章 年 月 日	

图 4-5-10　银行承兑汇票第二联（背面）

托收凭证（受理回单）　　1

委托日期　　年　月　日

业务类型	委托收款（□邮划、□电划）　　托收承付（□邮划、□电划）						
付款人	全称			收款人	全称		
	账号				账号		
	地址	省　市/县 开户行			地址	省　市/县 开户行	
金额	人民币（大写）					亿千百十万千百十元角分	
款项内容		托收凭据名称			附寄单证张数		
商品发运情况				合同名称号码			
备注： 复核　记账		年　月　日		收款人开户银行签章 年　月　日			

（2005）10×17.5公分　15 角直印制　0152-6501866

此联作收款人开户银行给收款人的受理回单

图 4-5-11　托收凭证

子任务 2　银行承兑汇票付款业务

任务场景

2023年12月23日，万泽公司销售部陈海通依程序提出申请，要求支付济南万贸有限公司棉布材料款452 000元，取得增值税专用发票（图4-5-12），经双方协商使用期限为6个月的银行承兑汇票支付。出纳李玲按照会计主管何晓东的安排，前往银行办理相关业务。李玲应该如何完成银行承兑汇票的付款业务呢？

图 4-5-12　增值税专用发票（发票联）

任务实施

出纳李玲完成银行承兑汇票付款业务的步骤如下。

步骤一：提出申请。

出纳向开户银行提出申请，并提供相应的申请资料，银行按照有关政策规定对出票人的资格、资信、购销合同等进行审查后，与企业签订银行承兑协议（图4-5-13）。

银行承兑汇票
付款业务

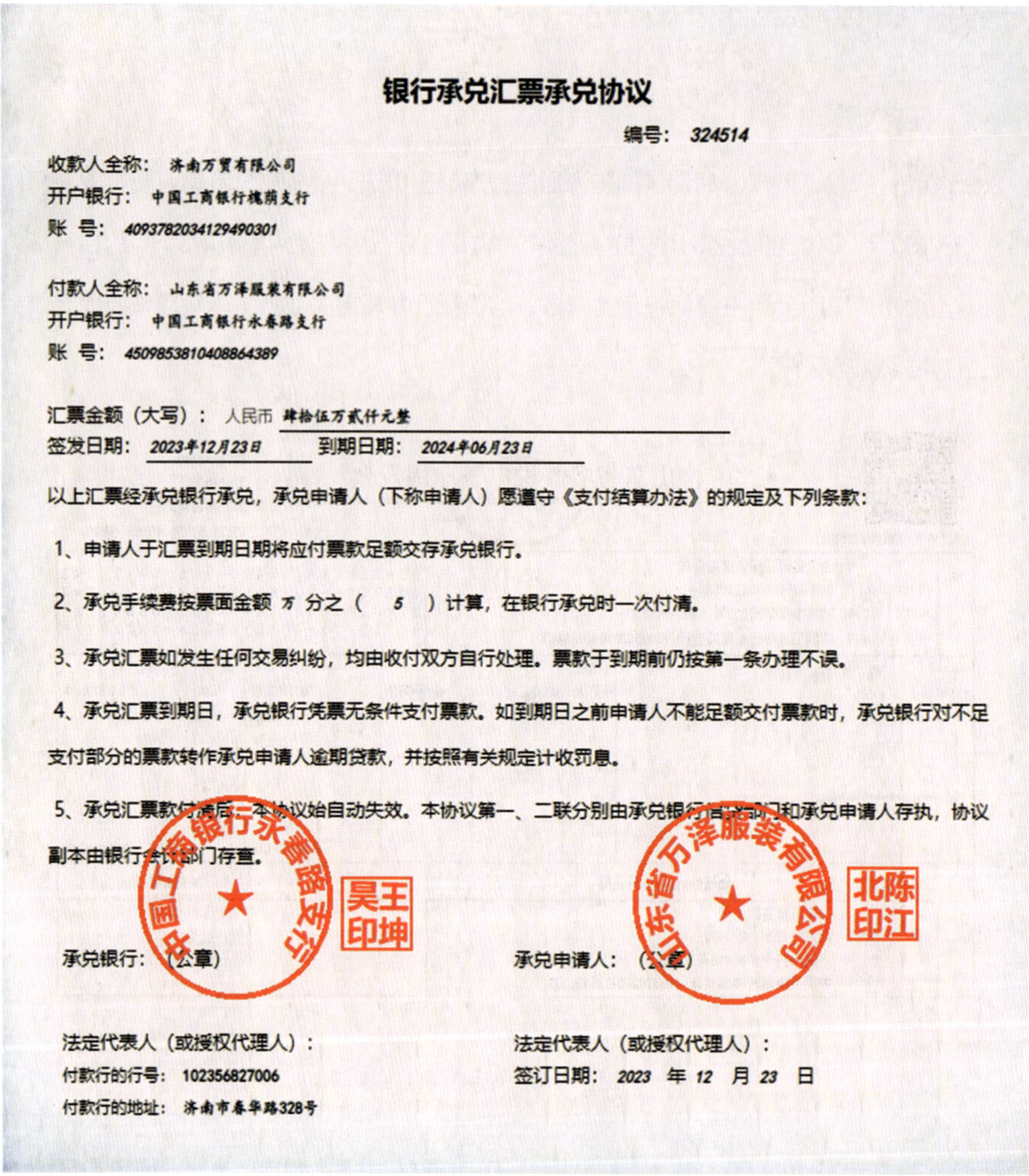

银行承兑汇票承兑协议

编号：324514

收款人全称：济南万贸有限公司
开户银行：中国工商银行槐荫支行
账　号：409378203412949030l

付款人全称：山东省万泽服装有限公司
开户银行：中国工商银行永春路支行
账　号：4509853810408864389

汇票金额（大写）：人民币 肆拾伍万贰仟元整
签发日期：2023年12月23日　　到期日期：2024年06月23日

以上汇票经承兑银行承兑，承兑申请人（下称申请人）愿遵守《支付结算办法》的规定及下列条款：

1、申请人于汇票到期日期将应付票款足额交存承兑银行。

2、承兑手续费按票面金额 万 分之（ 5 ）计算，在银行承兑时一次付清。

3、承兑汇票如发生任何交易纠纷，均由收付双方自行处理。票款于到期前仍按第一条办理不误。

4、承兑汇票到期日，承兑银行凭票无条件支付票款。如到期日之前申请人不能足额交付票款时，承兑银行对不足支付部分的票款转作承兑申请人逾期贷款，并按照有关规定计收罚息。

5、承兑汇票款付清后，本协议始自动失效。本协议第一、二联分别由承兑银行信贷部门和承兑申请人存执，协议副本由银行会计部门存查。

承兑银行：（公章）　　承兑申请人：（公章）

法定代表人（或授权代理人）：　　法定代表人（或授权代理人）：
付款行的行号：102356827006　　签订日期：2023 年 12 月 23 日
付款行的地址：济南市春华路328号

图 4-5-13　银行承兑协议

步骤二：转存保证金。

经银行审核完成之后，出纳应向银行指定账户存入保证金或办理担保。

小提示

《中华人民共和国票据法》和《支付结算办法》对于银行承兑汇票有着严格的使用限制，要求银行承兑汇票的出票人为在承兑银行开立存款账户的企业法人及其他组织，与承兑银行具有真实的委托付款关系，具有支付汇票金额的可靠资金来源。所以，在我国银行开具银行承兑汇票的实际操作中，都要求出票人提供一定数额的保证金，一般与银行承兑的数额相一致，如果出票人在该银行享有信用贷款，保证金则可以少于银行承兑的数额。

步骤三：开户银行签发票据。

银行签发银行承兑汇票后，出纳需在银行承兑汇票的第一联（图4-5-14）、第二联（图4-5-15）的出票人签章处加盖银行预留印鉴。出纳将填写完整并加盖相关银行预留印鉴的银行承兑汇票交还给银行，银行在第二联上盖章后退给出纳，出纳将银行承兑汇票第二联复印，原件由销售员交客户并取得客户的签收证明。

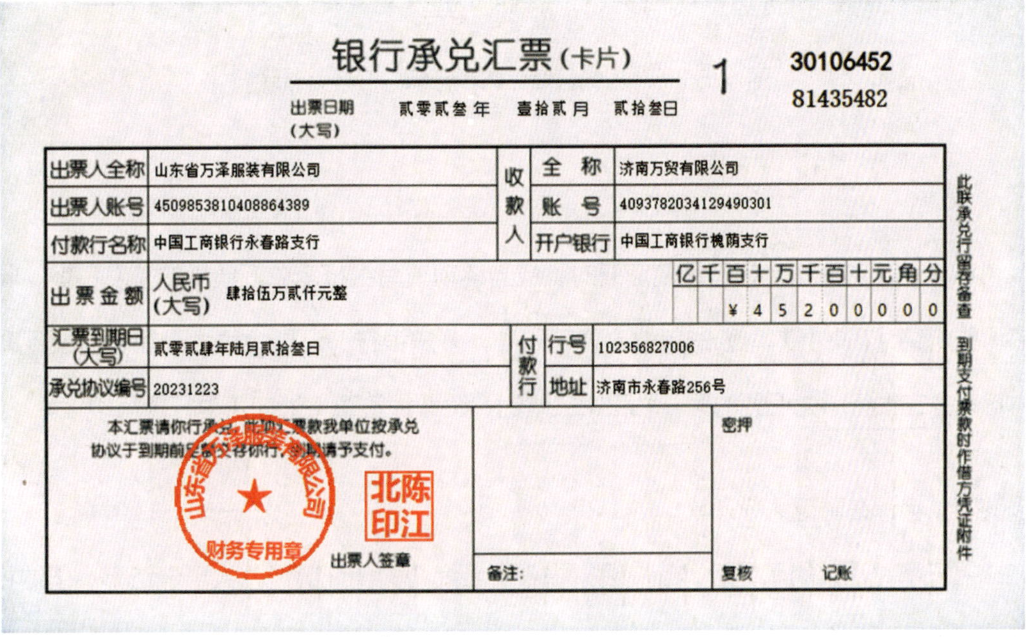
银行承兑汇票（卡片） 1

30106452
81435482

出票日期（大写） 贰零贰叁年 壹拾贰月 贰拾叁日

出票人全称	山东省万泽服装有限公司	收款人	全称	济南万贸有限公司
出票人账号	4509853810408864389		账号	4093782034129490301
付款行名称	中国工商银行永春路支行		开户银行	中国工商银行槐荫支行
出票金额	人民币（大写） 肆拾伍万贰仟元整		亿千百十万千百十元角分	¥45200000
汇票到期日（大写）	贰零贰肆年陆月贰拾叁日	付款行	行号	102356827006
承兑协议编号	20231223		地址	济南市永春路256号

本汇票请你行承兑，此项汇票款我单位按承兑协议于到期前足额交存你行，到期请予支付。

山东省万泽服装有限公司 财务专用章　北陈印江

出票人签章

备注：

密押

复核　记账

此联承兑行留存备查　到期支付票款时作借方凭证附件

图 4-5-14　银行承兑汇票第一联

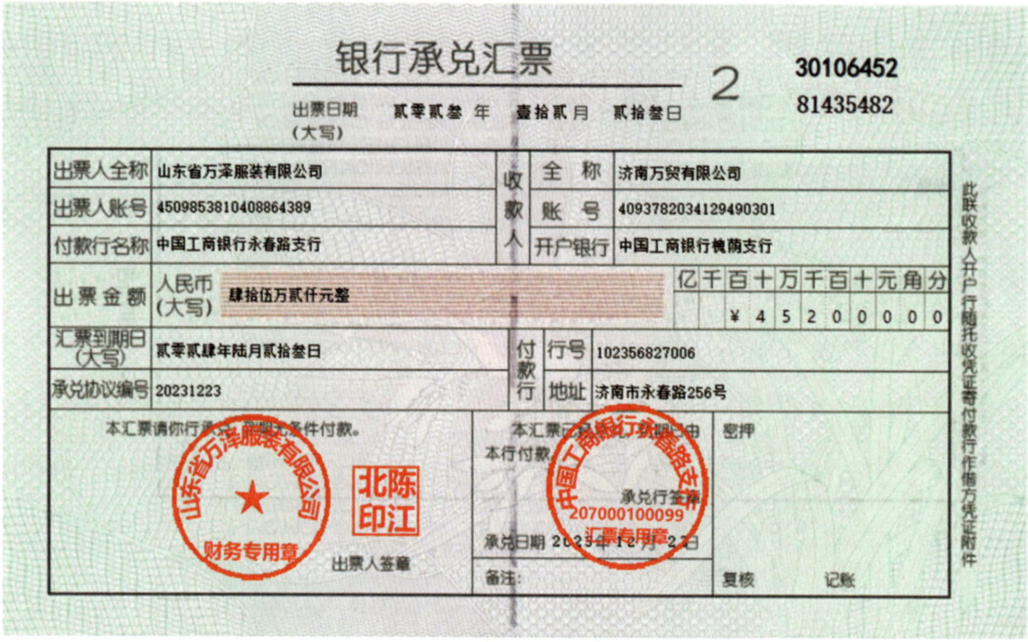
银行承兑汇票　2　30106452　81435482

出票日期（大写）　贰零贰叁 年　壹拾贰 月　贰拾叁 日

出票人全称	山东省万泽服装有限公司	收款人	全　称	济南万贸有限公司
出票人账号	4509853810408864389		账　号	4093782034129490301
付款行名称	中国工商银行永春路支行		开户银行	中国工商银行槐荫支行
出票金额	人民币（大写）肆拾伍万贰仟元整		亿千百十万千百十元角分	¥ 4 5 2 0 0 0 0 0
汇票到期日（大写）	贰零贰肆年陆月贰拾叁日	付款行	行号	102356827006
承兑协议编号	20231223		地址	济南市永春路256号

本汇票请你行承兑，到期无条件付款。
山东省万泽服装有限公司 财务专用章　北陈 印江
出票人签章

本汇票已经承兑，到期日由本行付款。
中国工商银行永春路支行 207000100099 汇票专用章
承兑行签章
承兑日期 2023年12月23日
备注：

密押

复核　记账

此联收款人开户行随托收凭证寄付款行作借方凭证附件

图 4-5-15　银行签章后的银行承兑汇票第二联

小提示

付款单位出纳在填制银行承兑汇票时，应当逐项填写银行承兑汇票中的签发日期，收款人和承兑申请人(即付款单位)的单位全称、账号、开户银行、汇票金额大小写、汇票到期日等内容，并在银行承兑汇票的第一联和第二联的“出票人签章”处加盖银行预留印鉴。

步骤四：会计编制记账凭证。

完成银行承兑汇票的承兑后，开户银行将收取手续费的凭证给经办人用于结算。出纳将收取手续费的凭证交由会计编制记账凭证。会计主管对记账凭证进行审核。

步骤五：登记银行存款日记账。

出纳根据会计主管审核的记账凭证登记银行存款日记账。

直击大赛

在智能财税会计大赛中，会计业务的处理更加注重对财务软件的实际操作。用银行承兑汇票进行业务支付时，需要在系统内完成操作，原理与实务中的银行承兑汇票支付一致。发生采购业务时，开出银行承兑汇票，填写银行承兑汇票相关信息。提交审核后，系统内生成付款单。

票据到期时，承兑银行承兑汇票，核对付款信息与票据结算信息，生成应付票据结算单。银行承兑汇票付款时，生成商业汇票付款凭证，保证会计核算规则的准确性及业务数据和财务数据的一致性。

> **小提示**
>
> 1. 银行承兑汇票承兑时，如果票款实际尚未支付，出纳不必登记银行存款日记账，只有办理结算的手续费需要登记日记账。
>
> 2. 如果银行承兑汇票到期，而承兑申请人无款支付或不足支付的，承兑银行将继续向收款单位开户银行划拨资金，同时按照承兑协议规定将不足支付的票款转入承兑申请人的逾期贷款账户，并对不足支付票款按天计收罚息。
>
> 3. 对于因无款支付或不足支付的罚息，应在收到银行罚息通知时，由会计编制银行存款付款凭证，出纳登记银行存款日记账。

巩固提升

辉腾公司为一家服装加工企业，公司全称为"济南辉腾股份有限公司"。开户银行：中国工商银行广潍路支行，账号：29399673840746300253，公司法定代表人为孙浩林，出纳为王沁，身份证号：370102198905081225，会计为刘荣，会计主管为李晓丽。

2023年12月20日，出纳王沁按领导批示，以银行承兑汇票结算方式偿还上海宏泽股份有限公司的货款36 160元，银行按照货款的万分之五收取手续费，开具一张6个月的银行承兑汇票。

【资料】收到的上海宏泽股份有限公司开出的增值税专用发票（图4-5-16）。

上海市增值税电子专用发票

机器编号：158469325189

发票代码：1109352140
发票号码：30914726
开票日期：2023年12月20日
校 验 码：35121 56856 45865 45816

购买方	名　　称：济南辉腾股份有限公司 纳税人识别号：313839060673572648 地 址、电 话：济南市广潍路130号 开户行及账号：中国工商银行广潍路支行 2939967384074630253			密码区	03*3187<4/+8490<+95-59+7<243 4987<0-->>-6>525<645716->7*7 87*3187<4/+8490<+957056817 8(9<712/<1+9016>6502++>82>93/-		
项目名称	规格型号	单位	数　量	单　价	金　额	税率	税　额
*纽扣		个	10000	3.2元/个	32000.00	13%	4160.00
合　　计					¥32000.00		¥4160.00
价税合计（大写）	⊗叁万陆仟壹佰陆拾元整				（小写）¥36160.00		
销售方	名　　称：上海宏泽股份有限公司 纳税人识别号：61326378067218382C 地 址、电 话：上海市黄浦区175号 开户行及账号：中国工商银行黄浦支行 2738478597459372630			备注			

收 款 人：　　复 核：　　开 票 人：

图 4-5-16　收到的增值税专用发票（发票联）

【要求】根据以上资料签发银行承兑汇票（图4-5-17）并计算手续费金额。

银行承兑汇票　2　30104452 84095232

出票日期（大写）　年　月　日

出票人全称		收款人	全　称	
出票人账号			账　号	
付款行名称			开户银行	
出票金额	人民币（大写）			亿 千 百 十 万 千 百 十 元 角 分
汇票到期日（大写）		付款行	行号	
承兑协议编号			地址	
本汇票请你行承兑，到期无条件付款。 出票人签章		本汇票已经承兑，到期日由本行付款。 承兑行签章 承兑日期　年　月　日 备注：		密押 复核　记账

此联收款人开户行随托收凭证寄付款行作借方凭证附件

图 4-5-17　银行承兑汇票

任务评价

本任务考核采用百分制，采取过程考核与结果考核相结合的原则，注重技能考核。

过程考核（40%）				结果考核（60%）	
职业态度	组织纪律	学生互评	实训练习	考核项目	分值
根据学生课堂表现，采取扣分制	考勤与课堂纪律	小组内同学互评，组间互评	教师根据学生提交的实训报告情况进行评价	银行承兑汇票的相关概念	15
				银行承兑汇票的填写	15
				银行承兑汇票收款流程	15
				银行承兑汇票付款流程	15

思政案例

诚信为本：从银行结算业务看职业操守与法律责任

任务一：转账支票结算业务

某公司出纳张某在处理转账支票时，为加快审批流程，擅自模仿财务主管签字，导致支票信息不实。后续审计中发现该问题，公司面临票据诈骗风险，张某被追究法律责任。

启示： 票据的签发、取得和转让应当遵循诚实信用原则。任何伪造、变造票据签章的行为均属违法。作为财务人员，必须严守职业底线，确保票据信息的真实性与合法性，维护企业信誉和金融秩序。

任务二：电汇结算业务

企业会计王某在办理电汇时，未核实收款方账户信息，误将50万元货款转入诈骗账户。经调查发现，王某因疏忽未履行基本审核义务，企业蒙受重大经济损失。

启示： 办理支付结算业务须"谁的钱进谁的账，由谁支配"。财务人员应秉持严谨负责的态度，严格执行账户信息核对流程，防范资金风险。这不仅是对企业资产的保护，更是职业责任感的体现。

任务三：银行本票结算业务

某供应商为争取合作机会，向采购方出具虚假银行本票作为担保。后经银行查验，本票系伪造，供应商被列入失信名单，合作方也因审查失职承担连带责任。

启示：民事法律行为需符合"意思表示真实"原则。银行本票作为信用工具，其核心在于契约精神与商业诚信。财务人员应拒绝一切弄虚作假行为，以诚信筑牢合作基石。

任务四：银行汇票结算业务

某外贸公司业务员李某为规避外汇管制，通过拆分汇票金额进行非法资金转移，最终被监管部门查处，企业资质被吊销。

启示：外汇管理相关规定明确禁止逃汇、套汇行为。银行汇票业务涉及国家金融安全，从业人员需强化法律意识，坚守合规底线，不得为短期利益触碰法律红线。

任务五：银行承兑汇票结算业务

某企业利用虚构贸易背景开具银行承兑汇票融资，导致银行巨额垫付风险暴露。经查，财务总监刘某默许该行为，最终被以"骗取票据承兑罪"起诉。

启示：以欺骗手段取得票据承兑的，构成刑事犯罪。银行承兑汇票业务需以真实交易为基础，财务人员应树立风险防控意识，杜绝投机性操作，维护金融市场稳定。

结语：

银行结算业务不仅是技术操作，更是职业素养与法律责任的试金石。从支票签字到汇票审核，每个环节都需以诚信为基、以法律为尺。作为未来财务工作者，唯有恪守职业道德、敬畏法规，方能筑牢职业生涯的"防火墙"，助力构建健康有序的金融生态。

项目五 综合业务

📎 项目描述

在企业财务工作中，出纳工作是不可或缺的一部分，是基本财务信息的收集者、归纳者和传递者。出纳每月对资金账簿进行清查、结算并整理成相关资金报表，向财务主管、公司管理者提供财务信息。出纳属于财务人员中的一员，当出纳工作调动时，需要按照财务人员交接要求，与接管人员办清交接手续。工作交接可以使出纳工作前后衔接，防止账目不清、财务混乱的情况发生。

本项目从出纳日常业务出发，对出纳月末结账业务、编制资金报表业务、出纳工作交接准备和出纳工作交接办理业务，以及出纳业务信息化进行学习。

任务一 月末结账业务

📑 学习目标

1. 了解出纳月末结账的范围。

2. 理解现金日记账、银行存款日记账这类资金月末结账的概念。

3. 能够进行现金日记账、银行存款日记账的月末结账操作。

4. 培养细致认真、勤勉尽责的职业道德。

5. 强化职业意识，养成良好的职业习惯。

🗂 ● 任务场景 ●

李玲是山东省万泽服装有限公司的出纳，根据发生的资金经济业务每天登记现金日记账、银行存款日记账，并对库存现金进行盘点对账，定期将银行存款日记账与银行对账单进行对账。在12月的最后一天，李玲还需要完成哪些工作呢？

资金结账

知识储备

一、资金结账的概念

资金结账是将一定时期内发生的资金经济业务和相应的财产收支情况，定期进行汇总、整理和总结，将账簿记录定期结算清楚的账务工作。每个单位都必须按照有关规定，定期做好资金结账工作。

资金结账可以分为月末结账、季末结账、年末结账。

月末结账是以一个月为结账周期，每月月末对本月内的现金、银行存款情况进行总结；季末结账是以一个季度为结账周期，每季季末对本季内的现金、银行存款情况进行总结；年末结账是以一个年度为结账周期，每年年末对本年内的现金、银行存款情况进行总结。

通过资金结账工作，可以对一定期间内的资金账务工作进行结算、了结，反映一段会计期间的企业财务资金状况和资金流动情况，并为后续编制财务会计报表提供相关依据。

小提示

库存现金日记账和银行存款日记账要做到日清月结。当发生经济业务时，出纳需要及时清点现金、核对数目，并登记库存现金日记账；银行存款日记账要与银行对账单核对无误后才能进行结账，对存在的未达账项要及时处理，做到账实相符。保证企业能够及时反映资金的完整性和准确性。

二、结账的方法

结账的方法

第一，库存现金按日清点。库存现金需按日结计本期发生额和余额，每日记账完成后，在最后一笔经济业务下结出余额，在当日最后一笔经济业务记录完成后立即划线，必须在本日合计行上方划单红线，需将当日收入合计数、当日支出合计数和当日结余数结算出来，在摘要栏内注明"本日合计"字样。每日最后一笔经济业务资金余额就是当日库存现金结余数。

第二，库存现金、银行存款日记账需要按月结计发生额的收入、支出和余额。每月结账时，出纳在每个账户的最后一笔经济业务的下面通栏画单红线并结出"本期发生额"和"期末余额"，在摘要栏内填写"本月合计"字样。若月末没有余额，那么出纳须在借或贷栏中填写"平"的字样，同时在余额栏中填写"0"的字样。

第三，库存现金、银行存款日记账等需要按季结计季末发生额的收入、支出和余额。与月结账相似，出纳须在各账户本季度最后一个月的月结下面画一通栏单红线，在红线下结算出本季发生额和季末余额，并在摘要栏内注明"本季合计"字样，再在摘要栏下面画一通栏单红线，表示本季结束。

第四，每年年末，出纳需要将该年的累计发生额，登记在月末合计数或季末合计数下一行里，并在摘要栏内注明"本年合计"字样，画出双红线。

若企业账户年末有余额，那么出纳须在年结数的下一行的摘要栏内注明"结转下年"字样。同时要在下一年的新账页第一行的摘要栏内注明"上年结转"字样，并把上年年末余额数填写在余额栏内。这样可以避免有无余额账户混淆，使年末有余额账户的余额如实地在账户中加以反映。

直击大赛

● 在智能财税会计大赛中，现金、银行存款是企业的货币资金，由于它们的特性，管好、用好企业货币资金是现代企业管理的一项重要内容。出纳管理是为出纳提供的一套管理工具，主要包括现金日记账和银行存款日记账的管理、支票登记的管理及银行对账功能。

● 在智能财税系统里，月末结账流程主要在于对账，月末结账步骤对比手工记账步骤发生了简化，如图5-1-1所示。

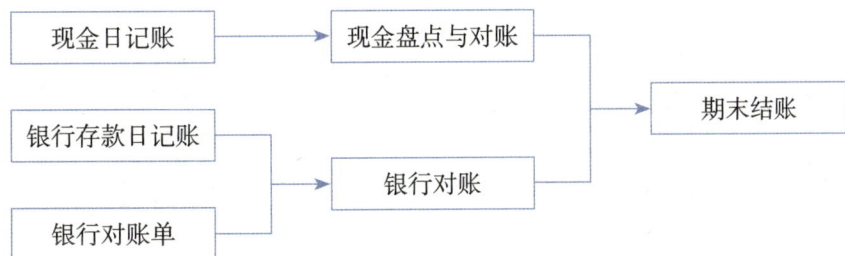

图 5-1-1　月末结账流程

● 在智能财税系统里，库存现金月末结账时，在库存现金模块查询库存现金日记账与现金进行核对，核对无误即可，系统会自动出现本期发生额和期末余额。

● 在智能财税系统里，银行存款月末结账时，首先利用自动对账功能进行总账和明细账自动对账；再进行手工对账，与银行对账单核对，然后查询系统内银行存款余额调节表，对存在的未达账项进行调节，核对无误后即可完成月末结账工作。

(一) 任务实施

12月31日，出纳李玲实施月末结账业务流程如下。

步骤一：根据记账凭证，核对资金日记账。

资金结账前，将本期资金业务事项全部登记入账，并保证其正确性。若发现漏账、错账，应及时补记、更正。根据企业财务制度，企业不得为赶编会计报表而提前结账或将本期发生的经济业务拖延至下期登账，也不能先编会计报表而后结账。

步骤二：结算出库存现金、银行存款日记账的本期收入、支出发生额和期末余额。

（1）在该月最后一笔经济业务的记录下面画一条通栏单红线，在红线的下一行“摘要”栏内注明“本月合计”字样，在“借方”“贷方”和“余额”栏内分别填入本月借方发生额合计数、贷方发生额合计数和月末余额，并在这一行下面画一条通栏单红线，表示本月结账完毕。

（2）对需逐月结算本年累计发生额的账户，应逐月计算从年初至本月止的累计发生额，并登记在“本月合计”的下一行，在“摘要”栏内注明“本年累计”字样，并在这一行下面画一条通栏单红线，以便与下月发生额划清。因为“任务场景”中为12月发生的经济业务，12月末的“本年累计”就是全年累计发生额，全年累计发生额下通栏画双红线。

2023年12月31日出纳李玲对库存现金日记账（图5-1-2）作资金结账。

库存现金日记账 第 20 页

2023年 月	日	凭证 种类	凭证 号数	票据号数	摘要	借方	贷方	余额	核对
12	01				期初余额	2260000	1235000	1025000	
12	05	记	002		预借差旅费		248000	777000	
12	05				本日合计		248000	777000	
12	07	记	003		支付维修款		150000	627000	
12	07				本日合计		150000	627000	
12	12	记	006		收到员工还款	42000		669000	
12	12	记	007		报销办公费		176000	493000	
12	12				本日合计	42000	176000	493000	
12	23	记	015		收到赔偿款	60000		553000	
12	23				本日合计	60000		553000	
12	31				本月合计	102000	574000	553000	
12	31				本年累计	2362000	1809000	553000	

图 5-1-2 库存现金日记账结账

巩固提升

一、简答题

1. 资金结账可以分为几种？

2. 12 月如何进行月末结账？

二、案例题

强盛公司是一家融食品生产、销售为一体的制造企业，公司全称为"山东省强盛食品有限公司"。开户银行：交通银行长安路支行，账号：110010412025098180018，公司法定代表人为赵强，出纳为江宇，身份证号：370123199710218285，会计为何彦杰，会计主管为高晓东。

资料：2023年12月银行存款日记账（图5-1-3）。

要求：根据以上资料进行银行存款的月结、年结。

2023年		凭证		支票号码	摘要	对方科目	收入（借方金额）	支出（贷方金额）	余额（结存余额）	核对
月	日	种类	号数				亿千百十万千百十元角分	亿千百十万千百十元角分	亿千百十万千百十元角分	
12	1				承前页		1277400 00	1048970 00	2284300 00	☐
12	25				取现			400000 0	1884300 00	☐
12	27				收到货款		1200000 0		3084300 00	☐
12	28				存现		300000 0		2784300 00	☐
										☐
										☐
										☐
										☐
										☐
										☐
										☐
										☐
										☐

开户行：交通银行长安路支行
账 号：110010412025098180018

图 5-1-3 银行存款日记账

任务评价

本任务考核采用百分制，采取过程考核与结果考核相结合的原则，注重技能考核。

过程考核（40%）				结果考核（60%）	
职业态度	组织纪律	学生互评	实训练习	考核项目	分值
根据学生课堂表现，采取扣分制	考勤与课堂纪律	小组内同学互评，组间互评	教师根据学生提交的实训报告情况进行评价	了解出纳月末结账的范围	20
				理解资金月末结账的概念	20
				掌握月末结账操作	20

任务二　编制资金报表

▶ 学习目标

1. 了解资金报表的作用。

2. 掌握编制资金报表的方法。

3. 树立诚信理念，培养学生以诚立身、严于律己的职业道德。

4. 强化严格执行准则制度的意识，保证财务信息真实完整，养成良好的职业习惯。

任务场景

2023年12月31日早上，会计主管何晓东对出纳李玲说："小李，12月的资金报表整理出来了吗？我了解一下公司资金情况。"李玲想："什么是资金报表？我怎么没听过呢？我应该怎么做呢？"李玲只登记了现金日记账和银行存款日记账，并进行了年底结账，李玲应该如何完成资金报表的编制呢？库存现金日记账、银行存款日记账分别如图5-2-1、图5-2-2所示。

库 存 现 金 日 记 账　　　第 20 页

2023年 月	日	凭证 种类	号数	票据号数	摘要	借方	贷方	余额	核对
12	01				期初余额	2260000	1235000	1025000	
12	05	记	002		预借差旅费		248000	777000	
12	05				本日合计		248000	777000	
12	07	记	003		支付维修款		150000	627000	
12	07				本日合计		150000	627000	
12	12	记	006		收到员工还款	42000		669000	
12	12	记	007		报销办公费		176000	493000	
12	12				本日合计	42000	176000	493000	
12	23	记	015		收到赔偿款	60000		553000	
12	23				本日合计	60000		553000	
12	31				本月合计	102000	574000	553000	
12	31				本年累计	2362000	1809000	553000	

图 5-2-1　库存现金日记账

银 行 存 款 日 记 账　　　第 21 页

开户行：中国工商银行水春路支付
账号：450985381040886 4389

2023年 月	日	凭证 种类	号数	支票号码	摘要	对方科目	收入(借方金额)	支出(贷方金额)	余额(结存余额)	核对
12	24				期初余额		634270000	165314800	468955200	
12	22	记	004		购买原材料			4680000	464275200	
12	22	记	005		收到货款		22600000		486875200	
12	22	记	008		支付运费			300000	486575200	
12	22				本日合计		22600000	4980000	486575200	
12	31	记	022		收到存款利息		345000		486920200	
12	31	记	023		付维修费			473000	486447200	
12	31				本日合计		345000	473000	486447200	
12	31				本月合计		22945000	5453000	486447200	
12	31				本年累计		657215000	170767800	486447200	

图 5-2-2　银行存款日记账

知识储备

一、资金报表的概念

资金报表是以日记账为主要依据编制的，用来反映一定时期内企业资金的收支、结余等情况。及时、准确地编制资金报表，有利于资金合理运用、企业偿债能力判断，以及为管理层经营决策提供依据。

资金报表（图5-2-3）能够直观、简洁和明了地反映企业资金运用情况，能很好地为企业管理者投资和决策提供依据，因此出纳除了每日登记账簿外，月末还要总结工作成果，资金报表就是其中一环。

资金报表

编制单位：　　　　　　　　　　　期间：　　　　　　　　　编制日期：

收支项目	资金使用合计	中国工商银行永春路支行	库存现金	备注
上月结余数				
收入项目				
销售收入款				
个人偿还借款				
银行贷款				
其他收入				
本月收入合计				
支出项目				
支付原料货款				
支付工资				
支付其他日常费用				
偿还贷款				
其他支出				
工程款				
设备款				
预付款				
本月支出合计				
本期资金结余				

复核人：　　　　　　　　　　　　　　　编制人：

图 5-2-3　资金报表

资金报表根据报表时间分为日报表、月报表、季报表和年报表。一般企业会每月编制企业资金报表；若是企业资金流量大，可每日编制资金报表；若企业资金流量小，可编制季度或年度资金报表，具体可视企业资金情况而定。

二、资金报表的编制方法

资金报表的计算公式为：

本月资金收入合计=本月库存现金收入合计+本月银行存款收入合计

本月资金支出合计=本月库存现金支出合计+本月银行存款支出合计

本期资金结余=上期结余数+本期收入合计−本期支出合计

资金报表的编制方法如下。

（1）填列上期结余数。

库存现金的上期结余，体现在现金日记账的期初余额上。

银行存款的上期结余，体现在银行存款日记账的期初余额上。

（2）根据资金日记账借方，填列收入项目。

（3）根据资金日记账贷方，填列支出项目。

（4）填写资金使用合计。

（5）计算、填写本期资金结余。

直击大赛

● 在智能财税会计大赛中，资金报表的计算更加方便，企业可以根据自身需要填写获取。查询库存现金日记账和银行存款日记账进行填写即可，考查重点主要在资金管理和企业资金分析。

● 若企业有多个资金账户，可以根据资金情况进行表格调整。

● 一般来说，资金报表分为现金和银行两部分，主要包括收入、支出和余额这三个项目。现金部分体现在现金日记账上，银行存款部分体现在银行存款日记账上。

任务实施

出纳李玲编制资金报表的业务流程如下。

步骤一：复核库存现金、银行存款日记账。

根据记账凭证复核库存现金、银行存款日记账，并且清点库存现金数目，银行存款日记账与银行对账单进行核对，对存在的差异及时编制盘点表和余额调节表，保证无错记、漏记，保证账簿记录的真实性、正确性和完整性。

步骤二：编制资金报表。

根据审核无误的库存现金、银行存款日记账编制资金报表（图5-2-4）。

为保证资金报表信息的真实性、完整性，编制好的资金报表出纳应该签字或盖章。交由会计主管人员审核无误后，才能提供给财务信息使用者。

资金报表

编制单位：山东省万泽服装有限公司　　期间：2023年12月　　编制日期：2023年12月31日　　单位：元

收支项目	资金使用合计	中国工商银行永春路支行	库存现金	备注
上月结余数	4699802.00	4689552.00	10250.00	
收入项目				
销售收入款	226000.00	226000.00		
个人偿还借款	420.00		420.00	
银行贷款	0.00			
其他收入	4050.00	3450.00	600.00	
本月收入合计	230470.00	229450.00	1020.00	
支出项目				
支付原料货款	46800.00	46800.00		
支付工资	0.00			
支付其他日常费用	10990.00	7730.00	3260.00	
偿还贷款	0.00			
其他支出	0.00			
工程款	0.00			
设备款	0.00			
预付款	2480.00		2480.00	
本月支出合计	60270.00	54530.00	5740.00	
本期资金结余	4870002.00	4864472.00	5530.00	

复核人：何晓东　　　　　　　　　　　编制人：李玲

图 5-2-4　资金报表

巩固提升

一、判断题

1. 资金报表每日编报一次。（　　　）

2. 资金报表中只列一个银行账户。（　　　）

3. 资金报表反映的企业信息既直观又简洁。（　　　）

二、业务题

山东华强公司为一家加工型企业，公司全称为"山东华强股份有限公司"。开户银行：中国工商银行山东支行，账号：3735648975121，公司法定代表人为张亮，出纳为王丽丽，身份证号：371012197806031226，会计为陈国强，会计主管为宋文。

【资料】2023年9月现金日记账（图5-2-5）。

2023年		凭证		票据号数	摘要	借方	贷方	余额	核对
月	日	种类	号数			百十万千百十元角分	百十万千百十元角分	百十万千百十元角分	
9	1				期初余额			1045000	
9	5	记	5		职工还借款	200000		1245000	
9	5				本日合计	200000		1245000	
9	20	记	20		职工报销差旅费		13300	1231700	
9	20				本日合计		13300	1231700	
9	30	记	30		购办公用品		80000	1151700	
9	30	记	35		收货款	100000		1251700	
9	30				本日合计	100000	80000	1251700	
9	30				本月合计	300000	93300	1251700	

图 5-2-5　现金日记账

2023年9月银行存款日记账（图5-2-6）。

银行存款日记账

开户行：中国工商银行山东支行

账 号：2503735648975121

2023年		凭证		支票号码	摘要	对方科目	收入（借方金额）	支出（贷方金额）	余额（结存余额）	核对
月	日	种类	号数				亿千百十万千百十元角分	亿千百十万千百十元角分	亿千百十万千百十元角分	
9	01				期初余额				80500000	□
9	4	记	2		付贷款利息			800000	79700000	□
9	4				本日合计			800000	79700000	□
9	11	记	12		购原材料			15850000	63850000	□
9	11				本日合计			15850000	63850000	□
9	19	记	25		收回货款		14000000		77850000	□
9	19				本日合计		14000000		77850000	□
9	25	记	36		支付货款			12000000	65850000	□
9	25				本日合计			12000000	65850000	□
9	30	记	40		收到货款		200000		66050000	□
9	30				本日合计		200000		66050000	□
9	30				本月合计		14200000	28650000	66050000	□
										□
										□
										□

图 5-2-6　银行存款日记账

【要求】请根据以上资料，编制该公司9月的资金报表（图5-2-7）。

资金报表

编制单位：　　　　期间：　　　　编制日期：

收支项目	资金使用合计		库存现金	备注
上月结余数				
收入项目				
销售收入款				
个人偿还借款				
银行贷款				
其他收入				
本月收入合计				
支出项目				
支付原料货款				
支付工资				
支付其他日常费用				
偿还贷款				
其他支出				
工程款				
设备款				
预付款				
本月支出合计				
本期资金结余				

复核人：　　　　编制人：

图 5-2-7　资金报表

任务评价

本任务考核采用百分制，采取过程考核与结果考核相结合的原则，注重技能考核。

过程考核（40%）				结果考核（60%）	
职业态度	组织纪律	学生互评	实训练习	考核项目	分值
根据学生课堂表现，采取扣分制	考勤与课堂纪律	小组内同学互评，组间互评	教师根据学生提交的实训报告情况进行评价	了解资金报表的作用	20
				理解资金报表的概念	20
				掌握编制资金报表操作	20

任务三　出纳工作交接准备

学习目标

1. 了解出纳工作交接准备的具体内容。

2. 正确准备出纳工作的交接事宜。

3. 培养勤勉尽责、严于律己、忠于职守的职业道德。

4. 强化财务专业意识，持续提升会计专业能力。

任务场景

2023年4月20日，因山东省万泽服装有限公司原出纳刘红要调到分公司工作，现出纳李玲接替刘红的工作。刚刚工作不久的李玲想："我应该怎么做交接工作呢？交接工作之前应该做什么准备呢？"

知识储备

出纳工作交接是指原出纳因调动工作或离职等原因，将有关工作和资料整理、汇总交给新任出纳的工作过程。《中华人民共和国会计法》第三十九条规定："会计人员调动工作或者离职，必须与接管人员办清交接手续。一般会计人员办理交接手续，由会计机构负责人（会计主管人员）监交；会计机构负责人（会计主管人员）办理交接手续，由单位负责人监交，必要时主管单位可以派人会同监交。"

出纳工作交接准备

出纳交接工作是划分交接岗位责任的有效措施，也使出纳工作前后衔接，防止账目不清、财务混乱。

出纳按有关规定和要求办理好工作的交接手续，可以使出纳工作移交清楚，防止遗漏。为了保证出纳交接工作顺利进行，出纳在办理交接手续前，必须做好以下准备工作。

（1）将已经受理的经济业务处理完毕；登记完所有出纳账项，并在最后一笔余额后加盖印章。

（2）账账核对。核对出纳账与现金、银行存款总账，核对银行存款账面余额与银行对账单余额，核对现金账面余额与实际库存现金余额；核对无误后，结出余额，并在最后一笔余额后加盖出纳名章。

（3）整理应该移交的各种资料，对未了事项和遗留问题要写出书面说明材料。例如，原出纳工作职责和工作范围的介绍，每期固定办理的业务介绍，按期缴纳电费、水费、电话费的时间等。

（4）编制工作交接书，将要办理移交的账簿、印鉴、现金、有价证券、支票簿、发票、文件及其他物品等内容列清；实行电算化的单位，移交人员还应在移交清册上列明会计软件及密码、数据盘磁带等内容。

（5）会计机构负责人（会计主管人员）移交时，应将财务会计工作、重大财务收支问题和会计人员情况等向接替人员介绍清楚。

> ▶ 🔔 小提示
>
> 需要办理出纳工作交接的情形：
>
> （1）出纳辞职或离开单位；
>
> （2）企业内部工作变动不再担任出纳职务，如出纳轮岗；
>
> （3）出纳岗位内部增加工作人员并重新进行分工；
>
> （4）因特殊情况如停职审查等按规定不宜继续从事出纳工作；
>
> （5）企业因其他情况按规定应办理出纳交接工作的，如企业解散、破产、兼并、合并、分立等情况发生时，出纳应向接收单位或清算组移交。

任务实施

出纳李玲工作交接准备的流程如下。

步骤一：原出纳做好交接准备工作。

原出纳按照交接程序要求完成交接准备工作。完成登记出纳日记账、账实核对、账账核对、整理移交资料、编制工作交接书等工作。

山东省万泽服装有限公司原出纳刘红，对出纳资料进行整理，具体内容如下：

（1）库存现金账面余额1 000元，实存金额1 000元；

（2）库存国库券32万元；

（3）银行存款余额972万元；

（4）空白现金支票10张（5474159号至5474168号）；

（5）空白转账支票20张（0002156号至0002175号）；

（6）托收承付登记簿1本；

（7）付款委托书1本；

（8）信汇登记簿1本；

（9）金库暂存物品明细表1份；

（10）银行对账单3本；2月未达账项说明1份；

（11）山东省万泽服装有限公司财务处转讫印章1枚，现金收讫印章1枚，现金付讫印章1枚，法定代表人章1枚。

步骤二：编制出纳工作交接书。

在编制工作交接书（图5-3-1）时要将账簿、印鉴、现金、有价证券、支票簿、发票、文件、其他物品等内容列清。

出纳工作交接实施

出纳工作交接书

出纳刘红同志，因工作原因需调离工作岗位，财务部已决定将出纳工作移交给李玲接管。现办理如下交接。

一、交接日期

2023年4月21日

二、具体业务的移交

1．库存现金账面余额1000元，与实存相符，日记账余额与总账相符。

2．库存国库券32万元，经核对无误。

3．银行存款余额972万元，经编制"银行存款余额调节表"核对相符。

三、移交的会计凭证、账簿、文件

1．本年度现金日记账1本；

2．本年度银行存款日记账2本；

3．空白现金支票10张（5474159号至5474168号）；

4．空白转账支票20张（0002156号至0002175号）；

5．托收承付登记簿1本；

6．付款委托书1本；

7．信汇登记簿1本；

8．金库暂存物品明细表1份，与实物核对相符；

9．银行对账单1—3月3本；2月未达账项说明1份；

四、印鉴

1．山东省万泽服装有限公司财务处转讫印章1枚；

2．山东省万泽服装有限公司财务处现金收讫印章1枚；

3．山东省万泽服装有限公司财务处现金付讫印章1枚；

4．山东省万泽服装有限公司法定代表人章1枚。

五、交接前后工作责任的划分

2023年4月21日前的出纳责任事项由刘红负责；2023年4月21日起的出纳工作由李玲负责。以上移交事项均经交接双方认定无误。

六、本交接书一式三份，双方各执一份，存档一份。

移交人

接管人

监交人

山东省万泽服装有限公司财务部

2023 年 4 月 21 日

图 5-3-1　出纳工作交接书

巩固提升

一、不定项选择题

1. 出纳的交接工作，一般由（　　）负责监督。

A.　会计　　　　　　B.　单位负责人　　　　C.　会计主管人员　　　　D.　行政主管人员

2. 下列不需要办理出纳工作交接的情形有（　　）。

A.　出纳辞职或离开单位

B.　企业内部工作变动不再担任出纳职务，如出纳岗位轮岗调换到会计岗位

C.　出纳岗位内部增加工作人员重新进行分工

D.　出纳请假十天

二、简答题

出纳工作交接准备内容有哪几部分？

任务评价

本任务考核采用百分制，采取过程考核与结果考核相结合的原则，注重技能考核。

过程考核（40%）				结果考核（60%）	
职业态度	组织纪律	学生互评	实训练习	考核项目	分值
根据学生课堂表现，采取扣分制	考勤与课堂纪律	小组内同学互评，组间互评	教师根据学生提交的实训报告情况进行评价	了解出纳工作交接准备的具体内容	20
				正确准备出纳工作的交接事宜	40

任务四　出纳工作交接办理

▶ 📋 学习目标

1. 了解出纳工作交接中责任的转移。

2. 明确出纳交接的相关责任。

3. 掌握出纳工作交接的业务流程。

4. 培养爱岗敬业、细致认真、勤勉尽责的职业道德。

⊟ ·任务场景·

2023年4月21日，在会计主管何晓东的监督下，原出纳刘红和现出纳李玲进行了工作交接，刘红编制工作交接书。

·知识储备·

出纳工作交接办理

一、出纳工作交接办理

出纳工作的交接流程分为进行交接、确认签名和交接结束三个阶段。

（一）进行交接

原出纳与接管人进行具体事宜交接，以下事项要仔细清点。

（1）现金、有价证券、贵重物品要根据会计账簿有关记录由移交人向接交人逐一点交，不得短缺。接交人员发现不一致或有白条顶库现象时，移交人员需在规定期限内负责查清处理。

（2）银行存款账户余额要与银行对账单核对。在核对时如发现疑问，移交人和接交人应一起到开户银行当面核对，并编制银行存款余额调节表。

（3）在银行存款账户余额与银行对账单余额核对相符的前提下，移交有关票据、票证及印章。

（4）出纳账簿移交时，接交人应该核对账账是否相符，即现金日记账、银行存款日记账、有价证券明细账与现金、银行存款和有价证券总账核对是否相符。实行会计电算化的单位，交接双方应先在计算机上对有关数据进行确认，正确无误后，将账页打印出来，装订成册后，再进行书面交接。核对无误后，移交人在结账数字上盖章，以示对前段工作负责。最后，交接双方在账簿的经管人员一览表上签章，并注明交接的年、月、日。

（5）出纳凭证、出纳账簿和其他会计核算资料必须完整无缺。如有短缺，必须查清原因，并在移交清册中注明，由移交人员负责。

（6）工作计划移交时，为方便接交人开展工作，移交人应向接交人详细介绍工作计划执行情况及今后在执行过程中应注意的问题，以保证出纳工作的延续性。

（7）移交人应将保险柜密码、钥匙、办公桌和办公室钥匙一一移交给接交人。接交人在接交完毕后，应立即更换保险柜密码及有关锁具。

（8）接交人办理接交完毕，应在出纳账簿启用表上填写接收时间，并签名盖章。监交人履行核验、监督和见证职责，沟通需要补充的交接事项并作处理。

（二）确认签名

在事项交接完毕，各方无异议后，分别在移交清册或工作交接书各页签名或盖章，移交清册或工作交接书必须载明单位名称、交接日期、交接双方和监交人的职务及姓名，移交清册或工作交接书要说明页数、其他需要说明的问题和意见。移交清册或工作交接书一般一式三份，其中交接双方各执一份，另一份作为会计档案，在交接结束后归档保管。

（三）交接结束

交接完毕后，监交人向上级汇报交接结果，监交人移交工作交接书并将其归档保管。

二、出纳工作交接的相关责任

交接工作完成后，移交人员所移交的会计凭证、会计账簿、财务会计报告和其他会计资料是在其经办会计工作期间内发生的，应当对这些会计资料的真实性、完整性负责，即便接替人员在交接时因疏忽没有发现所接会计资料在真实性、完整性方面的问题，如事后发现仍应由原移交人员负责，原移交人员不应以会计资料已移交而推脱责任。

接收人应继续使用移交后的账簿等资料，保持会计记录的连续性，不得自行另立账簿或擅自销毁移交资料。

任务实施

出纳李玲工作交接的流程如下。

步骤一：原出纳与现出纳正式交接。

原出纳与现出纳在会计主管的监督下进行正式交接。现出纳按照移交清册对现金、有价证券、印鉴、出纳日记账及其他会计资料和实物进行清点，并在出纳日记账启用表上填写移交时间，交接双方和监交人要在移交清册或工作交接书上签名或盖章。

步骤二：交接结束。

交接完毕后，监交人向上级汇报交接结果，监交人移交工作交接书并将其归档保管。

出纳工作交接
责任和实施

出纳工作交接书

出纳刘红同志，因工作原因需调离工作岗位，财务部已决定将出纳工作移交给李玲接管。现办理如下交接。

一、交接日期

2023年4月21日

二、具体业务的移交

1．库存现金账面余额1000元，与实存相符，日记账余额与总账相符。

2．库存国库券32万元，经核对无误。

3．银行存款余额972万元，经编制"银行存款余额调节表"核对相符。

三、移交的会计凭证、账簿、文件

1．本年度现金日记账1本；

2．本年度银行存款日记账2本；

3．空白现金支票10张（5474159号至5474168号）；

4．空白转账支票20张（0002156号至0002175号）；

5．托收承付登记簿1本；

6．付款委托书1本；

7．信汇登记簿1本；

8．金库暂存物品明细表1份，与实物核对相符；

9．银行对账单1—3月3本；2月未达账项说明1份；

四、印鉴

1．山东省万泽服装有限公司财务处转讫印章1枚；

2．山东省万泽服装有限公司财务处现金收讫印章1枚；

3．山东省万泽服装有限公司财务处现金付讫印章1枚；

4．山东省万泽服装有限公司法定代表人章1枚。

五、交接前后工作责任的划分

2023年4月21日前的出纳责任事项由刘红负责；2023年4月21日起的出纳工作由李玲负责。以上移交事项均经交接双方认定无误。

六、本交接书一式三份，双方各执一份，存档一份。

移交人　刘　红

接管人　李　玲

监交人　何晓东

山东省万泽服装有限公司财务部

2023 年 4 月 21 日

图 5-4-1　出纳工作交接书

巩固提升

2024年5月6日，由于鑫源公司业务需要，原出纳李丁提出离职，经领导批准，现与新出纳李胜移交工作，监交人为财务主管王红。存在以下业务。

（1）库存现金账面余额2 557元，与实存相符，日记账余额与总账相符。

（2）银行存款余额53万元，经编制"银行存款余额调节表"核对相符。

（3）出纳账簿共5本：银行日记账1本；现金日记账1本；备查账3本，分别为支票备查账，应收票据备查账，应付票据备查账。

（4）空白现金支票8张（01007号至01014号）。

（5）空白转账支票10张（01111号至01120号）。

（6）空白的电汇单20份（07801号至07820号）。

（7）银行对账单1—4月4张；1月未达账项说明1份。

（8）金库暂存物品明细表1份，与实物核对相符。

（9）保险柜1个，钥匙5把，分别为2把保险柜钥匙和3把工作台钥匙。保险柜密码及使用方法私下已授予李胜。

（10）公章2枚：分别为财务专用章1枚，部门章1枚。

【要求】根据以上资料完成以下工作任务。

（1）分析说明在出纳交接过程中的参与人并说明其履行的职责。

（2）分析说明该公司出纳在进行工作交接时需要进行哪些物资的清点。

（3）三人为一组进行角色扮演，进行出纳交接工作的模拟练习并编制工作交接书。

任务评价

本任务考核采用百分制，采取过程考核与结果考核相结合的原则，注重技能考核。

过程考核（40%）				结果考核（60%）	
职业态度	组织纪律	学生互评	实训练习	考核项目	分值
根据学生课堂表现，采取扣分制	考勤与课堂纪律	小组内同学互评，组间互评	教师根据学生提交的实训报告情况进行评价	了解出纳工作交接中责任的转移	10
				明确出纳工作交接的相关责任	20
				掌握出纳工作交接的业务流程	30

任务五　出纳业务信息化

学习目标

1. 了解出纳信息化的概念。

2. 掌握实现出纳信息化的途径。

3. 增强信息化意识，提高学生的职业精神

任务场景

2023年12月31日，在年底归纳整理结账时，出纳李玲需要对账、整理票据。面对巨大的工作量，李玲的哪些工作可以通过信息化实现呢？

知识储备

一、出纳信息化

出纳信息化是指利用计算机网络系统，根据会计法律法规制度，处理出纳相关工作的信息系统，是会计信息化的组成部分。出纳信息化采用现代计算机技术和通信技术作为手段，利用网上支付、开票系统、记账和对账系统，帮助出纳高效、快捷地完成出纳工作。

二、出纳业务信息化的实现途径

出纳主要负责日常的收付款、票据管理及日记账的记账和对账业务。出纳业务信息化，也就是将出纳的日常业务进行信息化处理，减少出纳日常工作量，提高出纳工作效率。

（一）收付款业务信息化

收付款业务信息化是指利用网上支付实现与客户之间的往来结算。网上支付的方式主要是网上银行和支付宝。

网上银行的业务服务功能强大，以中国工商银行为例，有账户管理、结算服务、信贷业务、投资理财、安全服务等业务功能。其中收款业务和付款业务是企业经营活动中的经常性结算业务。收款业务可以提供自动收款、企业批量扣款、个人批量扣款、商户在线缴费等服务。付款业务包括网上汇款、向证券登记公司汇款、电子商务、外汇汇款、企业财务室、在线缴费等功能。网上银行的收付款业务（图5-5-1）可以便捷地实现线上结算，减少线下出纳的业务量，提高出纳工作效率。

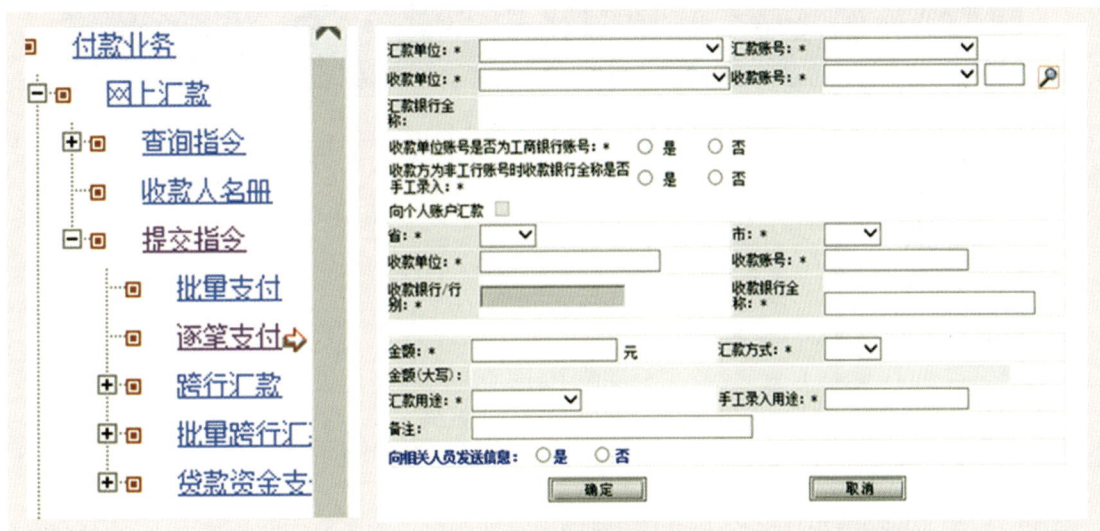

图 5-5-1　收付款业务

支付宝（图5-5-2）是国内领先的第三方支付平台，主要提供支付及理财服务。支付宝包括网购担保交易、网络支付、转账、信用卡还款、手机充值、水电煤缴费、个人理财等多个领域。

图 5-5-2　支付宝

（二）票据管理信息化

票据管理信息化是指借助票据管理系统（图5-5-3）高效快捷地完成票据的填写、打印、查询工作，实现票据管理的信息化。

通过票据管理系统管理票据，一方面可以根据用户的级别设置开票权限，增加票据管理的安全性；另一方面开出的票据可以自动登记到日记账，避免二次录入，保证数据的准确性。例如，银行票据结算业务主要涉及银行票据的填写，其中，最常使用的是现金支票和转账支票。手工填制的方式容易填写错误，通过银行的票据管理系统，可以线上填制票据，然后进行打印。

图 5-5-3　票据管理系统

（三）记账、对账业务信息化

记账、对账业务信息化是指将出纳人员登记库存现金日记账、银行存款日记账、对账业务纳入出纳管理系统（图5-5-4），出纳人员根据审核后的凭证登记现金日记账和银行存款日记账，同时将账面余额与日记账进行核对，月末系统内实现银行对账，自动生成银行存款余额调节表。

图 5-5-4　出纳管理系统

巩固提升

简答题

出纳业务信息化的实现途径有哪些?

任务评价

本任务考核采用百分制,采取过程考核与结果考核相结合的原则,注重技能考核。

过程考核（40%）				结果考核（60%）	
职业态度	组织纪律	学生互评	实训练习	考核项目	分值
根据学生课堂表现,采取扣分制	考勤与课堂纪律	小组内同学互评,组间互评	教师根据学生提交的实训报告情况进行评价	收付款业务信息化	10
				票据管理信息化	20
				记账、对账信息化	30

思政案例

数字密钥背后的廉洁考验——一位出纳的交接日记

某国企财务部因数字化转型引入区块链资金管理系统,原出纳陈敏因岗位调整,需与新任出纳李婷进行交接。在交接过程中,李婷注意到,近半年的备用金支取记录中频繁出现同一家供应商的虚拟账户,金额累计达48万元,而合同台账中并无对应项目。进一步核查后发现,该供应商实为陈敏亲属控制的空壳公司。李婷向纪检监察部门实名举报,并提交区块链数据取证包。调查组介入后,追回全部款项。

启示:在数字经济浪潮中,出纳交接已从纸质签章升级为数字密钥的传递,但永恒不变的是"廉洁自律"的职业内核。当技术理性与价值理性同频共振,方能织就一张疏而不漏的"防腐之网"。这既是出纳的必修课,也是新时代中国财经治理现代化的缩影。